LA IGUALDAD DE LAS MUJERES Y LOS HOMBRES

LA IGUALDAD DE LAS MUJERES Y LOS HOMBRES

- EVOLUCIÓN INELUDIBLE DE LA HUMANIDAD -

Reynaldo Pareja

Para realizar pedidos de este libro, contacte con:
Palibrio
1663 Liberty Drive
Suite 200
Bloomington, IN 47403
Gratis desde EE. UU. al 877.407.5847
Gratis desde México al 01.800.288.2243
Gratis desde España al 900.866.949
Desde otro país al +1.812.671.9757
Fax: 01.812.355.1576
ventas@palibrio.com
745584

ÍNDICE

DEDICATORIA

Para todas las madres de la historia
que han sido altares de Vida
de todos los hombres que han nacido y crecido.
Celebramos

> su generosidad
> sus lágrimas
> sus sacrificios
> sus angustias
> sus dolores
> sus desvelos
> sus cuidados constantes

que hicieron posible que cada niño se haya convertido en un hombre.

Por todos los hombres que no les reconocieron su entrega
les brindo este libro para hacerles justicia
a su indomable espíritu

> de mujeres,
> de madres,
> de amigas
> y esposas

reconociéndoles su grandeza de ser la otra mitad de la raza humana,
de ser compañeras en la Jornada de la Vida y co-autores de nuestra
evolución.

PREAMBULO

Este libro es una traducción del original en inglés. Por lo tanto muchos de los datos fueron obtenidos de fuentes en inglés. He colocado en las referencias aquellas que tenían versión en español como por ejemplo algunos de los libros Bahá'i. Aquellos de los que no encontré versiones en español dejé la referencia en inglés y yo mismo hice la traducción de las citas. En forma similar dejé la fuente en ingles de muchas citas y referencias pues no siempre hay una fuente correspondiente en español en el Internet.

Los libros principales escritos por Bahá'u'lláh se encuentran en inglés y español en el programa del Internet llamado "Ocean" que se puede bajar gratuitamente yendo a ésta página web: *http://www.bahai-education.org*

AGRADECIMIENTOS

La producción de un libro no es el resultado del esfuerzo de una sola persona. No debe serlo, si uno espera decir algo coherente e importante. Esto se logra gracias a los revisores del texto que encuentran imprecisiones, lagunas, omisiones o prejuicios evidentes en cualquiera de los temas tratados. Si un libro tiene algo de valor es porque ha recibido la retroalimentación de aquellos que deben hacerla.

Una vez más es mi gran placer el darle crédito a todos los que ofrecieron sus observaciones y sugerencias para lograr un nivel de calidad deseado y que espero los lectores estarán de acuerdo. Como en libros previos la lista de las revisiones la encabeza mi esposa, Patricia, cuya comprensión y apoyo me permitió tener todo el tiempo libre que necesitaba para hilvanar las ideas del libro. Además de que este libro está dedicado a todas las mujeres del mundo, ella es la mujer concreta que tenía a mi lado, para explorar los diferentes temas y encontrar que su vida, en mayor o menor grado, ha sido un espejo de lo que han experimentado miles de mujeres en el mundo entero.

Dos grandes amigos asumieron el grueso de llevar a cabo una primera y una segunda revisión, Rodolfo de Roux y Jose Luiz Marquez. Su agilidad con el idioma me permitió incorporar sus observaciones que le dieron al libro una agilidad adicional para su lectura. Sin sus atinadas sugerencias este libro no tendría la calidad que ha logrado. Igualmente otro gran amigo y atinado corrector de estilo a quien debo agradecer es a Edmundo Perez, compañero de la vida que ha seguido de cerca mis esfuerzos literarios y los ha hecho posible gracias a su aguda capacidad de pescar mis deslices gramaticales. Dos amigas entrañables me dieron su punto de vista femenino, Vera Breton y Rosemary Bailey, dándole así validez a las reflexiones expresadas. Finalmente un versado en la Fe Baha'i, Oscar Torrez, me brindó observaciones puntuales de mucho valor.

Mis más profundos agradecimientos a todas las extraordinarias mujeres que están apareciendo en todo el planeta haciendo visible su potencial para convertirse en gigantes del Espíritu, que florecerá en dimensiones insospechadas, porque apenas está en sus primeras fases de crecimiento.

Pero debo hacer una mención especial a Bahá'u'lláh, el fundador de la Fe Bahá'í, cuya Revelación me ofreció el punto de reflexión sobre la condición de la mujer ahora y en el pasado. Su Revelación es un excelso llamado histórico para la realización del nuevo Día en el que la mujer ha de brillar en el esplendor que le corresponde. Espero haber contribuido con este grano de sal a este proceso, de manera que podamos ser testigos del próximo paso evolutivo espiritual de la humanidad.

INTRODUCCION

No es una sorpresa el darnos cuenta de los roles excepcionales que las mujeres están desempeñando hoy día. Sin embargo, ésta no era la realidad cien años atrás porque era inconcebible que una mujer tuviera el permiso de llevarlos a cabo, mucho menos creer que ellas pudieran ser capaces de realizarlos. Un ejemplo reciente lo pone de manifiesto. CNN reportaba en agosto 20, 2015 la celebración de la graduación de dos mujeres, Shaye Haver y Kristen Griest, como Rangers del Ejército de la Academia Elite de Rangers de Fort Benning, Georgia. Esta rama del Ejército de EE.UU, es considerada como una de las más difíciles, pues en ella sólo los hombres más fuertes y esforzados se graduaban dado las exigencias del entrenamiento. Estas dos mujeres, no solamente terminaron el entrenamiento, sino que lograron hacerlo mejor, en ciertas pruebas, que algunos de los hombres.

Hoy, en el mundo occidental, no nos sorprende que una mujer sea presidente de un país o su Primer Ministro. Hemos sido testigos de mujeres que han ido al espacio junto con astronautas varones y hemos aplaudido cuando una joven de 19 años, Laura Dekker, circunnavegó sola el globo en un velero de 38 pies del 21 de agosto 2010 al 21 de enero 2012. En años anteriores, Gertrude Caroline Ederle una norteamericana campeona Olímpica, en 1926, logró ser la primera mujer que atravesó el Canal Inglés a nado. Años más tarde, en 1953, Florence Chadwick fue la primera mujer que lo nadó en ambas direcciones.

Hoy día las mujeres ganan premios Nobel, sobresalen en los deportes, son artistas excelentes, han defendido las causas de las mujeres y de los niños, han escalado montañas y volado en alas delta. Las mujeres hoy día se encuentran en los trabajos más arduos como las paramédicas de emergencias, obreras en las fábricas de maquinaria pesada, en las construcciones de rascacielos, en los laboratorios de investigación que requieren exigentes cuidados en los procedimientos, y como miembros de equipos que manejan materiales tóxicos.

Las mujeres, especialmente en los países del Occidente, dan la impresión de que no tuvieran que superar las barreras tradicionales para llegar a ser lo que quieren ser, porque los obstáculos para obtener esas metas han disminuído considerablemente.

Pero este no era el panorama 175 años atrás. Por el contrario, las mujeres desde la Edad de Piedra, han estado oprimidas por el solo hecho de ser mujeres. Desde que su biología les otorgó el privilegio y la tarea de dar a luz y criar a los hijos de manera que pudieran sobrevivir hasta convertirse en jóvenes adultos, las mujeres han desempeñado ese rol como su propósito de vida, porque los hombres no estaban capacitados para llevar a cabo dicho papel. Su maternidad se inicia en forma natural pero a medida que transcurre el tiempo y se consolidan los roles sociales, culturales, económicos y políticos, definidos por los hombres, la mujer se ve obligada a quedarse en el hogar criando a los hijos. Ese se convierte en su destino, controlado por los hombres.

La explosión de las mujeres que participan en la vida social, política y económica de los países avanzados da la impresión que ese pasado no existió o que hace tiempo que dejó de existir. No es verdad. Este nuevo movimiento de las mujeres que ha alcanzado victorias indiscutibles y ha adquirido un rol consciente de su papel en el desarrollo de la historia de la humanidad ha sido un proceso muy lento que ha demandado mucho esfuerzo, y que apenas estamos siendo testigos del potencial que tiene.

Apreciar la profundidad de esta evolución es la intención de este libro. Es también una invitación a los hombres para redescubrir a las mujeres en todo su valor, de manera que juntos podamos construir la nueva frontera de la evolución humana en la cual, hombres y mujeres, participen por igual y tan intensamente como nuestra imaginación y espíritu nos pueden propulsar.

CAPÍTULO 1

Orígenes de la desigualdad entre el hombre y la mujer

El rol de la mujer dentro de la familia, la tribu, o el pueblo no fue un rol que le fue dado a la mujer ya definido, como tampoco fue el producto de unos teóricos que elaboraron un concepto abstracto de lo que ella debería llevar a cabo dentro de la unidad familiar, la tribu, o el pueblo y se lo impusieron. Su rol se desarrolló gradualmente y fue más el fruto de su maternidad, de sus habilidades para llevar cierta clase de tareas de forma más eficiente que los hombres. Tareas que respondían a necesidades concretas de la familia, el clan, y la tribu y que dependían de ella para ser satisfechas.

Una mirada más detallada permitirá poner en evidencia el origen natural del rol que ella adquirió, y cómo este se estructuró subordinado a la autoridad masculina y a su poder físico.

Definición del rol por la maternidad biológica

Antes de que se desarrollara el lenguaje, que los conceptos se comenzaran a expresar, y que la organización social se estableciera, las primeras mujeres concebían, daban a luz y amamantaban. Este rol biológico ha sido desempeñado por ellas desde los albores de la aparición de la raza humana, independientemente de cualquier teoría de evolución o creación que se prefiera. Las mujeres, desde el comienzo, estuvieron investidas con un sistema reproductivo capaz de moldear, darle forma y vida a otro ser humano dentro de ellas hasta el momento del nacimiento del nuevo ser. Cada una le ofrece al bebé una primera experiencia de estar en un Paraíso, dentro del cual, todas sus necesidades primarias están satisfechas. No tiene que preocuparse por los cambios de temperatura exteriores, ni por obtener comida puesto que los nutrientes le llegan directamente por el cordón umbilical; todo esto mientras está protegido del mundo exterior por una capsula amniótica en la que flota en constante suspensión animada.

La mujer, dentro de este contexto de maternidad, se desarrolló intensamente por comparación al hombre. Ella alcanzó un conocimiento intuitivo de cómo cuidar su embarazo de manera que el bebé pudiera nacer en buen estado, y con una posibilidad de sobrevivencia. A la tribu no le tardó entender que el esfuerzo físico intenso, especialmente durante el embarazo, ponían a ella y al bebé en riesgo, o en situación de pérdida del mismo. Al principio, antes de que la humanidad aprendiera la agricultura y la domesticación de los animales, el hombre era principalmente un cazador. Esta tarea requería que pudiera correr rápidamente detrás de la presa, acorralarla, matarla y llevarla de regreso a la tribu. Todos estos pasos requerían una fuerza física que la mujer no tenía mientras estaba embarazada. Dicho esfuerzo físico podía provocarle una muerte prematura al embrión o forzarla a un parto en la pradera poniéndola a ella y al bebé en grave riesgo.

Además, había otra razón poderosa por la cual las mujeres se quedaban en su cueva o choza mientras los hombres iban de cacería. Una mujer que daba a luz y sobrevivía (el índice de mortalidad materna en esa época lejana era muy alto) tenía la tarea adicional de cuidar al infante que dependía enteramente de ella para sobrevivir. Esta tarea se multiplicaba a medida que había más hijos, pues su sistema reproductivo podía permitirle un promedio de 8 -12 embarazos con un porcentaje mediano de nacimientos exitosos. La etapa de cuidado intensivo de los niños en sus primeros años de existencia, exigía que la madre se quedara en casa mientras que el compañero estaba de cacería o cultivando la tierra.

Por lo tanto, fue natural que una mujer se quedara en lo que fuera la vivienda de la familia (cueva, choza o rancho) y esperara el regreso de su compañero de la cacería. Cuando regresaba, ella participaba en la preparación de los animales cazados: en el desuelle, en el corte de las presas, la preparación de trozos para las comidas, y el poner las pieles a secar al sol. Tan pronto el grupo aprendió el proceso de preservación de la carne por deshidratación, ella se encargaba de esta tarea o contribuía a la misma.

Este proceso ocurrió durante un largo tiempo en que nuestros ancestros eran tribus nómadas siguiendo las manadas de los animales que les servía de alimento, mientras fueron cazadores, y durante las primeras etapas de la horticultura. De acuerdo a algunos de los más reconocidos antropólogos, esta fase de la evolución ocurrió alrededor de la era Mesolítica y en los comienzos de la Neolítica, hace unos 10,000 años. (1)

No es de extrañarse, pues, que por el hecho de que las mujeres se quedaban en casa, este comportamiento se convirtió en la costumbre tradicional que, además incluía el hacer las labores domésticas que no requerían de ejercicio físico intenso, especialmente cuando estaban embarazadas. Ella aprendió en forma natural a recoger las frutas de los huertos que servían para complementar la alimentación de los niños y de ella, reservando algo para el compañero. Ella también recolectaba artefactos útiles para el mantenimiento de la cueva o de la choza, organizaba las posesiones de la familia, distribuía el espacio de la vivienda de manera que pudiera llevar a cabo más fácilmente sus labores tales como cocinar, alimentar a los niños; preparar el sitio para dormir, para reunirse en familia, y para el almacenamiento de los alimentos.

El rol femenino definido por la división del trabajo

Cuando las tribus nómadas se asentaron en un lugar para dedicarse a la agricultura había dos tareas básicas, una, la preparación del terreno para sembrar las semillas, y la otra, la recolecta. La siembra de hortalizas era una tarea que no requería mucho esfuerzo físico dado que consistía en hacer huecos en la tierra y colocar las semillas para que estas crecieran. Normalmente los jardines de hortalizas se encontraban cerca de la vivienda. Por lo tanto la mujer se convirtió en la encargada y la responsable del jardín familiar. Otra cosa era la preparación y siembra de los productos en mayor escala. Por lo general requerían de lotes grandes que dieran suficiente cosecha para toda la familia y para negociar con otros agricultores productos que ellos no cultivaban. Estos lotes frecuentemente se encontraban alejados de la vivienda y requerían de uno o dos hombres para arar la tierra, aun después de que domesticaron al buey u otro animal para su preparación. La experiencia pronto les enseñó que era muy fácil perder un embarazo si contribuía a esta labor. El hombre, que no tenía que lidiar con un embarazo, y que normalmente tenia mayor fuerza física, pronto se especializó en llevar a cabo la preparación del terreno con el arado.

La definición de quién hacia qué en la familia fue el resultado de entender quién estaba mejor preparado para llevar a cabo el trabajo, antes que una imposición premeditada del hombre obligando a la mujer a que se concentrara en las labores domésticas. Fue el resultado de la respuesta natural a las circunstancias que demostraron que las mujeres eran insustituibles para la reproducción y que tenían mayor habilidad para el cuidado del recién nacido pudiendo atender a sus necesidades de una manera instintiva. Los hombres eran mejores en las labores que exigían mayor esfuerzo físico como la cacería, la siembra y la recolecta, pues demandaban largas horas de trabajo bajo el sol o la lluvia. La morfología del hombre con su desarrollo de mayor fortaleza física lo hacía más apto para estas exigencias. El reconocimiento de quién estaba mejor equipado para llevar a cabo qué tipo de trabajo fue lo que permitió la sobrevivencia de la unidad familiar, y de la tribu.

El líder o jefe del clan o la tribu era por lo general el macho más agresivo que se había ganado la posición por medio de la lucha con otros aspirantes. Quien salía airoso de esta confrontación era reconocido como el jefe de la tribu o el rey. Este, por lo general, se rodeaba de otros machos agresivos, pero fieles a él, quienes le ayudaban a controlar a los demás. El líder permanecía en esa posición mientras podía comandar la lealtad de sus hombres. La lograba, en parte, dándoles privilegios como la selección de los mejores trofeos materiales obtenidos de los derrotados, así como la apropiación de las mujeres capturadas después de haber ganado la batalla. Estos son los orígenes de una estructura de poder dentro de la cual las mujeres no tenían voz ni voto, sino que eran consideradas como posesiones de las que se podían disponer a voluntad.

A medida que los reinos crecían en tamaño, así crecía la complejidad de la estructura del gobierno. El rey tenía que tener una visión territorial de lo que estaba ocurriendo en sus dominios, para lo cual escogía aquellos hombres en quienes podía confiar en que le dieran consejo e informes oportunos de lo que estaba ocurriendo en el dominio. Estos seguidores fiables llevaban a cabo las labores de administración del reino bajo su supervisión. A medida que la administración se volvía más compleja estos consejeros, a su vez, escogían aquellos que les ayudaban en sus tareas administrativas. En forma similar el rey escogía a hombres aguerridos a quienes enlistaba en su ejército para la defensa de su reino, o para la conquista de otros territorios.

La definición del rol por la organización social – el patriarcado se impone

La definición del rol del hombre y de la mujer que comenzó como una división del trabajo de acuerdo a las habilidades y destrezas naturales de cada género, lentamente se estructuró en una completa organización social en la que, quien dictaba las reglas de comportamiento individual y social era la jerarquía masculina. Con el transcurso del tiempo estas reglas se convirtieron en comportamientos esperados de cada género.

El proceso se desarrolló lentamente con dos fases diferentes; una temprana que honró la magnificencia de la maternidad y reconoció su sacralidad permitiendo a las mujeres tener un rol social más prominente en los asuntos de la tribu. Una segunda etapa consistió en la toma del gobierno de la tribu, del poblado o del reinado por un patriarcado autoritario dominante.

Examinemos brevemente la primera etapa. Durante este período, los hombres reverenciaban la maternidad y daban a las mujeres un estatus social que reflejaba el reconocimiento de los varones del poder sobre la Vida que la mujer poseía y que ellos no tenían. Este reconocimiento les otorgó a las mujeres en esas sociedades un lugar de reverencia y un reconocimiento de que ellas estaban de alguna manera conectadas con los poderes de una diosa que no solamente generaba la Vida, sino que tenía el poder para protegerlas durante el embarazo y durante la crianza de los bebés. De esta manera la mujer se convirtió en el símbolo de la Gran Madre Diosa que era la fuente de Vida de la cual la tribu o el grupo social dependían para su misma existencia.

Las numerosas figurillas de mujeres embarazadas, o con generosos senos, encontradas en muchas partes del mundo, correspondían a diferentes grupos humanos presentes alrededor de 4500 – 3000 a.C., y son testimonio silencioso de que a las mujeres se les otorgaba un puesto de preeminencia y reverencia. Joseph Campbell, el gigante de los mitos y sus interpretaciones, documentó muy bien esta fase de la humanidad y explicó exhaustivamente cómo las mujeres, insustituibles en su papel reproductor, estaban asociadas con la Diosa Madre, la originadora de la Vida. De esta forma se les otorgaba a las mujeres de estas sociedades un puesto de honor con un rol social por llevar a cabo, propio a su género. (2) Ellas se convirtieron en la encarnación del poder que da Vida en el nacimiento, que protege la Vida durante la infancia, y es el corazón de la familia donde el alimento y la protección eran una necesidad constante.

Aunque las mujeres tuvieron este reconocimiento en esas sociedades no hay evidencias de que ellas sustituyeran a los hombres en sus labores tradicionales. En el mejor de los casos compartieron el poder productivo en una relación de 50-50% pero ellas siguieron con la responsabilidad del sector privado, como Ken Wilber lo anotó al igual que los investigadores Janet Chafertz, Riane Eiseler, Rae Blumberg, y Joyce Nielsen. Todos coinciden en afirmar que no hubo casos claros en que las mujeres tomaran las riendas del gobierno en un 100%. (3) A menos que uno quiera creer en el mito de las Amazonas cuya organización social no tenía hombres desempeñando algún cargo de importancia fuera del de ser útiles para la reproducción y perpetuación de las Amazonas.

Aun en estos grupos donde había mayor participación femenina cuando ocurrían desastres ambientales, había escasez de alimentos, guerra, amenazas sociales o situaciones extremas de estrés, el balance previo se volcaba hacía el domino del varón sobre la esfera pública/productiva en razón de su mayor fuerza física y movilidad mientras que las mujeres mantenían control sobre la esfera privada/ productiva, pero nunca se dio a la inversa. (4) Cuando alguno de estos eventos de estrés se daban con cierta regularidad no sorprende que la organización social se fuera estructurando cada vez más hacia la jerarquización patriarcal hasta que finalmente se convirtió en la organización social dominante en todas partes. Esta estructura patriarcal se consolidó aún más cuando fue introducida una justificación mítico/religiosa para validar la autoridad/poder masculino vinculándolo a un origen transcendental.

Queda evidenciado que el período reverencial de la Madre Diosa fue relativamente corto. Donde quiera que la predominancia de la fuerza física y la autoridad fueran requeridas por las circunstancias históricas (amenazas ambientales, escasez de alimentos, guerra o amenazas sociales) la posición de los hombres como suprema autoridad, como dirigente o macho impositivo, como jefe o líder consolidaron la posición dominante del varón dentro del grupo. Él llegó a ser el representante de la tribu o del clan ante toda la tribu, cuando tomaba el control del grupo por simple imposición de fuerza física o por su capacidad de liderazgo.

La subordinación de la mujer a la autoridad del hombre en la tribu, en el poblado, o en el reino era impuesta no solamente por el dominio físico del hombre y por la división del trabajo doméstico, sino por un factor clave que permitió la consolidación del hombre en dicha estructura de poder por miles de años subsiguientes. Este factor fue la creación de mitos y creencias religiosas que vinculaban la autoridad del hombre a un ser superior, a una fuente transcendental, a un origen divino confirmándolo así en la posición sagrada de liderazgo, y de suprema autoridad otorgada a él directamente por el supuesto dios.

Hubo dos fuentes principales que sostenían esta afirmación. La de mayor influencia fue probablemente la del rol del chaman, el líder espiritual del grupo. Se cree que los primeros chamanes fueron mujeres cuya habilidad para conectarse con la fuente de la Vida era indiscutible. (5) Su habilidad intuitiva para percibir la sacralidad de su maternidad les otorgó el desarrollo de una consciencia auténtica conectada a la trascendencia. Esta conexión, a su vez, les dio la capacidad de leer el mundo sobrenatural relacionándolo con los eventos extraordinarios que la tribu vivía. La influencia que este poder tenía en el jefe de la tribu para tomar decisiones, muy pronto despertó en algunos hombres el deseo de tener dicho poder. Lo lograron convirtiéndose en chamanes.

Independientemente de cuán auténtica era la evolución espiritual o cuán desarrollada era la consciencia y la conexión con el Espíritu, estos individuos gradualmente tomaron la posición de chamanes desplazando a las mujeres. La posición se fortaleció cuando se presentaron como intermediarios entre los dioses y el jefe. Esta declaración de ser mensajeros de los dioses para el jefe les aseguró una posición de poder mientras podían mantener viva dicha creencia.

Había varias formas por medio de las cuales el chamán lograba mantener viva esta creencia. La más eficaz era la de crear mitos que vinculaban la autoridad del líder de la tribu al reino de lo divino. Algunas de estas conexiones se hacían en base a los mitos sobre la creación o mitos elaborados por chamanes previos. Una vez que estos mitos se impregnaban en la consciencia de la tribu se convertían en la fibra misma de la identidad de la tribu como la mejor expresión de su vinculación con la Trascendencia. Conectando el origen del jefe al reino de lo divino, los chamanes daban a los gobernantes la justificación para ejercer un poder absoluto que no respondía a nadie más que al dios. La conexión del líder o del rey con lo divino quedaba así mediada por el chamán, quien a su vez, se presentaba al servicio completo del líder de la tribu. Más tarde, los sacerdotes, al servicio del rey de turno, jugaron un papel similar al de los chamanes.

Para entender mejor el desarrollo del puesto del rey con respecto a los orígenes divinos de su autoridad, ayuda recordar que ya se tenía un miedo experiencial sobre la ineludible desaparición que traía la muerte. La religión, iniciada por estos chamanes, ofreció una solución a este dilema angustioso: la promesa de una vida después de la muerte que ellos de alguna manera habían experimentado en alguna de sus experiencias místicas. Esta explicación le dio a la clase dirigente una creencia de que sobrevivirían en algún lugar después de la muerte. El desarrollo de ceremonias religiosas y elaboradas festividades que expresaban esta creencia sirvió para que los dirigentes de las tribus y después los reyes creyeran firmemente que reinarían con los dioses después de la muerte. Esta creencia originada y reiterada por los chamanes y sacerdotes les dio una posición de poder dado que ellos se habían otorgado el rol de ser los únicos autorizados para llevar a cabo los ritos de pasaje a la otra vida.

Mencionaremos ahora algunos de los más conocidos líderes, reyes, y faraones en la historia que proclamaron tener esos orígenes divinos o que habían recibido de los dioses la autoridad para gobernar, a fin de ilustrar qué tan expandido mundialmente se dio este sistema de organización social. Una vez establecido, la jerarquía masculina creó la desigualdad entre los hombres y las mujeres en todas las áreas civiles y religiosas.

La estructura patriarcal divina de la India

El origen del estado hindú se encuentra en su libro sagrado, el Bhagavad-Gita, expresado con las siguientes palabras: "**Cuando el mundo estaba en estado de anarquía, las personas se acercaron a Dios para pedirle que remediara ese estado. No teniendo un jefe, ellos oraron diciendo 'Oh Señor, Estamos pereciendo. Dadnos un jefe, Oh Señor ¿A quién adoraremos y quien nos protegerá? Dios respondió designando a Manu para que los gobernara**". Esta historia validó el origen divino del jefe que les fue otorgado. Obediencia al estado y a los reyes fue el resultado de creer literalmente en esta historia. Tanto la desobediencia civil como religiosa era un sacrilegio. Religión y política eran inseparables.

Los antiguos hindúes creían que, si el origen de los reyes era divino, el rey debía tener una vida virtuosa y debería exhibir cualidades divinas. Si un rey era vicioso y malo, debería ser depuesto. Las dos grandes epopeyas de los hindúes, la Ramayana y la Mahabharata exponen esta perspectiva. La Victoria de Ram sobre Ravana fue la victoria del bien sobre el mal. La batalla de Mahabharata fue llevada a cabo para conseguir la protección de dharma y la defensa de la rectitud. (6)

En la región del norte de la India, la dinastía Ahom (1228–1826) reinó en lo que es hoy día Assam durante casi 600 años. A los reyes de Ahom se les atribuyó un origen divino. De acuerdo a la tradición, el rey Sukaphaa descendió de Khunlung, quien había descendido de los cielos y había reinado en la región de Mong-Ri-Mong-Ram. Durante el reinado de Suhungmung (1497–1539) los reyes de Ahom fueron identificados a la unión de Indra (identificada con Lengdon) y de Syama (una mujer perteneciente a la clase baja). Suhungmung adoptó el título de Swarga Narayan, y los subsiguientes reyes fueron llamados Swargadeos (Señor de los cielos). (7)

Estas breves descripciones, que cubrieron un vasto espacio de tiempo, ponen de relieve de qué manera la monarquía en la India estuvo ligada a un origen divino que validaba el carácter supremo del rey varón. Dado que era considerado divino, el rey tenía autoridad total para gobernar sobre las vidas de sus sujetos, incluyendo las mujeres, quienes eran consideradas como las sumisas y obedientes siervas de los deseos del rey, de la autoridad del padre, y de los reglamentos impuestos por el esposo.

Estructura patriarcal-divina en Egipto

El Faraón era el eje central en la vida egipcia de la época. En él se resumían lo secular y lo sagrado, que para el común de los egipcios, eran una y la misma cosa. El Faraón decidía sobre las disputas legales y representaba al pueblo en los rituales religiosos. El Faraón no era solamente un dios-rey sino que era responsable de mantener el equilibrio de "*maat*", el orden divino dado. Como gobernante divino, el Faraón era el preservador del orden que controlaba al caos, y que de no hacerlo, envolvería al mundo en la anarquia. Siempre y cuando el rey y el pueblo honraran a los dioses y obedecieran a sus leyes se mantenía el equilibrio. Si el Faraón fallase en este rol, todos padecerían y se sumergirían en un estado de anarquía. Los conceptos de una realeza divina y una concepción inmaculada eran de tal importancia que muchos de los reyes egipcios se esforzaron para mostrar que su concepción estaba asociada con Osiris, el dios de la fertilidad y la encarnación del rey resucitado.

La idea de una monarquía divina era promovida intensamente por los sacerdotes porque los favorecía. El rey, que se sentía apoyado por los sacerdotes en la tarea de promocionar este concepto tan ventajoso para él, a su vez favorecía a los sacerdotes. Como cabeza del estado, investido de un origen divino, el rey era el representante de la religión y por lo tanto jugaba el rol principal en los servicios religiosos. Sin embargo, quienes elaboraron dichos ritos fueron los sacerdotes de turno. Las vestiduras rituales del Faraón eran diseñadas para mostrar este poder. El símbolo de los dioses eran las herramientas del gobierno. Así el cayado le daba el poder de recompensar al inocente; el mayal para castigar al culpable, la corona doble para mostrar la autoridad de gobernar en los dos mundos; y el Ojo de Ra para ver todo lo que el Faraón hacía, lo bueno como lo malo. El espíritu de Horus (el hijo de Osiris) que entraba en el Faraón en el momento de su coronación se suponía que lo guiaría por el camino de "maat". Cuando el Faraón moría, su espíritu se unía a Osiris, desde donde podía guiar a sus sucesores.

El concepto de autoridad divina era central para la continuidad del mando y del orden civil en Egipto. El Faraón era visto como el emisario de los dioses, y la vida era buena mientras se llevaran a cabo los ritos religiosos, y el "maat" se mantuviera. La Fortaleza del rey provenía de los dioses. Mientras este orden se mantenía, ningún mal sobrevendría sobre el país. Una vez perdido, el reinado era puesto en confusión hasta que llegara un rey fuerte que tuviese el apoyo de los dioses. La importancia de esta creencia fue reconocida por los faraones hasta la época de los romanos. Cada nuevo rey perpetuaba el mito de su concepción divina como un medio de legitimar su poder absoluto imponiendo su voluntad sobre sus sujetos y perpetuando una estructura de gobierno masculino mientras las mujeres estaban sujetas al control de los hombres en todos los aspectos de la vida diaria. (8)

Dentro de este contexto las mujeres no tenían poder. En el mejor de los casos, la esposa del Faraón tenía algo de poder para organizar y decidir sobre el manejo del palacio e influenciarlo en la intimidad, pero no tenía ninguna función formal dentro del gobierno, ni se le daba algún puesto o posición oficial. Estaba, además, obligada a compartir el Faraón con cuantas concubinas él decidiera tener.

Estructura patriarcal-divina en Persia

El imperio persa antiguo fue un imperio impresionante. La lista de sus reyes cubrió un lapso de tiempo no menor de mil años comenzando con la dinastía aqueménide en 600- 500 BC hasta el rey Khorow Parviz II de la dinastía sasánida in 390-628 dC. (9)

En sus inscripciones los reyes aqueménides repetidamente referían que su reinado era un "regalo de Ahurā Mazdā" (el nombre de Dios en persa) y que la dinastía sobreviviría con la ayuda divina. Este origen divino del poder del rey proveyó la base para que los reyes aqueménides impusieran la monarquía, tanto a los persas como a los pueblos circundantes. (10) La literatura persa abunda en referencias a la gloria divina de rey, y los estudiosos enfatizaban este tema como eje central que explicaba la autoridad y poder que ejercieron. Abolala Soudavar, en el tratado, *El Aura de los Reyes*, identificaba el simbolismo de 'farr" o la Gloria Divina presente en los mismos orígenes de los reyes demostrando su continuidad a lo largo de la historia iraní. (11)

Darío el Grande, (521–486 B.C.), y varios de sus sucesores, decían que Ahurā Mazdā (nombre de Dios) "el rey de muchos, el Único, los hizo reyes". Esto significaba que el rey persa tenía la posición de ser *el 'primero entre los demás y por lo tanto era soberano en el cual se unían todos los poderes por ser él, el Señor y Juez supremo tanto en tiempo de paz como de guerra, colocándolo por encima de todos sus súbditos'.* (12)

La estructura monárquica, en términos de poder y autoridad, era replicada al nivel de las familias comunes como un sistema patriarcal. Se practicaba el matrimonio entre parientes, aun entre hermanos.

Tales matrimonios ocurrían normalmente cuando estaba en juego una herencia. En esas estructuras la dote en el matrimonio era una obligación. Para mantener la riqueza dentro de la familia, una solución práctica era la de casarse con parientes cercanos. La elección de la futura esposa era negociada por padres del novio y de la novia, que no tenía derecho a hacer su propia elección.

Además, existía la poligamia y las concubinas. Cabe anotar que el concubinato se desarrolla porque había gente deseosa de proteger a las niñas huérfanas. Para hacerlo tenían que casarse con ellas dándoles así una protección legal aceptable por la sociedad de ese momento. Esta institución es más tarde oficializada en el sultanato turco como el harem permitido a los sultanes y a los príncipes.

Dentro de esta estructura no sorprende que las mujeres fueran forzadas a vivir bajo el dominio de sus esposos, de los varones de la familia o de los padres, sin que ellas tuvieran voz ni voto en esa decision. Esta situación empeoró para las mujeres cuando cayó el Imperio Tasmanio. (13) Evidencias de esta desigualdad entre los hombres y las mujeres se verifican en Irán moderno.

Estructura patriarcal-divina en Israel

La Biblia es un registro histórico completo de cómo la estructura patriarcal se convirtió en la costumbre y ley de los israelitas. Abraham es confirmado por Dios como 'el padre de muchas naciones' (Gen. 48, 18-20). Más tarde Él escoge a Moisés como su portavoz y le otorga el poder para liberar a su pueblo de las garras del poder egipcio y de guiarlo hacia la Tierra Prometida (Éxodo 14, 1-31). Moisés es reconocido como el supremo líder de Israel con quien Dios habla regularmente y a través de él, los israelitas reciben repetidas confirmaciones de que Dios está presente entre ellos por medio de señales magnificas: la nube que los guía durante el día, y la columna de fuego por la noche (Exo. 13, 21-22); el maná que aparece milagrosamente cada amanecer de manera que puedan tener el sustento diario para cruzar el desierto (Exo. 16, 14); el agua que Moisés hace brotar de la roca (Exo. 17, 1-7)); la nube de codornices que Dios hace llover sobre los Israelitas cuando Moisés le presenta la protesta del pueblo que se le quejaba que no tenia que comer (Exo. 16, 11-16).

La presencia del Señor era tan fuerte en la organización política y social de Israel que se la conoce históricamente como una *teocracia* en la cual Dios reina con una presencia poderosa, siendo Moisés el intermediario entre Dios y el pueblo escogido.

Después de Moisés, los reyes de Israel son básicamente escogidos por Dios y después ungidos por un profeta en nombre de Dios. Tal fue el caso de Saúl (1 Samuel 10:20-24), de David (1 Samuel 16: 13), y de Salomón (1 Reyes, 1: 43-45) quienes recibieron su poder de gobierno de Dios; poder otorgado al hombre, no a la mujer. La consecuencia de esta interpretación fue que las mujeres quedaron sujetas a la autoridad y deseos del rey como lo fue el caso de David que tomó como esposa a Bathsheba, aunque ella estaba casada con Uria, el Hitita. (2 Samuel 11, 14-26). Lo mismo fue el caso de Salomón que tomó 300 concubinas aunque ya estaba casado con 700 mujeres (1 Reyes, 11:3). Aunque este dato bíblico sea impreciso queda claro cómo la absoluta autoridad del rey podía ejercer este dominio sobre dichas mujeres.

La estructura patriarcal de Israel, así como la de los imperios vecinos, tuvo el mismo impacto sobre el estatus de las mujeres. Ellas no tenían voz publica en cuestiones cívicas, no tenían Derecho al voto, no podían ejercer un puesto oficial; estaban completamente subordinadas a la voluntad del padre en la casa, quien a su vez, determinaba con quién tenían que casarse, pues lo que importaba era la transacción económica o política que resultaba de esa unión; no tenían Derecho al divorcio mientras que su esposo si lo tenía. Además, no tenían Derecho de herencia, pues se convertían en propiedad del hermano del esposo en caso de que éste muriera (Gene. 38,8). Dentro de este contexto, la condición de evolución espiritual colectiva de los Israelitas estaba muy lejos de entender lo que pudiera ser una relación de igualdad entre hombres y mujeres.

La aparición de Jesús no modificó el estado de subordinación que las mujeres tenían con el hombre aunque Él demostró una extraordinaria simpatía a muchas mujeres y celebró su género ante

Dios de muchas maneras como no había sido hecho por ninguna autoridad judía. Pero Jesús no modificó esencialmente el estado de sujeción de la mujer al hombre porque dicha cultura, similar a todos los imperios que los circundaban, no estaban preparados para oír, muchos menos aceptar, semejante modificación de sus costumbres y tradiciones. Los autores masculinos de los Evangelios, fieles reproductores de dichas costumbres, creencias y comportamientos sociales no consideraron a las seguidoras de Jesús como discípulas excluyéndolas así de la organización de la Iglesia por los siglos venideros manteniendo la dominación del hombre sobre la mujer que el judaísmo y las civilizaciones anteriores habían impuesto. Las mujeres permanecieron en el mismo estado de desigualdad hasta después de los horrores de la Segunda Guerra mundial que abrió las puertas de la igualdad para las mujeres cuando se las reconoció como individuos con igual capacidad laboral a la de los hombres.

Estructura patriarcal-divina en el Japón

Los orígenes de la religión japonesa, el shintoismo, se encuentran escondidos en la bruma del tiempo. La sociedad japonesa pasó de una mezcla de religión folklórica dentro de una sociedad agrícola a una forma más formal de religión que tomó el nombre de shintoismo, que quería decir literalmente, *el camino del kami* (el camino de los dioses). Kami es un término difícil de traducir pero se refiere básicamente al concepto del poder sagrado que reside tanto en los objetos animados como los inanimados. La palabra shinto viene de la palabra china "shen-tao'. Este término fue aplicado a la religión hacia el Siglo 6 aC para distinguirla del budismo. (14)

Como en muchas sociedades paralelas, la religión japonesa justificaba el poder del rey sobre el pueblo. Desde temprano existían varios mitos sobre la creación de las islas del Japón. De acuerdo a algunas crónicas folklóricas (1712 aC) la diosa del sol, Amaterasu Omikami, mandó a su nieto a controlar la Tierra convirtiéndose en el primer emperador japonés. Omikami le presentó las reliquias reales, que se convirtieron en el símbolo de legitimidad y autoridad del emperador. Este primer emperador le pasó estos símbolos a su descendiente, el Emperador Jimmu. De ahí que sus descendientes fueron considerados de origen divino. (15) Dentro de esta historia la mujer no aparece con ningún rol significativo en la estructura de la sociedad japonesa en sus orígenes.

En 1871 el Ministerio de lo Divino fue fundado y se establecieron doce niveles para clasificar los santuarios Shinto; el Santurario Ise fue dedicado a la diosa del sol, Amaterasu. El estado designó y organizó a los sacerdotes, quienes a su vez se encargaban de instruir a los jóvenes en la historia oficial de los orígenes divinos del Japón y del Emperador, al igual que se trasmitía el rol subordinado de servicio a los hombres que las mujeres tenían dentro de dicha sociedad. Shinto fue utilizado para estimular el sentimiento popular nacionalista. En 1890 se expidió el Decreto Imperial de la Educación con obligación de los estudiantes de recitarlo de memoria incluyendo la frase que decía, "el ofrecerse personalmente con coraje por el estado", así como "proteger la familia imperial". La práctica de adoración al Emperador se reforzó distribuyendo cuadros del Emperador para su veneración familiar. Todas estas prácticas se utilizaron para fortificar el sentimiento de solidaridad nacional a través de la observación de los rituales en los santuarios. Esta forma de aplicar el Shintorismo fortaleció el crecimiento de un patriotismo japonés impregnado de misticismo cultural. La religión Shinto estatal se convirtió en una fuerza militar, que llegó a su culmen en la Segunda Guerra Mundial con los suicidas 'kamikazes' para desmoronarse abruptamente cuando Japón tuvo que rendirse en agosto de 1945. El 1 de enero de 1946 el emperador Showa, renunció a su proclamación de tener un origen divino. Este fue un verdadero golpe a la psique de la nación japonesa así como un colapso de sus creencias tradicionales. (16) Paradójicamente este hecho produjo la apertura para que la mujer japonesa comenzara a tener un rol diferente en dicha sociedad después de la Guerra.

Este extraordinario esfuerzo de la clase dominante para mantener el lazo entre el Emperador y su origen divino permitió desarrollar una posición de autoridad ante la cual todos tenían que prometer adhesión. La autoridad absoluta del Emperador era replicada al nivel cultural con el desarrollo de una cultura dominada por el hombre dentro de la cual él tenía la autoridad suprema dentro de la familia. Las mujeres estaban completamente subordinadas a sus padres y hermanos dentro de la unidad familiar, así como a sus esposos a quienes tenían que servir como se esperaba que sirvieran al Emperador. La cultura japonesa es conocida por su férrea cultura de dominación del hombre. En dicho contexto la mujeres no eran consideras como ciudadanos con Derechos, más bien como siervas de los hombres en todos los aspectos de la vida diaria, desde las exigencias en el hogar hasta las obligaciones sexuales. Sólo hasta después de la Segunda Guerra las mujeres japonesas iniciaron el lento proceso de reconocimiento civil como individuos con Derechos desde el momento de su nacimiento.

Estructura divino-Patriarcal en Grecia

De acuerdo a Plutarco, es muy probable que el culto al rey en la civilización griega comenzó cuando el general espartano, Lisandro, fue considerado como un dios después de la Guerra del Peloponeso. Otros siguieron su ejemplo como Clearchus, el tirano de Heraclea (401 BC – 353 aC) quien se vestía como el dios Zeus y declaraba su origen divino. Se afirma que Sócrates afirmó que lo único que le faltaba a Filipo II de Macedonia era declararse dios después de que conquistó el Imperio Persa. Aparentemente la ciudad de Amphiboles y una sociedad privada de Atenas, lo veneraban como tal antes de esta conquista. Filipo revistió su estatua con ropaje de rey para representarse como el decimotercero de los doce Olímpicos.

El hijo de Filipo, Alejando el Magno (356 – 323 a.C), fue quien fortaleció la creencia de la divinidad de los reyes. Después de que sacó a los persas de Egipto, los egipcios lo aceptaron como Faraón, por lo tanto de origen divino. Los pueblos que fue conquistando lo recibieron como su rey-divino tradicional o por lo menos semi-divino.

Sus inmediatos sucesores, los Diádocos, ofrecieron sacrificios a Alejandro y se hicieron dioses antes de que fueran proclamados reyes, pusieron sus efigies en las monedas del momento aunque los griegos sólo les colocaban la imagen de un dios o el emblema de la ciudad. Cuando los atenienses se aliaron con Demetrius Poliorcetes, diez y ocho años después de la divinización de Alejando, lo colocaron en el Partenón al lado de Atenea y le cantaron un himno alabándolo como dios, porque él si los escuchaba mientras que los otros dioses no lo hacían. (17)

En una sociedad dominada por los hombres y militarizada, como era Grecia en sus orígenes, no sorprende verificar el esfuerzo que hacían los reyes por vincular su origen con la divinidad. Esto validaba su indiscutible posición de autoridad sobre todos, incluyendo las mujeres, que eran mantenidas bajo control en una sociedad que daba culto a la superioridad de los hombres, con especial énfasis en el culto a la perfección física masculina que se perpetuó en la premiación de los triunfos logrados en la celebración nacional los juegos olímpicos. Aun en el Partenón celestial de los dioses, las diosas estaban subordinadas a los dioses masculinos. En la Tierra, a las mujeres se les impedía acceso a los oficios públicos, no tenían Derechos civiles, y la meta de su vida era servir al gobernante estuviese este en el nivel central del gobierno o representado al nivel familiar. Esta estructura autocrática se replicaba virtualmente en todos los hogares griegos.

Estructura divino-patriarcal en el Imperio Romano

El culto imperial de la Roma antigua identificaba a los emperadores y algunos miembros de sus familias con la autoridad divina autorizada por el Estado Romano. El marco de referencia para tener un culto imperial fue formulado durante el reinado de Cesar Augusto Octaviano, el hijo adoptivo de Julio César. El reconocimiento de Julio Cesar como dios del estado romano, en enero 42 aC, acrecentó el prestigio de Octaviano como hijo de dios. El culto imperial era inseparable del culto a las deidades oficiales romanas, que a su vez era esencial para la sobrevivencia de Roma. Se consideraba que las deidades oficiales del estado se encontraban presentes en el desempeño de las instituciones oficiales y se esperaba que todo romano debiera honrar la beneficencia y la protección que las autoridades superiores les daban. Adicionalmente a su oficio pontificio, los emperadores eran generalmente divinizados después de su muerte. (18)

La ley religiosa estaba centrada en un sistema ritualizado de honores y sacrificios que atraía bendiciones celestiales, de acuerdo a la máxima 'do ut des' (te doy para que me des). La creencia era que la apropiada religión supuestamente atraía la armonía social y la prosperidad.

Los políticos de la Republica tardía fueron más enfáticos en proclamar sus vínculos con los dioses. Tanto Lucio Cornelio Sila (138 aC – 78 aC) como Pompeyo (líder político 106 aC. – 48 aC) alegaron tener especial relación con Venus. Julio César fue más allá, y la proclamó como su ancestro. Estas afirmaciones otorgaban carácter a su persona y a sus políticas como inspiradas divinamente. En el 63 aC, cuando Julio Cesar fue designado como 'pontifex maximus' (el más grande pontífice), se convirtió en uno de los más importantes personajes de la política romana. (19)

Un emperador romano reconocido por sus aseveraciones fanáticas fue Calígula, quien no dudó afirmar que era un dios. En 40 dC, Calígula inicio una serie de políticas controvertidas cuando introdujo la religión en su rol político. Calígula comenzó a aparecer en público con las vestimentas que lo identificaban como Hércules, Mercurio. Venus o Apolo. Se dice que se refería a sí mismo como un dios cuando se encontraba con políticos y fue relacionado con Júpiter en documentos públicos. Se erigió un recinto secreto en la provincia de Mileto, Asia de manera que lo pudiesen adorar. Adicionalmente, mandó que se erigieran dos templos en Roma donde podían adorarlo. El templo de Castor y Pollux en el Foro estaba directamente conectado con la residencia imperial en el Palatino y dedicado a Calígula. Alli se presentaba al público como si fuera un dios. Además mandó que se removieran varias cabezas de estatuas que representaban a los dioses en varios templos para que colocaran cabezas que representaban la suya. Se decía que deseaba ser adorado como Neos Helios, el Nuevo Sol. Por eso, su efigie como el dios-sol fue colocada en las monedas egipcias, (20)

Estos emperadores demostraron cuán solida estaba instalada la estructura patriarcal en Roma. Los emperadores romanos, al presentarse emparentados con los dioses, validaban su autoridad imperial sobre las mujeres. Una manifestación de dicha autoridad era la de validar la prohibición de que las mujeres no pudiesen votar o desempeñar abiertamente un puesto civil.

La subyugación de las mujeres al servicio de los dioses tuvo su versión romana con las Vírgenes Vestales, una Institución sostenida por los sacerdotes que consistía en dar culto estatal a Vesta, la diosa del hogar (alrededor del 717–673 aC). Las mujeres elegidas para llevar a cabo este servicio estatal eran designadas y obligadas a aceptar el papel, sin opción a elegirlo o rechazarlo. (21)

Estructura Divino patriarcal en la Europa Medieval (el Papa)

La estructura socio religiosa patriarcal, anclada firmemente en la divinidad heredada de las culturas greco-romanas, se convirtió en la estructura regidora y jerárquica en Europa desde la caída del Imperio romano, hasta la consolidación del catolicismo con la cabeza visible del Papado, que a su vez, formalizó aún más la teoría del origen divino de la autoridad para establecer la supremacía de la Iglesia sobre el Estado. La teoría afirmaba que el rey derivaba su autoridad directamente de Dios, pero ésta le era transmitida a través de la Iglesia, específicamente por el Papa, quien, según lo decretado por la jerarquía, era el 'legítimo y único representante de Dios en la Tierra'. El Papa, por lo tanto, tenía el poder de transferir dicho poder al rey cuando lo coronaba.

Muchos de los ritos, prácticas y estatus que caracterizaban el culto a los emperadores fueron perpetuados en la teología y política del imperio cristianizado. A medida que el Cristianismo se imponía por encima del paganismo, el rol del emperador se modificó para convertirse en el regente de Cristo en la Tierra, y la posición del Imperio fue proclamada como un elemento del Plan de Dios para cristianizar el mundo.

Para manejar el hecho de que había reyes ineptos y abiertamente crueles, una explicación teológica forzada explicaba que un rey malvado debería ser considerado como una plaga enviada por Dios por los pecados del pueblo. Aunque el rey fuera malvado, los sujetos no tenían derecho para rebelarse contra él. Esta justificación fue utilizada por los reyes de Prusia, Austria y Rusia, cuando crearon la Alianza Santa en 1815; en esa ocasión declararon que ellos habían sido nombrados por Dios para reinar sobre los súbditos y por lo tanto la Alianza era justificada. (22)

Este denso resumen de cómo los reyes, faraones y emperadores afirmaban tener un origen divino nos permite entender por qué las mujeres, a quienes ya se les había asignado el rol doméstico dentro de la tribu, el clan, el pueblo, en este período recibieron una subordinación aún más férrea a la autoridad del hombre. Si el rey tenía poder absoluto otorgado por su origen divino y podía por lo tanto disponer de la mujer de la manera como mejor le pareciera, los hombres comunes y corrientes recibían un modelo a seguir que era muy poderoso. Si se comportaban como el rey, en lo que se refería al trato de las mujeres, entonces estaban socialmente reconociendo que el comportamiento del rey, no sólo era admisible, sino que ellos, como siervos del rey, de alguna manera deberían seguir su ejemplo y tratar a las mujeres de la misma manera o sea con absoluta autoridad. Además, si la autoridad suprema, la del rey, tenía permiso para tratar a la mujer como su propiedad, ellos de alguna manera, podían y deberían imitarlo al nivel del hogar. Esta forma de pensar, generalizada entre la población masculina, solidificó la subordinación absoluta de la mujer a la autoridad del varón durante esta época.

La mujer subordinada por las mitologías que explicaban su origen de creación

No hay una fuerza social más fuerte que aquella generada por los mitos y creencias religiosas. Cuando un comportamiento es validado por una explicación mítica o religiosa, es casi seguro que los creyentes se comportarán de acuerdo a dichas creencias o explicaciones míticas. Esto ocurre aun cuando las explicaciones sean interpretaciones simbólicas de una realidad desconocida con visos de irracionalidad, y aunque defienda premisas éticas inaceptables o que sean inmorales de acuerdo a nuestros estándares presentes.

Tenemos que hacer, por lo tanto, un breve recorrido de algunas de las creencias religiosas y explicaciones míticas sobre la creación de la mujer para entender cómo ha sido justificada la falta de Derechos de las mujeres y su subordinación al hombre, pues de alguna manera estos mitos fueron interpretados como 'la voluntad de los dioses o de Dios', como 'el orden natural' de la creación de la humanidad.

Algunos mitos claves

La mayoría de las mitologías comienzan con una historia de la creación. Los griegos, los vikingos, los egipcios, los chinos, los japoneses, la mayoría de las tribus del África y alrededor de 500 grupos de los nativos de las Américas tenían su propia versión de la creación del mundo y del hombre. Una línea común a todos los mitos es la firme creencia que dichos mitos representan la auténtica realidad de los orígenes de la Tierra y del hombre y de la mujer. Por ejemplo, para los aborígenes de Australia, el primer momento de la creación es el Tiempo del Sueño, que no es un evento que ocurrió en un pasado distante, sino más bien es el eterno presente que crea los lazos entre los humanos y sus ancestros eternos, los dioses-creadores. (23) El mito, visto en este contexto primordial de búsqueda por el sentido de la condición humana, logra ser lo más cercano a una explicación religiosa hecha por humanos sobre la creación de la humanidad. Dado que algunos de estos mitos extraordinarios han sobrevivido, estos sirven muy bien para identificar el rol de la mujer y para definir la manera de cómo se ha creído que fueron creados los humanos.

Bunjil, el Creador (Australia)

Las historias aborígenes de la creación, los mitos y las leyendas sobre la creación del hombre y la mujer datan de miles de años. En una de ellas, Bunjil es el Gran Espíritu de los grupos Kulin y Wotjobaluk que vivían en la parte oeste de Victoria y al sur-este de Australia. La historia de la creación de la mujer es la siguiente:

Balayang estaba divirtiéndose mientras remaba a la orilla del río Goulburn y sacaba agua con sus manos para salpicarla al aire. El barro del fondo del rio se revolvió hasta el punto que no podía verlo. Cansándose de la situación tomó una rama caída de un árbol, le quitó las hojas y usó la vara para hurgar el barro. Pronto sintió algo blando pero más pesado y sólido que el barro donde estaba.

Curioso de qué podía ser aquello, lo hurgó con la vara y sintió que se volteó, pero aunque trataba, no podría hacerlo subir a la superficie. Sacando la rama la dobló como si fuera un gancho y con él logró agarrar el misterioso objeto. Cuando salió se dio cuenta que tenía dos manos, un cabeza, un cuerpo y dos pies. Era el cuerpo de una mujer. Mientras lo arrastraba hacia la orilla, dos manos más aparecieron. Un segundo cuerpo se había soltado y flotaba en la superficie.

Curioso por saber que había encontrado, puesto que Balayang nunca había visto a una mujer, llevó los dos cuerpos a Bunjil y los puso a sus pies. "Estas son mujeres", el Gran Espíritu le dijo. "Ellas han sido hechas para ser compañeras y ayudantes de los hombres. Esta es Kunnawarra, el Cisne Negro, y esta es Kururuk, la Compañera Nativa.

En esta historia, las mujeres desde el momento de su creación son *ayudantes* de los hombres; no son vistas como compañeros iguales de la creación. Adicionalmente, el primer hombre recibe no sólo una, sino dos mujeres como ayudantes; lo que es fácilmente interpretado por los hombres que las mujeres fueron creadas para servirlo.

Esta es una historia similar de un grupo que vivía en las cercanías de ese lugar. La historia narra que Baiame una vez viajó lejos por la tierra que él había hecho pero se sentía sólo porque no tenía con quien hablar. Escarbó un poco de tierra roja y la moldeó en la forma de personas. Hizo dos hombres, y cuando quiso hacer una mujer sólo tuvo suficiente tierra para confeccionar una sola. Esto fue una invitación a la discordia, pero Baiame no conocía suficientemente a su creación para darse cuenta de esto. Vivió con ellos ensenándoles qué plantas eran buenas para comer, cómo sacar raíces de la tierra y dónde se podía encontrar la mejor comida. (25) -- ¿Seria esta una alusión a una enseñanza de un Mensajero divino que no fue consignado en la historia de ese pueblo?

Es interesante notar que este mito alternativo es el reverso del anterior. En esta historia de la creación, Baime, el Creador, hace dos hombres al inicio. Con lo 'que le sobra' tan sólo puede hacer una sola mujer, que más tarde en la historia se convierte en la tentadora y hace caer al hombre cuando desobedece al Creador que le había prohibido comer animales - (Interesante la similitud con la historia de

Eva en el Paraíso). Es importante tomar nota que en esta historia la primera mujer estaba, desde el comienzo, superada en número por dos hombres, lo que la colocaba implícitamente en un estado inferior en la relación con los hombres.

El Padre del Mundo (Canadá)

Los pueblos de las Primeras Naciones del Canadá valoran una tradición oral que les ofrecía una historia de los orígenes de cada uno de los pueblos, su historia, su espiritualidad, lecciones de moralidad y destrezas para sobrevivir. Esas historias son testimonios de cómo fueron creados los hombres y las mujeres, y de cómo fue poblada la tierra. Las descripciones de sus génesis son variadas como son las religiones de las Primeras Naciones, pero todas sostienen que la vida comenzó en el continente Norteamericano, incluyendo la creación del hombre y de la mujer. El siguiente mito es muy interesante por su singularidad.

Muchos años atrás, una gran catástrofe causó que las columnas que sostenían el mundo se derrumbaran y destruyeran a la Tierra. Dos hombres emergieron ya adultos de unos montículos de tierra. Se casaron y uno de ellos quedó embarazado. El otro hombre cantó una canción mágica que hizo que el pene del hombre embarazado se dividiera convirtiéndolo en una mujer que dio a luz una niña. (26)

El detalle más singular de esta historia es que uno hombre se transforma en mujer como si la creación de la mujer no pudiera ser individual. Ella tiene que emerger de un hombre que cambia su realidad sexual para convertirse en una mujer que dará a luz de ahí en adelante. La mujer, en este sentido, requiere de la esencia de la sexualidad del hombre para desarrollarse como mujer. Ella no tiene ningún derecho de nacimiento que sea independiente de la identidad sexual de un hombre ya desarrollado.

Los pueblos Inuit (Canadá)

Los Inuit son un grupo culturalmente similar a los pueblos originarios que habitaron las regiones árticas del Canadá (los Territorios del Noroeste, Nunatsiavut, Nunavik, Nunavut, y Nunatukavut), Dinamarca (Groenlandia), Rusia (Siberia) y Estados Unidos con Alaska. Inuit quiere decir "la gente" en la lengua Inuktitut.

Su mito de la Creación afirma que el Tiempo era, y que no había gente sobre la Tierra. El primer hombre fue creado de una vaina de arveja que originalmente había sido hecho por el Cuervo quien se podía transformar en un hombre. El Cuervo había hecho a los animales para el hombre. Interesante anotar que en esta historia, el animal adquiere así soberanía sobre el hombre.

Después de haber creado a los animales, el Cuervo le dijo al hombre, "Te sentirás sólo si te quedas aislado, por lo tanto te haré alguien para ti." El Cuervo se apartó e hizo una figura de barro parecida al hombre, aunque diferente. Le colocó una mata de berro en la cabeza por cabello. Cuando la figura se secó en la palma de su mano, abanicó sus alas varias veces. La figura cobró vida. Era una hermosa mujer. Ella se irguió y se colocó al lado del Hombre.

"Esta es tu ayudante y tu compañera", le dijo el Cuervo.

"Ella es muy bonita" le dijo el Hombre, y estaba muy feliz. El Hombre y la Mujer tuvieron un hijo. (27)

Como en otros mitos, el hombre es el primero en ser creado. En este caso, la vaina de la arveja implica que tiene un origen de un medio vivo, mientras que la mujer es creada de un material inerte, el barro. Cuando la creación de ella se ha terminado, el Cuervo la presenta al hombre en primer lugar como su 'ayudante' y en segundo lugar como 'compañera'. En la primera palabra, la subordinación es implícita porque no hay igualdad en la administración del mundo. Ella es básicamente una ayudante, una que obedece lo que el hombre le ordena. En la segunda palabra, 'compañera', la mujer llena su rol reproductivo que ocurre enseguida en la narración. Ella concibe un hijo.

El Mito Navajo de la Creación (Norteamérica)

En este mito, el Primer Hombre y la primera Mujer pre-existen en espíritu antes de convertirse en humanos en el Primer Mundo (de cuatro mundos), y se encuentran por primera vez cuando ven el fuego del otro. Ellos tienen hijos e hijas. Un día, una discusión se inicia sobre el significado de la observación hecha por la Primera Mujer sobre las intenciones que tenía el Primer Hombre cuando trajo un venado muerto. La discusión termina en la separación de los dos porque la Mujer afirma que las mujeres pueden vivir sin el hombre. El Primer Hombre acepta el reto y se va con los otros hombres.

Los hombres y las mujeres viven separados durante cuatro años. Durante estos años, la comida que las mujeres recolectaban se fue reduciendo porque no tenían los instrumentos necesarios para conseguir comida, mientras que los hombres obtenían cada vez más comida. Además cada grupo anhelaba al otro. Finalmente el Primer Hombre se dirigió a la Primera Mujer desde el otro lado del rio y le preguntó, --"¿Todavía piensas que puedes vivir sola?"

--"Ya no creo que pueda vivir sola" le respondió.

El Primer Hombre entonces le dijo, "Siento haberme enojado por lo que me dijiste". Entonces los hombres enviaron una balsa al otro lado del rio para que las mujeres pudieran ir donde ellos estaban. Los hombres y las mujeres se bañaron y se secaron los cuerpos con harina de maíz, y se quedaron separados hasta el anochecer. Entonces reanudaron sus vidas viviendo juntos. (28)

La separación del hombre y la mujer es introducida por la actitud rebelde de la Primera Mujer quien considera que las mujeres pueden vivir sin los hombres. La Primera Mujer es la que tiene que expresar arrepentimiento y reconocimiento de su error al hombre. Sólo en ese momento el Primer Hombre considera ofrecerle un gesto de reconciliación. En esta historia, el Primer Hombre es absuelto de error o comportamiento culpable, mientras que la mujer es la que aparece alterando 'el orden de la creación'. Ella, decretada culpable, adquiere una posición de subordinación.

El Popol Vuh (Guatemala)

Los pueblos Quiché, autóctonos de Guatemala, tenían su propia mitología oral de la creación. Fue finalmente escrita por un indio quiché llamado Diego Reinoso, a quien un sacerdote español le había enseñado a escribir. La versión escrita se conoció como Popol Vuh, que traducido aproximadamente quiere decir, 'El Libro de los Consejos', el 'Libro Sagrado', 'el Libro de los pueblos', 'el Libro Sagrado del Pueblo Quiché'. En la narración, el hombre no es creado originalmente como un individuo, sino más bien cuatro hombres son creados, probablemente porque la creación del hombre fue un esfuerzo colaborativo de varios semidioses, no sólo uno como en la Biblia judeo-cristiana.

El capítulo tres del libro describe así la creación de la mujer:

"Entonces sus mujeres entraron en la existencia y fueran hechas sus mujeres. Dios mismo las hizo con mucho cuidado. Mientras los hombres dormían, ellas se les acercaron, verdaderamente bellas, sus mujeres, y se colocaron junto a Balam'Quitzé, Balam'Acab, Mahucutah e Iqui-Balam. Ahí se convirtieron en sus mujeres, de manera que cuando se despertaron, sus corazones se llenaron de alegría al verlas. (29)

Una vez más, las mujeres no son creadas primero. Son hechas después de los hombres, denotando en este orden una jerarquía de importancia dado que dios crea al hombre primero. Las mujeres son creadas después para ser sus esposas. La subordinación está implícita porque la narración no afirma que los hombres fueron creados para ser sus esposos. 'Sus esposas' implica una relación de pertenencia, de dependencia a los primeros cuatro hombres.

El mito de la creación de los pueblos en Algeria, Norte de África.

Los nativos que vivían en las montañas de Djurdjura, en Algeria, tenían el siguiente mito de la creación:

Al principio había un hombre y una mujer que vivían debajo de la Tierra. Un día se dan cuentan que son del sexo opuesto, y que pueden engendrar hijos e hijas. Tuvieron cincuenta hijas y cincuenta hijos a quienes les pidieron que salieran de la casa cuando se convirtieron en adultos. Cada grupo se va en diferente dirección, pero terminan encontrando al otro grupo. Dándose cuenta de su diferencia de género, finalmente tienen relaciones sexuales, la mujer encima del hombre. Un joven encuentra esta posición inapropiada y concluye, "No es correcto que la mujer esté encima del hombre. En el futuro nos aseguraremos que el hombre sea quien esté encima de la mujer. De esta manera nos convertiremos en sus amos". Y en el futuro se acostaron en esta forma los miembros del pueblo de Kabila. (30)

La conclusión de esta historia es obvia. El hombre subordina a la mujer en el mismo acto de procreación. Los hombres son los amos; las mujeres son las subyugadas, y el control sexual sobre ellas se convierte en la prerrogativa de los hombres.

En la Mitología Griega

En la mitología clásica griega, Prometeo moldea al hombre del barro, y Atena le insufla vida. Prometeo decide hacer que el hombre camine derecho como los dioses y les regala el fuego. Cuando Prometeo engaña a Zeus para que escoja los huesos de los hombres para hacer el sacrificio, Zeus les quita el fuego a los hombres. Prometo se apiada del hombre, enciende una antorcha con el sol y le devuelve el fuego al hombre. Zeus se enardece cuando se da cuenta que el hombre tiene de nuevo el fuego. Decide entonces infligir un castigo terrible tanto al hombre como a Prometeo a quien encadena a una roca y todos los días un águila gigante lo atormenta picoteándole el hígado. Prometeo se recupera cada noche de las heridas pero al día siguiente el águila continúa su tormento.

Para castigar al hombre, Zeus hace que Hefesto haga una mortal de extraordinaria belleza. Los dioses le dieron a ella muchos regalos de riqueza. Zeus después hizo que Hermes le pusiera un corazón engañoso y una lengua mentirosa. La creación se llamó Pandora, la primera mujer. El regalo final fue un ánfora que Pandora tenía la orden de no abrirla. Después Zeus envió a Pandora a ver a Epimeteo quien estaba viviendo entre los hombres.

Prometeo había advertido a Epimeteo que no aceptara ningún regalo de Zeus, pero la belleza de Pandora fue demasiado y el muchacho le permitió quedarse. Eventualmente la curiosidad de Pandora de por qué le prohibieron abrir el ánfora fue demasiado grande y la abrió. De la urna salieron todos los males, pesares, plagas y desgracias que el hombre sufre, dejando prisionera solamente a la Esperanza cuando cerró la urna. (31)

Una vez más, el hombre es el primero en ser creado dándole un puesto de preeminencia en la secuencia de la creación. La mujer es creada como un medio para castigar a un dios (Prometeo) por haberse puesto del lado de los hombres dándoles un alivio de la sujeción a los dioses. Por lo tanto, la creación de la mujer no es para que sea un complemento o una compañera del hombre, sino como un instrumento de castigo para el hombre. Esto ocurre en una forma indirecta pero eficaz. La belleza de Pandora conquista a Epimeteo a quien se le había advertido no aceptar ningún regalo dado por Zeus. La curiosidad de Pandora la vence y abre la urna para ver que hay en ella. El sufrimiento entonces invade al mundo del hombre. De esta manera, la mujer aparece como la fuente de los males que los hombres sufren. El tener que controlar a las mujeres es apenas una conclusión lógica que este mito permite hacer. La inferencia es que el hombre es quien debe dictarle a la mujer cuál debe ser su comportamiento: básicamente que sea modesta, no curiosa, y que tenga autocontrol. En este mito, los hombres reciben el permiso para decidir cuáles son los comportamientos aceptables que la mujer debe llevar a cabo.

Ulgan, el Creador (Siberia)

El mito siberiano de la creación tiene una analogía muy interesante con la historia de la creación de los judíos. Ulgan, el Creador, hace al primer hombre utilizando la tierra como su piel y las piedras para sus huesos. Cuando hace a la mujer, la hace de una de las costillas del hombre. (32) La similitud con la historia de la creación de la mujer como se encuentra en la Biblia no podría ser más precisa y coincidente. Las implicaciones son las mismas.

Estas historias míticas de la creación del hombre y la mujer fueron probablemente elaboradas por los hombres de la época porque ya en ese momento la institución patriarcal había tomado forma en el desarrollo de esas sociedades. Dichas historias no podían estar exentas de una perspectiva masculina, pues era la forma 'normal y natural' que el hombre se imponía sobre la mujer en el diario vivir y en la organización social. Dado que el hombre en general era quien definía las creencias y las costumbres de la tribu, de la aldea, del pueblo, no es de sorprenderse que dichos mitos de la creación del hombre y la mujer favorecieran al varón por encima de la mujer, pues era el reflejo de su realidad cuotidiana.

Conclusión Parcial

Se hace evidente que el origen de la desigualdad entre el hombre y la mujer no fue una definición hecha en un sólo momento, sino más bien fue una evolución de la organización social respaldada por historias míticas de la creación. El puesto de la mujer en la sociedad fue el producto de la forma de gobernar del líder, del jefe de la tribu o del rey en sus dominios, quien impuso que la desigualdad entre el hombre y la mujer era la forma 'normal y natural' como la mujer debía ser manejada, tanto en la esfera civil como en el hogar.

Como lo hemos indagado, el origen del rol de la mujer comenzó a definirse por la necesidad de establecer los roles que tanto el hombre como la mujer debían desempeñar para garantizar la sobrevivencia de los miembros de la tribu, pero en especial la de los niños. Como había una diferencia física entre los dos sexos, el varón, investido con una fuerza física mayor que la de la mujer, naturalmente asumió los roles donde dicha fuerza física hacía la diferencia y aportaba a la sobrevivencia de la unidad familiar, la tribu o el clan. Al principio, cuando la sobrevivencia dependía de la caza de los animales, fue natural que el hombre fuera el que saliera a buscar la presa, la acorralara, la matara y después la llevara de regreso a la cueva, a la choza, o la guarida. Este evento podía durar varios días en terrenos inhóspitos y en circunstancias penosas.

Las mujeres estaban naturalmente dotadas con una capacidad reproductiva pero no podían estar a la par con los hombres durante la cacería, especialmente si estaban embarazadas, puesto que el esfuerzo de correr las ponía en peligro de perder el embarazo. Si tenía otros niños pequeños, no podía seguir a su hombre con los pequeños, ni tampoco los podía dejar solos. Además, no era práctico que ella estuviera con los hombres pues los obligaba a disminuir la velocidad en el momento de la persecución del animal con peligro de perder la presa. Las condiciones adversas de la intemperie tampoco ayudaban a que fuera práctico que las mujeres participaran en la cacería.

Por lo tanto, la especialización en estas áreas no solamente fue evidente sino eficiente. Mientras las mujeres se quedaban en casa (la cueva, la choza, la morada) cuidando de los niños, dándoles de comer, amamantándolos, y controlando las labores del hogar, los hombres estaban fuera cazando o recolectando frutas o tubérculos. Más tarde, cuando la organización social pasa al cultivo de la tierra, los hombres siguen saliendo fuera de la casa para ir a preparar los suelos (algunas veces lejos de la vivienda) para el cultivo. Además, la preparación de los suelos demandaba un nivel de fuerza física que las mujeres no tenían y que no podían ejercer mientras estaban embarazadas. De ahí que las mujeres se especializaron en cuidar del jardín hogareño, que por lo general se encontraba cerca de la casa, en preservar la comida, en atender a los niños, en coser la ropa; labores que los hombres no tenían tiempo para aprender ni la habilidad para llevarlos a cabo.

La organización social de las tribus evolucionó a concentraciones habitacionales estilo aldeas, pueblos y finalmente a ciudades. En cada período transicional los roles de trabajo evolucionaron en las mismas líneas de la organización social haciéndose más evidente y formal que los hombres se encargaran de los roles productivos/ públicos y las mujeres se encargaran de los roles productivos/ privados que habían estado haciendo en etapas previas. La gran diferencia fue que los roles femeninos no fueron más una división de trabajo natural, sino más bien unos roles impuestos social y culturalmente en los cuales las mujeres no tenían voz, ni podían expresar sus deseos o dedicarse a llevar a cabo otros roles fuera de la esfera doméstica. Estos se convirtieron en los roles esperados que las mujeres debían aspirar a llenar, sin cuestionar las razones por las cuales debían hacerlos.

Un factor adicional entró en juego en la organización social de las tribus, los pueblos y las ciudades y ésta fue la estructura jerárquica del poder. Comenzó cuando los hombres competían por la posición de dirección de la tribu, que se obtenía normalmente por aquellos que demostraban la mayor fuerza física y la mayor capacidad de liderazgo. El vencedor se convertía en el jefe de la tribu, los demás en sus seguidores. Dependiendo de su fuerza y habilidades para gobernar se mantenía en el poder hasta que era desafiado por algún joven deseoso de tomar la posición de líder. Si el más joven era vencido, la posición del mayor se consolidaba, y su autoridad se fortalecía. Si el más viejo perdía, se imponía la necesidad de un nuevo líder capaz de infundir miedo a los otros aspirantes a la posición adquirida hasta que un joven más tarde lo desafiara y derrotara.

Las mujeres estuvieron en total desventaja en este juego de poder. Ellas no tenían la fuerza física para enfrentarse a un guerrero/cazador acostumbrado al esfuerzo físico constante. Además, ellas seguía siendo responsables de la crianza de los niños y esta tarea de por si demandaba tanto tiempo y energía como lo exigía el dirigir una tribu; rol altamente incompatible al que ellas llevaban a cabo.

Por consecuencia, el gobierno de la tribu, del pueblo, o de la ciudad se convirtió en dominio del hombre. Las mujeres no tenían tanto apetito de poder como los hombres. Ellas ya tenían un pequeño reino en su hogar. Además, los pueblos y las ciudades requerían de una organización social en base a esferas públicas. Esta demanda llevó a crear puestos de trabajo como el de contadores, de vendedores en establecimientos, supervisores, y la creación de estructuras burocráticas que pudiesen lidiar con la recolección de impuestos, con el comercio, con la construcción de carreteras, con la regulación de ventas, con la erección de edificios públicos. Estos trabajos requerían la presencia de un maestro de tiempo completo y de aprendices que normalmente eran muchachos recién iniciados en la vida laboral y que, después de aprender el oficio, se encargaban de los mismos.

De nuevo, en este proceso las mujeres fueron marginalizadas dado que su rol en la esfera de la reproducción/privada las mantenía ocupadas de tiempo completo. Las niñas que se convertirían en mujeres recibían su capacitación tradicional (aprender la administración del hogar y cómo someterse a la voluntad del hombre de la casa) de boca de sus madres, de la abuela, o de la tía quienes transmitían las reglas de comportamiento del rol que era esperado de ellas, perpetuando de esa manera la marginalización de las mujeres de la esfera pública.

La organización social de las ciudades se volvió más compleja cuando aparecieron unidades más grandes como el reino y después, el estado. Este nuevo concepto requería una organización más elaborada con múltiples empleos. Estos incluían el mantenimiento de un ejército regular para la defensa del reino, una infraestructura para la producción de armas, la construcción de palacios para los reyes, la fortificación de los pueblos, y el asegurar el suministro de alimentos para el rey y sus seguidores. De nuevo esta área fue tomada por los hombres desde su inicio, quienes de alguna manera tenían alguna experiencia en estos trabajos que tradicionalmente eran vedados para las mujeres. La mayoría de estos trabajos eran 'trabajo de hombres' que no se esperaba que fueran llevados a cabo por las mujeres, ni se las estimulaba para que los hicieran. Dado que estos trabajos eran de los hombres, las mujeres que quisieran hacerlos eran consideradas poco 'femeninas'.

El proceso de crear una estructura de desigualdad entre los hombres y las mujeres se elevó cuando llegaron al poder los gobernadores, los faraones, los reyes, y los emperadores que alegaban tener un origen divino y una asistencia sobrenatural de los dioses o de Dios que respaldaba su autoridad. Este proceso dio a los hombres la legitimización religiosa del origen de la mujer. Cualquier cosa que la religión dijera de las mujeres y su rol de obediencia al varón hizo que ellas perdieran todo Derecho de cuestionar su subordinación a los hombres. Si el rey (o cualquier otra figura de autoridad) tenía la bendición de los dioses o de Dios para gobernar al pueblo, las mujeres, se convertían, *par excellence*, en el grupo que tenía que obedecer, dado que ya estaba establecido y aceptado que ella debía obediencia a su padre, a sus hermanos, a su esposo, a su líder, a su rey y reina. En este contexto no sorprende encontrar que ella es una prisionera de su rol. Obediencia silenciosa y viviendo su rol doméstico no es sólo lo que se esperaba de ella sino que se convertía en una forma de sobrevivencia en la estructura social dominada por los hombres.

Ella, por lo tanto, no podía desempeñar ningún rol cívico, no tenía acceso a la educación, no tenía igualdad laboral, no tenía autonomía para crear su propio ambiente social, no tenía un puesto de relevancia en la construcción de la historia de la nación dentro de la cual nacía. Ella era la mitad silenciosa y obediente de la humanidad que recibía durante miles de años una herencia de desigualdad. Todo esto le ocurría por el sólo hecho de nacer mujer.

Capítulo 1

Referencias bibliográficas

1) Encyclopedia Britannica Middle Stone Age. Encyclopedia Britannica. *Encyclopedia Britannica Ultimate Reference Suite*. Chicago: Encyclopedia Britannica, 2010.
2) Campbell, *Primitive Mythology*, pg. 138-43, and in Transformations of Myths through Time, pg. 12
3) Ken Wilber, *Sex, Ecology and Sexuality*, pg. 393
4) Ken, Sex, pg 395.
5) Joseph Campbell, *Primitive Mythology*, pg. 372
6) Google. Divine origin king India. www.preservearticles.com/.../critically-examine-the-theory-regarding... Critically examine the theory regarding the Divine Origin of State, Ankita
7) Google. Divine origin king India. *Ahom Dynasty - Wikipedia, the free encyclopedia* en.wikipedia.org/wiki/Ahom_Dynasty
8) Google. Divine origins of pharaohs. *Egypt: Was Pharaoh Divine* www.touregypt.net/featurestories/divinepharaoh.htm - United States. Bibliography: Bronowski, Prof. J; The Ascent of Man, Kemp, Barry J; Ancient Egypt
9) Google. Ancient Persian emperors. *Ancient Persia: Kings | Infoplease. com www.infoplease.com/ipa/A0932248.html*
10) Pakatchi, Ahmad. "Iran Entry" The Great Islamic Encyclopedia. Ed. Kazem Musavi Bojnourdi.Tehran: The Center of Great Islamic Encyclopedia, 1989-, V.10, pp.620 – 621
11) Abola – Soudavar, Aura of Kings, Legitimacy and Divine Sanction in Iranian Kingship
12) Google. Divine origin of Persian kings. *ACHAEMENID DYNASTY – Encyclopaedia Iranica www.iranicaonline.org/articles/achaemenid-dynasty*)
13) Google. Ancient Persian emperors *Women's Lives in Ancient Persia www.parstimes.com/women/women ancient_persia.html*
14) Google. Divine origin of emperors. *A Comparative Study of World Religions (Chapter 10) www.shaufi.com/b22/b22_10.htm*
15) Google. Divine origin of emperors *Japanese Religion*www. japanese-buddhism.com/japanese-religion.html
16) Google. *A Brief Introduction to Shinto | religion | resources www. kwintessential.co.uk/resources/religion/shinto.html*
17) Google. *Imperial cult (ancient Rome) - Wikipedia, the free encyclopedia* en.wikipedia.org/wiki/Imperial_cult_(ancient_Rome)
18) Google. divine origins Roman emperors *Roman emperor - Wikipedia, the free encyclopedia* en.wikipedia.org/wiki/Roman_emperor

19) Google. divine origins Roman emperors *Religion in ancient Rome - Wikipedia, the free encyclopedia* en.wikipedia.org/wiki/ Religion_in_ancient_Rome

20) Goggle *Caligula - Wikipedia, the free encyclopedia https://en.wikipedia. org/wiki/Caligula*

21) Google. Vestal virgin. *Vestal Virgin - Wikipedia, the free encyclopedia en.wikipedia.org/wiki/Vestal_Virgin*

22) Google. divine origins Roman emperors *Roman emperor - Wikipedia, the free encyclopedia* en.wikipedia.org/wiki/Roman_emperor

23) Neil Philip, *The Illustrated Book of Myths*, pg. 9

24) Google, creation women myths. *The Creation of Women www. astronomy.pomona.edu/archeo/aborigines/yacca.htm*

25) Idem

26) Google. Religious interpretations creation of woman. *Canada's First Nations: Native Creation Myths - University of Calgary* www.ucalgary. ca/applied_history/tutor/firstnations/myths.html Cottie Burland, Hamlyn Publishing, 1965

27) Google. Women creation myths. *Native American Myths of Creation Women - Crystalinks* www.crystalinks.com/namcreationwomen.html

28) Google. Greek mythology, creation of woman *First man or woman - Wikipedia, the free encyclopedia* en.wikipedia.org/wiki/First_man_or_ woman. Navajo Mythology

29) Google. Religious interpretation of creation of women. *Intertextualidad y paralelismo entre el Popol Vuh y La Biblia* pendientedemigracion.ucm.es/ info/.../popolbi.html

30) Google. Bunjil, the Great Spirit. *Australian - Bunjil is Swept from the Earth - United Cherokee Ani ...* Africa - Kabyl Creation and Origin Myths www.ucanonline.org/legend.asp?legend=5765&category=21

31) Google. Creation of woman in Greek mythology. *Greek Mythology Stories Creation Man Promethes* edweb.sdsu.edu/people/bdodge/ scaffold/gg/creationMan.html

32) Neil Philip, *The Illustrated Book of Myths*, pg.35

CAPÍTULO 2

Desigualdad del hombre y la mujer Manifestaciones históricas

Si estamos abordando la desigualdad del hombre y la mujer como un hecho del pasado, así como del presente, es imperativo que presentemos datos sólidos para mostrar qué tan omnipresente ha sido el fenómeno en nuestra historia. Este capítulo presentará suficientes evidencias, para que el lector 'sienta' profundamente, cómo ésta desigualdad degrada a la mujer a la vez que demuestra cómo no ha dejado de ser un componente histórico permanente.

En el capítulo anterior dilucidamos los orígenes de la definición del rol de la mujer en la familia, en la tribu y en las primeras sociedades agrícolas. Los roles asignados a la mujer en el comienzo del desarrollo de la humanidad se convirtió en el telón de fondo que siempre estaba presente pero que rara vez era considerado, discutido, o analizado. Las mujeres, desde las más tempranas fases de socialización del desarrollo humano eran tratadas, administradas y consideradas por el hombre como su propiedad. Ella pertenecía primero que todo a la familia y a la tribu, pero además también era considerada propiedad del señor/ rey quien tenía poder sobre su vida y bienestar. Veamos en detalle cómo esta situación se hacía presente en muchas de las instancias de su vida diaria.

La mujer se convierte en propiedad del hombre

Como vimos en el capítulo anterior, la mujer desarrollaba un rol natural dentro de la familia y la unidad tribal pues era ella el medio de perpetuar el grupo social. Su maternidad la definía en un rol insustituible dando a luz a los niños y convirtiéndose en su fuente de sobrevivencia hasta que estaban suficientemente grandes para caminar, hablar, y comer por sí mismos. Mientras el hombre estaba fuera cazando, guerreando, arando, o llevando a cabo un oficio remunerado ella permanecía en la casa atendiendo los múltiples frentes que el hogar demandaba. Esta labor la continuaba hasta que las niñas crecían y estaban listas para convertirse en esposas y los niños para comenzar su aprendizaje de su rol en la tribu como cazador, o en el pueblo-ciudad como artesano. A medida que la estructura social se consolidaba como un patriarcado, el dominio de propiedad que el hombre tenía sobre la mujer se convirtió como la norma 'natural' de relacionarse con las mujeres.

La mujer, desde muy temprano, se convertía en dependiente de la habilidad del hombre para cazar y traer el sustento a ella y a los niños, o de su habilidad para protegerla de machos predadores que venían de otras tribus en busca de mujeres. En este contexto, cuando ella se unía a un hombre, se convertía en protegida del varón que debería defenderla de dichos predadores.

La dura realidad de los comienzos del desarrollo de los clanes en tribus y estos en unidades sociales más grandes (villas, dominios del rey, ciudades-estados, y naciones) ocurría con frecuencia ganando batallas, ocupando territorios, y tomando a la fuerza las posesiones del derrotado. En este proceso, había un comportamiento aceptado por los hombres victoriosos que se conoció como 'el derecho de los despojos de la guerra'.

La mujer como "trofeo de guerra"

El conquistador tomaba todo lo que le pertenecía al conquistado. Las mujeres estaban incluidas como parte del botín. Cualquier guerrero, que tomaba una mujer entre las conquistadas, adquiría plenos poderes sobre ella. Se convertía en su dueño absoluto teniendo el derecho de disponer de ella según su voluntad. Normalmente se convertía en su esclava doméstica que incluía favores sexuales; si tenía suerte, algunas veces adquiría status de concubina. Las relaciones sexuales con frecuencia terminaban en embarazos y niños que aumentaban el tamaño y el número de los integrantes de la morada.

La experiencia de la mayoría de las mujeres durante este largo período de la historia humana fue de desprotección a merced de los caprichos del conquistador. Ella tenía que adaptarse y encontrar mecanismos de sobrevivencia en medio de condiciones tan crueles. La forma de sobrevivir más común era satisfaciendo la sexualidad del varón al punto, que él encontraba en esta sumisión, un valor que podía apreciar y defender.

Estas circunstancias contribuyeron a que en una época antigua varias mujeres podían ser propiedad del varón, estableciendo así el sistema de poligamia que ha sobrevivido en algunas partes del mundo hasta el día de hoy, como es caso de algunos mormones en los EE.UU., los súper ricos sheiks de la península Arábiga, y los lideres/reyezuelos de África. Al principio la posibilidad de que un hombre tuviera varias mujeres estaba ligada a su estatus social. El jefe de la tribu o el rey, tenían derechos inherentes de poseer una o varias esposas. Algunos de los mejores ejemplos bíblicos fue el de David que tenía ocho esposas, y diez concubinas. Salomón llegó a excesos difíciles de visualizar, pues la Biblia dice que tenía 700 mujeres, y como si esto no fuera suficiente, también tenía 300 concubinas (1 Reyes, 11:3). Un ejemplo moderno era el líder de Kenya, Akuku Danger, que se había casado con 130 esposas con quien había engendrado 415 hijos. El tenía 92 años cuando se casó con la última esposa que tenía 18 años y con la cual tuvo tres hijos. (1)

Antes de que cualquier varón tomara posesión de una mujer, los otros tenían el permiso tácito para abusar de ella sexualmente. Este 'derecho', adquirido por haber participado en la batalla, era considerado como parte integral de 'los derechos sobre los trofeos de guerra'. La violación, como expresión del dominio del varón sobre la mujer era por lo general aceptada sin mayor cuestionamiento y generalmente practicada por todas las tribus guerreras. Las mujeres que ponían alguna resistencia normalmente eran sometidas a la fuerza, llegando a ser mutiladas por el varón que se sentía ofendido por su rechazo. Este era un aspecto adicional visto como derecho del victorioso. Dado que las mujeres eran propiedad del hombre como 'trofeos de guerra', por lo tanto la violación no era considerada como una violación de sus Derechos, pues no tenía ninguno. No había sanción social sobre aquellos que abusaban de las mujeres conquistadas, lo que les daba la oportunidad de abusarlas antes de que algún otro varón las tomara como propiedad.

El matrimonio negociado – una extensión de los derechos de propiedad sobre las mujeres

Porque las mujeres son consideradas aun hoy día, en muchos países, como propiedad del hombre, demasiadas mujeres en el mundo, no tienen Derechos civiles. Uno de los Derechos básicos que se le niega a la mujer es el derecho de escoger con quién se quiere casar, o el derecho de expresar que no se siente lista para dar el paso de un compromiso matrimonial.

Matrimonio en el Judaísmo

Este estado de las mujeres viene de miles de años atrás. La nación Israelita de los tiempos bíblicos dejó una documentación sólida de cuál era el estado de subordinación de la mujer al hombre. Matrimonios arreglados o negociados entre el padre de la novia y el novio o su padre eran una práctica común. El matrimonio consistía en un proceso de tres pasos. El primero era conocido como el 'ketubbah' o la firma del contrato entre las dos familias especificando las condiciones económicas que el matrimonio implicaría. Una vez que el contrato se firmaba los novios se consideraban oficialmente casados. En este paso poca o ninguna participación se le pedía a la novia. Ella era simplemente el 'articulo negociado'. Esta práctica era más patente en los matrimonios arreglados cuando aún eran niños.

La segunda fase se la conocía como 'chuppah' que consistía en la consumación del matrimonio. Esta no ocurría hasta que el novio había cumplido con las obligaciones económicas que había adquirido para con el padre de la novia. La consumación física solía ocurrir en la casa del padre de la novia. El novio entregaba la 'prueba de la virginidad' de la novia mostrando la sabana ensangrentada a los testigos escogidos por los padres de la novia, quienes daban testimonio de la virginidad de la muchacha y que el matrimonio se había consumado. Si la novia era una niña, el novio debía esperar hasta que ella llegara a la pubertad para que se diera la consumación del matrimonio.

El matrimonio se completaba con una fiesta que se llevaba a cabo en la casa del novio hacia la cual todos los invitados marchaban en procesión. (2) Todos los tres pasos están bien definidos en la Biblia en el matrimonio de Isaac y Rebeca (Gen. 24: 33, 51-53, 57-58; 64-67), y en el matrimonio de Jacob con Lea (Gen. 29:15-20, 21-26, 27-28) y después con Raquel (Gen. 29:27, 27-28, 30,).

El matrimonio en el Hinduismo

En el Hinduismo tradicional, el matrimonio no se ve como la unión de dos individuos, sino más bien como el contrato socioeconómico entre las familias involucradas. Así que, el objetivo del matrimonio, no es el encontrar el 'amor de su vida' sino más bien encontrar la familia que pueda llenar las expectativas económicas que tenga la familia del novio. Normalmente en este escenario los sentimientos de la novia son secundarios y no determinan la selección final. Ella tiene que aceptar al novio a pesar de no tener ningún sentimiento por él. En un matrimonio hindú era la costumbre común, y lo es aún hoy día en muchos casos, en que la novia era o es tratada como una propiedad que el padre de ella pasa al nuevo esposo. Esta práctica, según la interpretación de los clérigos especialistas, está de acuerdo con los Escritos Sagrados que se encuentran en los Dharmashastras.

Dado que en esta cultura la unión matrimonial no tiene que ver con que los novios estén enamorados sino que más bien tiene su base en los arreglos económicos a los que se pueden llegar entre las familias, no es de sorprenderse que dichos acuerdos se definieran siendo los contrayentes aún pre-púberes. En último término, el beneficio económico de las familias era el factor más importante, no el que los contrayentes estuviesen enamorados. El evento está tan estructurado que hasta la fecha de la ceremonia era determinada por cálculos astrológicos. (3) Dentro de este contexto no sorprende que la mayoría de las mujeres de esas épocas, y todavia hoy día donde se continúa con esta práctica, tienen que abdicar al deseo de casarse con el hombre que aman para casarse con el hombre escogido por sus padres.

La situación contemporánea no difiere mucho de lo que era la costumbre milenaria. Alrededor de 82 millones de niñas en países en vías de desarrollo, que están entre los 10 -17 años, estarán casadas antes de los 18 años de edad. La mayoría de estas uniones serán matrimonios arreglados, negociados entre los jefes de las familias. Este fenómeno es tan común hoy día que ocurrirá con el 60 por ciento de las mujeres jóvenes de Nepal, 76 por ciento en Nigeria y 50 por ciento en India. (4)

El matrimonio Cristiano en países de habla hispana

En los países como España, Centro y Sur América donde se usaba el español como lengua materna esta idea se expresó hasta finales del siglo XX cuando la mujer, al casarse, tenía que cambiar su apellido paterno por el apellido de su esposo. Adicionalmente tenía que añadirle la preposición 'de' antes del nuevo apellido. Así, cuando María Angélica Méndez se casaba con Pedro Sánchez, su nombre se convertía en María Angélica de Sánchez. Esto no solamente indicaba que su apellido paterno era borrado de su pasado, sino que además se convertía en dependiente, en propiedad 'de' Sánchez, su esposo. Esta costumbre seguía la lógica que, cuando era dada en matrimonio, ella pasaba de pertenecer a su familia para convertirse en la pertenencia del esposo.

Como propiedad, las mujeres no eran reconocidas como individuos con Derechos civiles

Fueron muchos los Derechos civiles a los que las mujeres no tuvieron acceso sino hasta la historia moderna. Entre ellos se destacaban el que no podían solicitar el divorcio, no tenían el Derecho de heredar, ni el Derecho de votar, el Derecho de participar en las instituciones que tomaban las decisiones civiles, o el Derecho de opinar en público sobre los asuntos de la Iglesia, como tampoco el acceder a puestos dentro de dicha organización. Un breve recorrido por cada uno de estos Derechos negados demostrará el trato desigual ejercido por el hombre sobre la mujer durante miles de años.

Sin Derecho al divorcio

El Derecho de la mujer para acceder al divorcio es un fenómeno reciente, de apenas una centuria. A lo largo de la historia antigua, dominada por una organización patriarcal, a las mujeres se les negó este Derecho básico, aun cuando fueran víctimas de violencia doméstica que la exponía en peligro de su bienestar físico.

En el Judaísmo

El adulterio, en la Ley Mosaica, era inmediatamente castigable y causa de divorcio. No había duda de la gravedad del problema. Si cualquiera de los esposos era agarrado en un acto de adulterio, él o ella debería sufrir el castigo máximo: la muerte.

> **"Si un hombre comete adulterio con la esposa de otro, con la esposa de su vecino, tanto el adultero como la adultera deben morir".** (Deuteronomio. 22: 22)

No había exención para ninguno de los dos. La ejecución se llevaba a cabo por lapidación. Sin embargo, en muchas historias bíblicas las mujeres son apedreadas por adulteras; raras veces el hombre era encontrado culpable. La historia de Jesús con la adultera es típico de la discrepancia que existía entre los hombres y las mujeres pues el adúltero no es presentado para recibir su merecido castigo (Juan 8:4-8).

Las mujeres judías estaban bajo el poder de los esposos; no podían hacer una defensa de su pureza. Si el esposo decretaba que ella era 'impura', él podía divorciarla. Ella, por su parte, no tenía los medios para defenderse.

> **"Si un hombre ha tomado esposa, se casa con ella, pero ella ha perdido favor en sus ojos porque él la ha encontrado 'impura'; permitidle que le escriba un libelo de repudio, se lo ponga en sus manos y la mande fuera de su casa."** (Deuteronomio 24:1)

Por lo tanto, una mujer judía, en términos realistas, no tenía cómo solicitar un divorcio, mucho menos tener la probabilidad de conseguirlo. Adicionalmente, cuando una mujer israelita era echada fuera de las casa del marido, se iba sin ninguna propiedad, ni dinero lo que la dejaba sin medios económicos para sostenerse.

Situaciones similares les ocurrían a las mujeres nacidas en la sociedad hindú o budista.

En el Hinduismo

El código civil hindú permitía el divorcio por parte del esposo en casos específicos, pero en términos generales, el divorcio no es contemplado por los textos sagrados hindúes. Por esta razón 'la incompatibilidad' no era razón suficiente para justificar el acabar con los votos matrimoniales. El matrimonio se veía como una responsabilidad, como un aspecto de la predeterminación del dharma de cada uno de los contrayentes (5), como lo interpretaron e impusieron los estudiosos de los textos, a veces llamados 'swamis', pero más conocidos como brahmanes (sacerdotes) que pertenecían a la casta dirigente y quienes estaban encargados por Brahma de estudiar y enseñar los Vedas, y velar por el cumplimiento del sacrificio y la dirección del culto.

Si la mujer que deseaba obtener un divorcio pertenecía a una de las castas bajas, como era la condición de las mujeres rurales, pobres y sin educación (la gran mayoría), ellas no tenían cómo obtenerlo. De lograrlo (una rareza en ese tiempo), por vías extraordinarias, tenía que enfrentarse a la estigmatización social por haberlo conseguido.

En el Budismo

El budismo no contempla el matrimonio como un 'deber sagrado' ni tiene una formula ritual para declarar que el matrimonio es válido. Más bien el budismo considera al matrimonio como 'un contrato secular'. Por lo tanto los monjes no presiden las ceremonias matrimoniales. Pueden dar una bendición desprovista de ceremonia alguna puesto que los matrimonios 'por acompañamiento' o por consenso mutuo son vistos válidos y de igual estatus a los considerados 'contratos seculares'.

Esta forma diferente de considerar el matrimonio tiene que ser visto en el contexto de las creencias budistas para apreciarlos correctamente. La finalidad de la vida es lograr el estado de iluminación. El camino para lograrlo es por el desprendimiento de todo aquello que produce dependencia, que a su vez, produce el sufrimiento. Si el matrimonio se convierte en un obstáculo para obtener la iluminación, se puede y se debe sacrificar. Por lo tanto, si un matrimonio es considerado negativo para uno o para el otro, pues le impide avanzar en el camino de la iluminación, éste debe considerarse como una desventaja que obstaculiza la obtención de dicho fin. Por esta razón, el divorcio no se debe impedir con prohibiciones porque irían en contra de los principios religiosos fundamentales establecidos por Buda. Dentro de este contexto, el divorcio es considerado como una elección individual, que se justifica y lleva a cabo para avanzar hacia la iluminación, que es la meta de la vida. Este razonamiento religioso no anula la presión social en contra del divorcio que se da en las comunidades budistas de la mayoría de los países donde el budismo se encuentra. Lo expresa muy bien la falta de apoyo social que las mujeres tienen para iniciar un divorcio. (6)

En el Cristianismo

El cristianismo heredó del judaísmo la posición de sacralidad del matrimonio (valor indudable y deseable) y la oposición a que las mujeres pudieran tener acceso al divorcio (discriminación evidente). Durante la época medieval (del Siglo 5 al 15) la Iglesia cristiana tenía autoridad total sobre los matrimonios y las separaciones. La separación de los desposados sólo podía otorgarse cuando se daban razones severas para no poder vivir con el otro, por ejemplo, el peligro de daño físico impuesto por uno de los dos. En tales casos, el marido y la mujer eran forzados a vivir separados y se les prohibía cohabitar en el futuro. Era una separación que substituía el divorcio, sin anular el matrimonio en sí. Estas separaciones no eran estimuladas ni defendidas por la Iglesia aun cuando existían razones para que se diesen. Declarar nulo un matrimonio sólo se concedía en los casos raros en el que el matrimonio era considerado inválido. Las razones para anularlo eran muy estrictas, como el tener que proveer pruebas fehacientes de la impotencia del esposo, o la no-consumación del matrimonio. Sólo los muy ricos podían el darse el lujo de obtener "tales pruebas". (7)

La Iglesia Católica mantenía esta posición firme de no reconocer el divorcio hasta el Siglo XX cuando en muchas partes del mundo, especialmente en las colonias españolas de Centro y Sur América, la separación del Estado y la Iglesia había ocurrido. En ese momento la Iglesia perdió el control que tenía sobre el matrimonio cuando este se convirtió en un contrato civil sobre el cual la Iglesia no tenía jurisdicción.

El rey de Inglaterra, Enrique VIII, desafió a la Iglesia Católica en la indisolubilidad del matrimonio. Lo hizo cuando obtuvo una anulación de su matrimonio con Catalina de Aragón en 1533 que fue llevada a cabo por Tomas Cranmer, el Arzobispo de Canterbury. El rey Enrique se casó inmediatamente con Ana Bolena a quien mandó ejecutar tres años después. Su próxima esposa, Jane Seymour, murió al dar a luz a un hijo, lo que le permitió al rey volverse a casar en 1540, esta vez con Ana de Cleves (su cuarta esposa) para divorciarse de ella seis meses después y volverse a casar con Catalina Howard, a quien mandó ejecutar en 1542. Separada de la autoridad de la Iglesia católica romana, la Iglesia de Inglaterra pudo otorgar el divorcio a la nobleza. El mismo privilegio no fue otorgado con la misma liberalidad a los hombres del pueblo, aunque sí se comenzaron a ver algunos casos con mayor frecuencia. Las mujeres comunes y corrientes, dentro del contexto patriarcal-monárquico de la época, no tuvieron acceso al mismo privilegio del divorcio que les fue otorgado a los hombres.

Sin poder volverse a casar

Dadas las reglas de las castas, las mujeres hindúes sin educación y del campo no tienen oportunidad de volverse a casar mientras que los hombres si pueden. Aunque esta clase de mujer hubiese conseguido un divorcio, el estigma social sería tan fuerte, que no podría volverse a casar si lo quisiera. (8)

Si una mujer judía llegase a convertirse en viuda, ella tenía que sufrir las consecuencias negativas de la situación. Diferente al hombre, ella no tenía elección con quien casarse después, especialmente cuando no había dado a luz un varón. De acuerdo a la Biblia, ella tenía que casarse con un hermano de su esposo difunto; regla que ella no podía cambiar. Estaba inscrita en la Ley. Ella tenía que obedecerla. La misma Ley decretaba que, "**el hijo que hubiese tenido llevaría el apellido de su padre de manera que éste no fuese borrado de Israel**" (Deuteronomio 25, 6) mostrando claramente cómo la preservación del nombre de la familia del difunto era más importante que el apellido de la familia de la esposa. Regulación que expresa perfectamente la mentalidad patriarcal tanto cuanto la línea paterna tenía prerrogativa sobre la de la mujer.

En el cristianismo volverse a casar no era posible porque la Iglesia no aceptaba el divorcio, y por lo tanto ni el hombre ni la mujer quedaban libres para hacerlo. Esta situación permaneció así hasta que se dio la separación del Estado y la Iglesia, y ésta perdió el control sobre los matrimonios porque el Estado lo asumió como una de sus funciones, la de casar legalmente a los novios u otorgarle el divorcio a los esposos. En ese momento el matrimonio religioso se convirtió en opcional. Muchos comenzaron a casarse civilmente porque el Estado no exigía tantos requisitos como la Iglesia; además de que el matrimonio civil ofrecía la posibilidad de un divorcio, si era necesario. Cuando el divorcio ocurría, el mismo Estado ofrecía la posibilidad de volverse a casar.

Negación del Derecho de herencia

El Antiguo Testamento, consignado por escrito durante una plena y férrea estructural patriarcal, claramente estipula que las mujeres están subordinadas al hombre en lo que a Derechos de herencia se refiere. Este era un privilegio que se otorgaba a los hombres, pero especialmente al primer varón. A él se le prometía la herencia, no así a la hija. En el caso raro de que ella no tuviera hermanos, ella tendría que casarse con un varón de la tribu de manera que cualquier propiedad a la cual hubiera podido tener derecho, se la pasaría a su nuevo esposo, siempre dentro de la misma tribu (Números 36, 6-9).

Un patrón similar se desarrolló en el patriarcado cristiano. Cuando una mujer se casaba, ella se convertía en total dependiente del marido. Si ella tenía alguna propiedad cuando se casaba, ésta automáticamente pasaba a ser patrimonio del marido y ella tenía que abdicar cualquier control que tuviese sobre dichos bienes. Si ella enviudaba, se le permita que administrara la propiedad de su marido difunto bajo condiciones muy específicas, especialmente si estaba criando niños.

Mahoma trajo un cambio drástico al estatus de la mujer comparado a la forma como era tratada antes del Islam. Bajo las nuevas leyes formuladas por el Profeta, las mujeres obtenían Derechos de herencia previamente otorgados solamente a los hombres. La mujer adquirió el derecho de administrar los bienes que ella había traído al matrimonio o los que había logrado acumular por su trabajo: (9)

> **"Oh aquellos que creéis. No es legal que vosotros heredéis los bienes de las mujeres contra su voluntad; ni que les impidáis partir con una parte de lo que vosotros les habéis dado..."** (Qur'an 4:7).

Las mujeres no tenían participación en la vida política de la nación

Tanto en el Hinduismo como en el Islam se encontraban textos que le daban a la mujer participación en la vida política de la nación, pero en la realidad había muy pocas mujeres que participaban activamente en los asuntos públicos. De aquellas que lo hicieron, Indira Gandhi fue probablemente la más conocida en el Occidente cuando fue nombrada Primer Ministro de la India en enero 24, 1966 hasta marzo

24, 1977 siendo la primera mujer hindú en ejercer dicho cargo. En el país vecino de Pakistán, Benazir Bhutto se convirtió en 1988 en la primera mujer dirigente de un partido político nacional. Seis años más tarde fue elegida como la primera mujer encargada de dirigir un Estado musulmán. Estas dos mujeres sobresalientes fueron la excepción, no la norma y se debe enfatizar que no aparecieron en escena sino hasta el Siglo XX.

A las mujeres israelitas no se les permitió detentar un puesto público durante los tiempos bíblicos ni la historia posterior de la nación sino hasta el Siglo XX cuando el estado de Israel se formó. En este siglo varias mujeres asumieron cargos de importancia siendo Golda Meir la más conocida cuando fue designada como Primer Ministro el 17 de marzo de 1969 hasta 1974. Antes de este siglo a las mujeres no se les permitía expresar su opinión en eventos públicos o políticos, no tenían voz en los consejos civiles, no se les permitía votar en la elección de sus oficiales ni tomar parte de las decisiones que afectaban a la comunidad. Ella era simplemente, "la sierva obediente y sin voz".

Las condiciones tradicionales judías impuestas sobre la mujer se replicaron en el mundo occidental cuando el cristianismo patriarcal se apropió la estructura de poder impidiendo a la mujer participar en los asuntos políticos. La mayoría de las mujeres no tenía permiso para participar en la dirección de la aldea, el pueblo, el estado o el país.

Como en la mayoría de las épocas anteriores, hubo mujeres poderosas que participaron en la construcción del escenario político de varios países como fueron Margarita I, que reinó en Dinamarca de 1387 a 1412; Isabel I de Castilla, España que reinó de 1474 a 1504, y le dio a Cristóbal Colón la ayuda financiera que le permitió descubrir el Nuevo Mundo; Isabel I de Inglaterra (reinó desde 1558 a1603); María Teresa de Austria que reinó sobre Austria, Hungría, Croacia, Bohemia, Mantua, Milán, Lodomeria y Galicia desde 1740 a 1780; e Isabel II de Inglaterra, quien ha sido reina desde 1952 al presente, como cabeza de 32 estados soberanos.

Otros países que tuvieron reinas influyentes fueron: Rusia con Caterina II, conocida como "Catalina, la Grande", (quien reinó desde

1762 hasta1796); Beatriz reinó sobre los Países Bajos desde abril 30, 1980 hasta abril 30, 2013. Estas mujeres excepcionales reinaron no porque fueran mujeres del pueblo que habían obtenido el permiso de ser reinas. Lo lograron porque se casaron con hombres de la realeza que creaban la realeza o porque nacían en una familia real y no había heredero varón para tomar el puesto de rey. Hacer reinas a sus mujeres era una concesión hecha por los hombres que ostentaban el poder. No era un Derecho que cualquier mujer del pueblo podía aspirar a recibir como una posibilidad. (10)

La posición de reina estaba presente en otros países con estructura real similar a los europeos. Entre los más familiares se pueden citar Tonga, las Islas Salomón, Nueva Zelandia, Papua Nueva Guinea, Hawái, Tahití, y la Polinesia francesa. (11)

Estas excepciones no oscurecen la dura realidad que las mujeres en general, en la mayoría de los sitios del mundo, no tenían voz dentro de las instituciones civiles. A las mujeres no se les permitía participar en el proceso de gobierno de estas naciones, ni tampoco tenían voz o presencia significativa para ayudar a definir el escenario político donde vivían. Tal fue el caso de Japón que no les permitía a las mujeres hacerse presente en las reuniones políticas ni formar organizaciones políticas hasta 1922. (12)

Las mujeres no podían votar

Las mujeres, a través de la historia, no tuvieron el Derecho de votar por los funcionarios públicos. Este era el 'dominio sagrado' de los hombres que escogían entre ellos mismos quién gobernaría. Se debe reconocer que hubo momento en que algunas mujeres tuvieron derecho restringido para votar en algunas ciudades y estados antes de esta fecha. Tal fue el caso de permitirles a algunas abadesas de conventos el que se sentasen y votaran en asambleas durante los tiempos medievales, pero éstas eran apenas un puñado comparado con el resto de las mujeres comunes que no tenían semejante privilegio. En 1362 Eduardo III de Inglaterra permitió que algunas abadesas votaran en el Parlamento, pero no en persona sino alguien representándolas. En el otro lado del mundo, en 1654 las mujeres iroqueses recibieron Derecho constitucional para participar en el cuerpo consultivo del Consejo de Fuego, en el cual, tanto mujeres como hombres de la tribu daban sus decisiones que a su vez eran presentadas por el Jefe Guerrero al Consejo de los Jefes (constituido por representantes de cada nación) para su consideración. Esto fue posible porque existía una descendencia de jefes por la vía matriarcal, que era la estructura con la cual se gobernaban.

A pesar de estas excepciones, el voto femenino no les fue otorgado por iniciativa de los hombres. Las mujeres tuvieron que ganarlo con una lucha larga y pesada, con demostraciones callejeras y con presión social hecha sobre las autoridades masculinas del momento. Este fue el caso de República de Córcega (1775) cuando las mujeres, después de enérgicas demandas, consiguieron el Derecho de votación convirtiéndose así en uno de los primeros 'países' en reconocer el Derecho de voto a las mujeres. Un movimiento a favor de este Derecho se originó en Francia en los años 1780 y 1790 durante el período de la Revolución francesa. Bajo presión similar, las Islas Pitcairn (1838), la Isla del Hombre (1881), y Franceville en1889 concedieron a las mujeres el Derecho de votación, pero algunos de estos países lo mantuvieron mientras duraron como naciones independientes y después anularon el Derecho. (13)

En 1893, Nueva Zelandia, una colonia británica con autonomía para gobernarse, otorgó el Derecho de voto a las mujeres adultas. Lo mismo hizo la colonia británica del Sur de Australia en 1895; también les permitió más tarde acceder a puestos públicos. Cuando Australia se hizo una federación en 1901, las mujeres adquirieron el Derecho de votar y de participar en las elecciones federales en 1902, pero las restricciones existentes les impedían a las mujeres aborígenes participar en las votaciones nacionales; estas no fueron removidas sino hasta 1962.

El primer país europeo que introdujo el Derecho de votación para las mujeres fue el Gran Ducado de Finlandia, en ese entonces perteneciente al Imperio ruso, que permitió que las primeras mujeres fueran elegidas al Parlamento en 1907. Noruega le siguió otorgándoles Derecho de votación a las mujeres en 1913. (14)

Las mujeres en EE.UU. no adquirieron este Derecho civil sino tardíamente comparado a los otros países que lo hicieron antes. El movimiento de sufragio comenzó en 1848 cuando la primera convención femenina sobre el sufragio de las mujeres se llevó a cabo en Seneca Falls, Nueva York. Una de las pioneras, Lucy Stone, organizó campañas en varios estados pidiendo el sufragio para las mujeres y se convirtió en la primera mujer en aparecer frente a un cuerpo de legisladores durante la Convención Constitucional de Massachusetts en 1853 para presentarles la justificación de este Derecho. Muchas mujeres activistas se unieron y se dedicaron a instruir al público sobre este Derecho de las mujeres. Bajo la dirección de Susan B. Anthony, Elizabeth Cady Stanton, y otras pioneras del sufragio femenino hicieron múltiples campañas pidiendo al Congreso de EE.UU. que aprobara una enmienda constitucional para otorgarles a las mujeres el Derecho al voto.

En 1865, el Comité Nacional de los Derechos de la Mujer pasó una petición pidiéndole al Congreso que hiciera esta enmienda a la Constitución prohibiéndole a los estados discriminar a los ciudadanos en base al género. Pero no fue sino hasta 55 años después que la Enmienda 19 de la Constitución fue aprobada. La Enmienda declaraba que **"el Derecho de los ciudadanos de los EE.UU. a votar no podía ser negado o limitado por los Estados Unidos o por alguno Estado basado en el sexo"**. (15)

Prohibición de las mujeres para participar en eventos o asuntos religiosos

El dominio patriarcal de los hombres sobre las mujeres se ha manifestado igualmente restrictivo en el ámbito religioso, pues ellos se declararon como los únicos autorizados para interpretar los textos sagrados. Así, los rabinos judíos decretaron que dentro de la sinagoga, las mujeres no podían estar en el mismo sitio que los hombres, ni tampoco se les permitía estar en el mismo patio en el Templo de Jerusalén donde estaban los hombres. Ellas no participaban activamente en las ceremonias religiosas, ni se les permitía conocer la Torá, muchos menos leerla en la sinagoga. Este era un rol exclusivo del hombre. El desarrollo espiritual de la mujer era considerado por debajo del desarrollo del hombre. La separación entre hombres y mujeres dentro de la sinagoga ha permanecido hasta los días presentes, especialmente entre los judíos más ortodoxos. Esta separación se seguía practicando en el 2016 frente al Muro de las Lamentaciones del Templo de Jerusalén.

El cristianismo surgió del judaísmo y de su organización patriarcal en la cual los hombres detentaban el poder dentro del matrimonio, la familia, el gobierno civil y la vida religiosa de la comunidad. No sorprende que la mayor parte de esa cultura se replicara en el desarrollo del cristianismo en toda Europa. Pablo, como judío típico, creció dentro de una sociedad patriarcal. Por lo tanto defendía que las mujeres estaban subordinadas a sus esposos porque '**la cabeza de la mujer es su marido**' (1 Cor.11, 3) Las cartas de Pablo a las incipientes iglesias cristianas tales como la de Corinto formaron parte del Nuevo Testamento. En ellas él les daba la autoridad de excluir a las mujeres de los asuntos religiosos. Las palabras de Pablo en la 1 carta a los Corintios fueron interpretadas literalmente silenciando a las mujeres durante los servicios religiosos, **"Las mujeres deben guardar silencio en las iglesias. A ellas no se les es permitido hablar, sino que deben estar sometidas, como lo dice la ley".** (1Cor. 14, 34).

Durante la primera fase de expansión del cristianismo fue altamente probable que las mujeres actuaran como maestras en la nueva Fe, aunque oficialmente las mujeres no se les daban ningún puesto de autoridad dentro de la incipiente estructura de la iglesia. A las mujeres les estaba vedado ser ordenadas como sacerdotes, en base a la tradición interpretada por los nuevos jerarcas, que afirmaba que Jesús no había escogido a ninguna mujer como uno de sus discípulos íntimos (interpretación que excluyó el rol prominente que había desempeñado María Magdalena y las mujeres que lo acompañaron a lo largo de su ministerio público). Durante el Medioevo y aún en el período de la Ilustración, las mujeres se sentaban a un lado de la iglesia, y los hombres al otro lado mientras asistían a los servicios. Esta decisión fue tomada por la jerarquía basada en la idea de que así protegían a los hombres de la 'distracción' que podían provocar las mujeres, si éstas estuvieran 'demasiado cerca' de los hombres. Se debe anotar que muchas de las Iglesias ortodoxas coptas continúan hoy día con esta práctica, así como varias iglesias anabaptistas.

Durante el Medioevo, cuando florecieron los conventos en toda Europa, algunas mujeres tuvieron la oportunidad de convertirse en monjas para evitar un matrimonio arreglado, un matrimonio indeseable o ser responsable de la crianza de niños. En términos generales, el estatus de la mujer dentro de la Iglesia Católica en esa época era la de una obediente y silenciosa participante. Las mujeres en general no tenían permiso para participar en el gobierno de la Iglesia. Sólo algunas pocas abadesas podían tomar decisiones administrativas dentro de los conventos, pero no estaban presentes para la toma de decisiones doctrinales de la Iglesia. Además, a las mujeres se les impedía recibir la ordenación sacerdotal. La Iglesia de Inglaterra rompió con esa prohibición cuando ordenó a las primeras 32 mujeres en marzo 12, 1994. (16)

Otras expresiones del control del hombre sobre la mujer

Es evidente por estas evidencias históricas que el hombre ha controlado las mujeres durante demasiado tiempo en los derechos cruciales que hoy día consideramos Derechos humanos inherentes a todo ser humano. Aun así, ha habido otras vías por medio de las cuales los hombres han ejercido control sobre las mujeres a lo largo de la historia.

Violencia doméstica, física y sexual

La violencia doméstica es un fenómeno que ha estado presente a lo largo de toda la historia del hombre, pero sólo hasta este momento histórico ha salido a la luz pública mostrando un panorama desolador de cuán generalizada se encuentra este tipo de violencia en el mundo entero. Se manifiesta de varias formas, y está dirigida a uno o varios miembros de la familia. Las estadísticas muestran que es más frecuente que la violencia doméstica la ejerza el hombre del hogar contra su mujer, sus hijos o hijos de otros parientes que viven con ellos.

La violencia doméstica se expresa básicamente con golpes a la compañera que se dan con la mano o con un objeto pesado. Los niños no están exentos cuando al varón le da un ataque de furia descontrolada. El resultado más común de la violencia doméstica son magulladuras, huesos rotos, cicatrices, violación sexual y una atmósfera de miedo constante. Hay otra forma sutil de llevar a cabo la violencia doméstica, y ésta es con terrorismo sicológico. Este abuso sicológico incluye amenazas, gritos, insultos, devaluación del otro, burlas, y uso de apelativos que degradan la autoimagen. Esto ocurre en privado o delante de los niños, parientes o miembros de la familia, lo que hace que el proceso de desvalorización de la persona sea más agudo.

En EE.UU. las estadísticas sugieren que la violencia doméstica que se comete contra las mujeres ocurre en casi la mitad de los matrimonios. Estadísticas de 1984 mostraban que la violencia doméstica era la causa de aproximadamente 100.000 días de hospitalización, de 30.000 consultas en la emergencia, y de 40.000 visitas al doctor cada año por esta causa. Los compañeros varones habían golpeado a casi 4 millones de mujeres en ese año, lo que equivaldría a 10.958 mujeres golpeadas por día, o 457 por hora. (17) De 1993 a 2001 este tipo de violencia había culminado en la muerte de 1.247 mujeres a manos de su compañero, lo que arrojaba un promedio de 155 mujeres muertas por año. (18) En 2003 un estudio retrospectivo (1993 a 2001) encontró que las mujeres representaban el 85% de las víctimas a manos del compañero, mientras que los hombres, victimas de sus compañeras, sólo representaban el 15%. (19)

Otro estudio del mismo año (2003) encontró que entre 600.000 a 6 millones de mujeres eran víctimas de violencia familiar cada año. (20) En 2006 el 74% de los norteamericanos conocía a alguien que ha había sido víctima de violencia doméstica; el 30% afirmaba que conocía a una mujer que había sido abusada físicamente por su esposo o novio en el año anterior. (21)

El 6 de diciembre del 2007, en las Naciones Unidas, la Comunidad Internacional Bahá'i y el Fondo Cristiano de la Infancia, en cooperación con las misiones de Francia y los Países Bajos, hicieron una presentación sobre el nivel de violencia contra las mujeres que llamó poderosamente la atención. La presentación tenía como fin encontrar medios y esfuerzos para eliminar todas las formas de violencia contra las mujeres en los niveles locales y nacionales.

En noviembre 2005 fue publicado el primer estudio hecho por la Organización Mundial de la Salud (OMS) que arrojó el dato que la mayoría de las experiencias de violencia doméstica sufridas por las mujeres eran infligidas por sus compañeros íntimos y que ésta cifra superaba al número de asaltos y violaciones sexuales hechas a las mujeres por extraños o conocidos. El estudio fue hecho entrevistando a más de 24.000 mujeres del medio rural y urbano de 10 países: Bangladesh, Brasil, Etiopia, Japón, Namibia, Perú, Samoa, Serbia-Montenegro, Tailandia, y la Republica de Tanzania. Los resultados mostraban que un cuarto a la mitad de las mujeres habían sufrido heridas físicas como resultado de un asalto directo infligido por sus compañeros. (22)

Otro ejemplo concreto: entre 1995 a 1998 alrededor de 29.000 casos de violencia doméstica fueron reportados en Marruecos, África. De estos 11.890 casos ocurrieron dentro de la familia (23). La situación social de Marruecos no ha cambiado tanto en los últimos 18 años como para invalidar estos datos. Aunque se detectase una reducción significativa de dichos episodios, esto no quiere decir que las mujeres afectadas anteriormente hubiesen recibido el cuidado y apoyo emocional que deberían haber recibido.

Al otro lado del mundo, la Agencia de noticias EFE reportó en julio 10 del 2015 que en Bolivia 40 mujeres habían sido víctimas de femicidio entre enero y junio del año, según datos de la Fuerza Especial de Lucha contra la Violencia (Felcv). Este organismo también registró 19.979 casos de violencia machista. Bolivia, en ese momento y según datos de ONU-Mujeres, era el país latinoamericano con el mayor índice de violencia física contra las mujeres y el segundo, después de Haití, en violencia sexual.

El fenómeno es tan extendido en todo el mundo que la Organización Mundial de la Salud anunció que del 10 al 15% de las mujeres del mundo han sufrido alguna forma de abuso en algún momento de sus vidas a manos de su compañero. Cincuenta por ciento de las mujeres y los niños que viven en las calles viven así porque buscan evitar la violencia doméstica, y seis de cada diez parejas viven un episodio de violencia durante sus vidas. (24)

Una comisión de las Naciones Unidas presentó estas pasmosas estadísticas:

- La comisión señaló que, de tres mujeres y niñas, por lo menos una ha sido asaltada física o sexualmente por varones abusivos dentro de la familia.
- 45% al 60% de los homicidios cometidos contra las mujeres son llevados a cabo fuera del hogar y son realizados por sus compañeros varones.
- En uno de cada tres hogares ha habido abuso emocional, físico y sexual.
- En el mundo se estima que una de cada tres mujeres han sido golpeadas, forzadas a tener relaciones sexuales o abusadas por algún varón presente en sus vidas.
- Las mujeres pierden uno de cada cinco días laborales por violencia doméstica.
- *Cada* 15 segundos, un hombre en algún lugar del mundo, asalta físicamente a una mujer. (25)

Miedo y vergüenza impiden a muchas mujeres denunciar la violencia doméstica, dificultando el recoger estadísticas, y en algunas veces, haciéndolas inconsistentes. Sin embargo, los números recolectados nos hacen caer en cuenta de qué tan insensibles hemos sido en considerar esta dura realidad en la que se considera 'normal' que un esposo o compañero se relacione de esta manera con su compañera. En realidad, la violencia doméstica contra las mujeres destruye sus vidas, quiebra las comunidades e impide el desarrollo porque las mujeres son miembros esenciales de la sociedad. Las mujeres que sufren violencia doméstica muchas veces no pueden ir a trabajar perdiendo una entrada económica necesaria o inclusive perdiendo el puesto. Las mujeres, que son víctimas de la violencia doméstica, experimentan un agotamiento de su energía al punto que no pueden cuidar adecuadamente de sus hijos o de sí mismas.

La violencia doméstica también genera menos capacidad para ahorrar o invertir. La violencia doméstica impacta el acceso de los niños en la fuerza de trabajo porque los niños que crecen en un clima de violencia doméstica muestran más baja eficiencia en el aprendizaje. En Latinoamérica el promedio de deserción escolar se da a los nueve años de edad en los hogares donde está presente la violencia doméstica mientras que en los hogares donde no la hay, el promedio de deserción escolar se da, pero más tarde, a los 12 años de edad. (26)

La mutilación genital femenina (MGF) – una tradición de abuso varonil

Hay una agresión sexual específica contra las jóvenes en demasiados países y durante demasiados cientos de años. Se trata de la mutilación genital femenina (MGF). Esta práctica, basada en una interpretación errónea religiosa y mítica, fue validada por los líderes tribales y religiosos e impuesta sobre las jóvenes como una forma de control de la maduración de las jóvenes en mujeres. La creencia sostenida por los hombres mayores es que la mujer no debería disfrutar de su sexualidad. La forma de impedirlo era mutilando los genitales de las jóvenes.

La práctica consiste en cortar los labios genitales y/o el clítoris. Tradicionalmente se lleva a cabo en las jóvenes entre la infancia y los 15 años. En África se estima que 101 millones de niñas mayores de 10 años han sido sometidas al MGF en alrededor de 28 países de ese continente. El procedimiento se hace frecuentemente en condiciones antihigiénicas utilizando utensilios no esterilizados que pueden ser de un cuchillo de cacería a pedazos de vidrio o aun cuchillas viejas de afeitar. Se lleva a cabo sin anestesia causándole a las chicas aterrorizadas un dolor indescriptible. El procedimiento hecho de esta manera tan bárbara produce múltiples complicaciones tales como conmoción, hemorragia, retención urinaria y más tarde pueden aparecer quistes, infecciones y hasta infertilidad, además de ser susceptibles de tener complicaciones durante el parto y aumento de riesgo de muertes prematuras de los recién nacidos. La OMS ha estimado que 140 millones de niñas y mujeres en el mundo entero están actualmente viviendo con alguna de las consecuencias del MGF. (27) No hay que pasar por alto que son niñas y mujeres negras que han sido particularmente oprimidas en dichas culturas.

Hoy día el número de niñas y mujeres que han sido sometidas a esta práctica barbárica pueden oscilar entre 100 a 140 millones. También se estima que cada año otros dos millones de niñas se encuentran en riesgo al ser sometidas a esta práctica antigénica y violadora de su integridad de mujer por parte de hombres que están más interesados por mantener un dominio sobre la mujer que cualquier otra justificación racional. (28)

Este es otro ejemplo de cómo la autoridad masculina impuesta sobre las mujeres se ha convertido en una tradición sin ningún fundamento científico para justificar su aplicación. Sin embargo, la autoridad masculina defiende ésta 'ceremonia' para sostener su estatus de autoridad, en vez de aceptar los datos científicos que muestran que dicha práctica tiene impactos nocivos y devastadores en la salud de las jóvenes y futuras madres.

Instituciones organizadas por los hombres que sostienen el trato desigual con las mujeres.

Hay algunas organizaciones e instituciones fundadas por hombres que se han convertido en fortalezas para sostener la desigualdad entre los hombres y las mujeres. A medida que han pasado las décadas, estas instituciones creadas con una orientación masculina, han sutilmente mantenido las desigualdades aun cuando dan la apariencia de estar dando trato igual a todas las personas.

Tales son los Ministerios de Salud de muchos países que son quienes crean los sistemas que supuestamente dan atención de calidad en salud a la población en general. Sin embargo, cuando se hacen análisis de cómo el servicio de salud es dado a las personas, se evidencia que las mujeres y los niños no reciben el mismo tratamiento ni la misma calidad de tratamiento que reciben los hombres adultos, aunque las mujeres y los niños constituyen la mayoría de los pacientes.

Los Sistemas Públicos de Salud – mujeres sub-atendidas

Cada año más de 500.000 mujeres, el 99% en países en vías de desarrollo, pierden su vida por complicaciones durante el embarazo y en el parto, por causas previsibles que no son detectadas a tiempo por el sistema. Las razones son muchas: no hay servicios de salud en las comunidades, y cuando los hay, no tienen atención en salud reproductiva. Estos servicios se encuentran normalmente en los centros urbanos, que están por lo general, muy distantes de donde viven las mujeres del área rural, o de las mujeres que viven en los barrios marginados de las grandes urbes. (29)

En Ruanda, Africa, durante la década de 1980, la mortalidad materna fue el problema mayor al que se enfrentaban las mujeres; aún en 1993, el 63% de las muertes entre las mujeres estaban relacionadas con su sistema reproductivo. (30)

Actualmente, complicaciones en el embarazo y en el nacimiento de infantes es la causa principal de muerte en mujeres de 15 a 19 años en los países en vía de desarrollo. (31) Estadísticas similares han sido reportadas en el Perú y en el Paraguay. (32)

Para muchas mujeres en países pobres o en vías de desarrollo, los servicios de salud simplemente no existen, o no son accesibles. El género es frecuentemente la razón de exclusión del sistema de salud. En India, por ejemplo una niña tiene 1.5 menos probabilidades de ser hospitalizada, cuando lo requiere, que un niño (33) y hasta el 50% tiene una mayor probabilidad de morir entre su primer y quinto año de edad. (34)

Las mujeres son sutilmente excluidas de los servicios de salud por barreras externas, tales como la imposición de normas clínicas insensibles que violan creencias y comportamientos tradicionales. Esto ocurre en los servicios de maternidad donde las obligan a quitarse la ropa para el parto, algo que nunca hacen en nacimientos rurales atendidos por parteras tradicionales, o en el ofrecimiento de servicios en horas o días en que las mujeres no pueden acudir al establecimiento, o no teniendo igual número de doctores femeninos para aquellas mujeres que prefieren ser atendidas por una doctora, o por el hecho de colocar la unidad de salud en un sitio de acceso conveniente para los doctores pero no para las mujeres.

Esta desigualdad se percibía claramente en la pandemia del VIH-SIDA. De acuerdo al informe de UNAIDS del 2013 la situación de las mujeres africanas (o sea la mayoría negras) viviendo con el VIH-SIDA presentaba la siguiente disparidad en el servicio de salud que no necesita comentario:

- Globalmente en este año las mujeres comprendían el 52% de las personas que vivían con el VIH en los países de bajos o medianos ingresos, mientras que los hombres representaban el 48%. Sin embargo, en el sub-Sahara Africano donde se encontraba el centro de la epidemia, las mujeres representaban aproximadamente el 57% de todas las personas que vivían con el VIH. Adicionalmente a la vulnerabilidad fisiológica de las mujeres para contraer el VIH, las desigualdades de género incluían la vulnerabilidad a la violación, a verse presionadas a tener sexo con hombres mayores, y un acceso desigual a la educación y a las oportunidades económicas.

- Estos riesgos relacionados con el VIH se vuelven más agudos para las niñas y las mujeres jóvenes. En comparación con los hombres, las mujeres son más susceptibles a adquirir el VIH en una temprana edad haciendo que la prevalencia del VIH entre las mujeres y niñas sea el doble que la prevalencia en varones de la misma edad. Una de las razones es que las mujeres jóvenes (entre los 15 - 24 años) tienen un conocimiento incorrecto de lo que es el VIH-SIDA por comparación a los muchachos de las misma edad como lo demostraron encuestas nacionales en el sub-Sahara africano.

- Aunque se ha puesto particular atención a las necesidades de género en el Sub-Sahara Africano, las mujeres corren un riesgo mayor de contraer el VIH al enfrentarse con una consecuente responsabilidad económica desproporcionada por comparación a los varones. En el Asia y en la región del Pacifico, donde los hombres infectados con el VIH superan en número a las mujeres, más frecuentemente son ellas las encargadas de asumir la carga económica así como el cuidado de los hombres enfermos.

- Las respuestas a la epidemia del VIH-SIDA han ido poco a poco incorporando elementos de igualdad de género. Este enfoque es ahora más común en el Sub-Sahara Africano pero menos visible en países donde la epidemia se ha concentrado en grupos claves de la población. En el Medio Oriente y en el Norte del África así como en el Este de Europa y en el Centro de Asia, las desigualdades de género, incluidos la violencia basada en el género, con demasiada frecuencia no son consideradas en las respuestas nacionales, con ausencia de desglose de los datos desagregándolos por sexo o por participación en las redes organizadas de mujeres que viven con el VIH-SIDA.

-   Informes de países que han llevado a cabo evaluaciones de la implementación de la Declaración Política de las Naciones Unidas sobre VIH-SIDA han puesto de relieve la importancia de incluir las desigualdades de género para tener respuestas programáticas efectivas cuando se aborda el VIH-SIDA. Cien de los 109 países que reportaron datos en 2013 indicaron que eliminar las desigualdades de género era una prioridad nacional. Sin embargo, sólo el 52% de los países reportaron que estaban implementando programas y políticas para eliminar las desigualdades de género. Aunque los compromisos de los gobiernos nacionales han sido positivos, sin embargo aún queda por ver que estos sean traducidos en acciones robustas a favor de las mujeres. (35)

El Informe pone en claro cómo las desigualdades de género (exacerbadas con frecuencia por el solo hecho del color negro de la piel) todavía existen en una pandemia que ya lleva más de 33 años de existencia, con una presencia mundial. Aunque afecta a hombres y mujeres indiscriminadamente, las variables expuestas demuestran que esos sistemas de salud no responden adecuadamente a las mujeres que tienen el VIH.

Negación del Derecho al aborto en casos de peligro para la salud de la mujer

El aborto no es un problema simple. Polariza a hombres como a mujeres, a las autoridades civiles y religiosas en dos posiciones irreconciliables: una, los 'pro vida' que defiende la vida del no-nacido por encima de cualquier consideración, y la 'posición holística' que contempla que el Derecho de la vida de la madre está en igualdad de posición a la del embrión o el feto. Dependiendo de las directivas de cada Institución, el servicio del aborto terapéutico es otorgado o negado a la mujer embarazada que tiene una condición de peligro para su salud. Si la Institución le niega el servicio, la probabilidad de morir se incrementa. La decisión final de los proveedores de salud del hospital o unidad de salud para brindar o no el servicio del *aborto terapéutico* se toma en base a los principios morales de los hombres que dirigen el servicio, y quienes tradicionalmente han definido para la mayoría de la población lo que es aceptable moral y éticamente.

Las mujeres en general no han tenido voto en este debate. En el caso de que una mujer se enfrenta a un embarazo que la ponga en situación inminente de peligro, inclusive de muerte, y ella decide que no debe arriesgase en continuar con el embarazo para poder vivir y criar a los dos o tres hijos pequeños que tiene; en ese momento ella está simplemente supeditada a la posición del servicio de salud respecto de este controvertido tema. Si la mujer está convencida que quiere someterse a un aborto terapéutico (con o sin el apoyo de su compañero), ella tiene que buscar al doctor, o la Institución que ofrezca el servicio porque no todos los establecimientos de salud materna ofrecen este servicio a las embarazadas basados en los principios éticos que la Institución defiende. Encontrar dicho establecimiento puede significar que la paciente sufra un inminente peligro de muerte o de complicaciones innecesarias.

Acceso desigual a la educación

Francisco Bacon dijo una vez, *'conocimiento es poder'*. Este axioma lo conocen bien los hombres y lo han ejercido con tenacidad. A las mujeres, como hemos visto, les fue decretado por el hombre, que tenían que quedarse en su hogar cuidando los hijos y manteniendo en orden el hogar. Para este rol, según ellos, sólo necesitaban aprender a hacer las tareas domésticas que podían enseñarles su madre o sus abuelas. Por lo tanto. no requería de una educación formal dado que lo que tenía que aprender eran las tareas prácticas que le permitirían algún día manejar su casa, desempeñarse como esposa y madre; cocinar, atender el jardín, coser, y cuidar de los hijos. Educación formal no era por lo tanto necesaria ni útil para llevar a cabo dichas tareas de la casa. De ahí que, durante muchos siglos de férreo control masculino, las mujeres en general no recibían ninguna educación formal.

Un resumen de tal estatus de las mujeres en algunos países coloca esta observación en una perspectiva adecuada.

Acceso a la educación negado a las mujeres en el Occidente

Los países del Occidente, desde las primeras etapas del cristianismo impidieron a las mujeres el recibir cualquier tipo de educación formal. Su lugar, de acuerdo a la interpretación religiosa de los clérigos dirigentes, era en el hogar, sirviendo al marido y a los hijos. Ella no requería de educación formal para llevar a cabo las tareas del hogar. Sus madres eran responsables de impartir esa educación. Esta situación permaneció por cientos de años hasta que en el siglo 19, con la fundación de los colegios universitarios femeninos en Inglaterra, se ofreció por primera vez la oportunidad para que las mujeres tuvieran acceso a la educación superior. Queens College fue el primero que se abrió en Londres en 1848, seguido por el Girton College en 1869 que comenzó con cinco alumnas. Le siguió Newham College en 1875, y después, en 1879, Lady Margaret Hall de Oxford. Pero, a pesar de estos avances fueron muy pocas las mujeres que pudieron tomar ventaja de ellos, pues muy pocas podían pagar los costos de ingreso y de los materiales requeridos. (36)

La brecha de género en la educación era obvia cuando se observa que aún hay más del doble de mujeres iliteratas en comparación con los hombres. En los países pobres hay mucho más niñas fuera de las escuelas primarias que los varones, y este número aumenta aún más en la secundaria. Algunos ejemplos alrededor del mundo mostrarán la disparidad del acceso de las mujeres a la educación. En Honduras y Guatemala sólo el 30% de las mujeres tenían acceso a la educación en 2008. Yemen seguía con un patrón similar puesto que sólo el 30%

de las niñas y mujeres eran alfabetizadas comparadas con el 73% de los muchachos. (37)

En Ruanda, antes del genocidio de 1994, en el nivel secundario, los muchachos superaban a la niñas numéricamente 9 a 1, y en el nivel universitario, los hombres superaban a las mujeres 15 a 1. (38)

Cuando se ve al nivel mundial, 796 millones de adultos no pueden leer ni escribir. Lo que es significativo es que dos tercios de ellos son mujeres. Más de la mitad de esas mujeres, que no pueden leer ni escribir (412 millones), viven en el sur de Asia. Otros 176 millones viven en el Sub-Sahara africano. (39)

La educación de las mujeres en los países islámicos

La educación de niñas y mujeres en el Islam ha oscilado históricamente dependiendo mucho de la dinastía que estaba reinando y de la posición que las mujeres tenían en la sociedad en ese momento. Se conoce bien que Mahoma trataba a las mujeres con el máximo respeto. De acuerdo a un hadith atribuido al Profeta, él alababa a las mujeres de Medina por su deseo de adquirir conocimiento religioso. Por comparación a las otras civilizaciones de ese momento, la legislación que él dió en su favor fue muy avanzada. Su primera esposa fue una mujer autodidacta, muy hábil mercader de quien él aprendió su oficio. El Islam ha tenido momentos ilustres en los cuales las niñas han tenido acceso a muchas instituciones islámicas como la Universidad de Al Karaouine (año 859), o los 'madrasahs' (lugares de educación) establecidos en Damasco en los siglos 12 y 13.

Desde el siglo 10, los jóvenes (niños y niñas) eran educados en los colegios primarios llamados 'maktab'. Los maktab comunitarios estaban adjuntos a una mezquita donde los profesores residentes y los *Imam* sostenían sus clases para los niños. Estas cubrían temas como la lectura del árabe, la escritura, la aritmética, y las leyes islámicas. La mayoría de la población era educada en estas escuelas primarias durante su niñez. Después de ella, los jóvenes varones seguían los estudios de alguna profesión, mientras que las niñas continuaban con su aprendizaje del hogar. Diferente a la Europa de la Edad Media (aún hasta los años 1800 y 1900) las mujeres jugaron un rol prominente en la educación islámica durante los 1400 años de expansión y consolidación.

Sin embargo, hubo momentos en el que el Qur'an y los hadiths fueron interpretados por los dirigentes religiosos, los 'mullahs', de una manera que impedían a las mujeres de acceder a las educación superior; ni siquiera podían asistir a exposiciones informales. Este fue el caso de Muhammad ibn al-Hajj (1336) quien no sólo desaprobó el que las mujeres tuvieran acceso a la educación, sino que se horrorizaba que algunas mujeres asistieran como oyentes a las clases o presentaciones de los hombres eruditos.

Cuando las potencias europeas se tomaron las tierras de los musulmanes en los años 1800 se llevó a cabo un cambio en el sistema educativo. Bajo la influencia de los franceses, el Imperio Otomano introdujo una reforma completa de la educación en la que se suprimía la religión del sistema educativo y sólo se enseñaban ciencias seculares. Las escuelas públicas comenzaron a enseñar un currículo europeo basado en libros europeos en vez de las materias tradicionales que habían sido enseñadas por siglos. Aunque las *madrasahs* islámicas continuaron existiendo, por falta de apoyo gubernamental, perdieron mucho de su relevancia en el islam moderno hasta la recién aparición de facciones de extrema derecha durante el Siglo XX y los inicios del siglo XXI. (40) En los países controlados por estas facciones de extremismo fanático se les ha prohibido a las mujeres acceder a la educación formal. Esto se puso en evidencia en Afganistán y Pakistán donde el Talibán, a finales del Siglo XX, se tomó el poder político y prohibió la educación de las niñas.

El no-acceso de las mujeres a la educación en África

África, antes de la llegada de los poderes coloniales europeos, era un continente habitado por tribus que generalmente vivían en una estructura social estilo nómada-guerrero. La tribu era la razón de existencia y de toda la actividad que estaba dirigida a la sobrevivencia de la tribu. Las mujeres mantenían su rol tradicional de guardianes de las chozas, las preparadoras de las comidas, y las recolectoras de las frutas tropicales cuando estaban en cosecha. Los hombres básicamente eran cazadores, pastores nómadas, y guerreros agresivos. Las mujeres no participaban en los procesos de toma de decisiones de la tribu y la educación escolarizada no se conocía. Las niñas aprendían lo que las mamás les enseñaban, tareas que debían llevar a cabo diligentemente. Para este tipo de vida no hacía falta la educación formal. Cambios significativos en el acceso a la educación para los hombres tuvieron que esperar hasta los siglos 19, y para las mujeres en el Siglo XX.

Misioneros cristianos en el siglo XIX introdujeron la educación formal, ofrecida principalmente a los niños varones. En una de las más avanzadas de las colonias, Sur África, los misioneros escoceses decidieron, hacia 1820, que solamente se requería una educación muy básica para preparar a las mujeres en la propagación de la fe dentro del hogar. La preparación obviamente incluía aprender los códigos de género de la época, que mantenían a la mujer fuera de la educación formal. Los musulmanes de la India que fueron al este del África en la última parte del siglo XIX también impusieron, a través de sus directores religiosos, una política altamente restrictiva contra las niñas impidiendo su acceso a la educación formal.

Acceso limitado a la educación para las mujeres en la India

La India estuvo colonizada por el Imperio británico durante muchos años (1858 -1947) y durante ese tiempo los hindús tuvieron que seguir la costumbre inglesa de impedir el acceso de las mujeres a la educación; costumbre acorde con la norma social existente en la India en ese momento. Aunque hubo un intento de introducir educación formal por iniciativa de la Compañía del Este de la India hacia 1854, el cambio se inició muy lentamente cuando la Primaria fue ofrecida a las niñas de las clases sociales más ricas. El nivel de alfabetismo que las mujeres tenían en ese momento era tan pobre que fácilmente se reflejaba en el bajísimo aumento del 0.2% en 1882 a un mero 6% en 1947; un aumento insignificante en 65 años.

Después de que la India adquirió su independencia en 1947, la Comisión de Educación Universitaria fue creada para que diera recomendaciones de cómo mejorar la calidad de la educación en el país. Sin embargo, su informe se refirió negativamente contra la educación de las mujeres afirmando que, "**la educación de las mujeres es enteramente irrelevante para el tipo de vida que llevamos. No es solamente un desperdicio sino una discapacidad**" (41)

Acceso a la educación para las mujeres en China

En la China tradicional, junto a la costumbre de vendar los pies de las niñas para que no les crecieran, se consideraba que era una virtud de la mujer careciera de conocimientos. Como resultado, la educación femenina no se consideraba merecedora de atención hasta la llegada de numerosos misioneros cristianos británicos y norteamericanos durante el siglo XIX. Ellos fundaron los primeros colegios públicos de primaria con acceso restringido a algunas niñas. La apertura del sistema en que se promovía que las mujeres estudiaran fue posible con la llegada de Mao Tse-tung y el partido comunista en 1949. La creación de la Revolución Cultural, abrió las puertas para que las mujeres y niñas del campo, pudieran acceder a la educación.

Discriminación Laboral

La disparidad de trato de las mujeres por los hombres en el medio laboral es otra área donde se puede sentir la desigualdad.

Trabajos reservados solo para los hombres

Es bien conocido y documentado que tradicionalmente a las mujeres se les ha impedido realizar 'el trabajo de hombres' desde que ellos decidieron que ciertas ocupaciones estaban reservadas sólo para los hombres. Se asumía que las mujeres ni siquiera deberían intentar llevarlos a cabo. Como se vio en el capítulo anterior, la sobrevivencia adjudicó al hombre aquellos trabajos que requerían la fuerza física que naturalmente tenían. Las mujeres, por su lado, llevaban a cabo las tareas que requerían menos fuerza física y que les permitían dedicar más tiempo a la crianza de los niños y al funcionamiento del hogar.

No pasó mucho tiempo para que diversos trabajos de artesanías y tareas fuesen acaparados por los hombres, manejados por ellos, y pasados a los varones por medio del aprendizaje tutorial. Algunos de esos trabajos eran: carpintería para la confección de muebles y de herramientas, agricultura, construcción de casas, carretas y armas; el domesticar caballos y bueyes; la construcción de caminos; la erección de estructuras poderosas como los puentes, las murallas de defensa, las iglesias y los castillos. Los hombres asumían estas tareas, no lo hacían las mujeres. Aun cuando surgieron las ciudades, se organizaron los sistemas económicos, se construyeron los almacenes generales (precursores de nuestros súper mercados) y la vida de la ciudad creció, las mujeres seguían básicamente confinadas a sus hogares. Los hombres desempeñaban casi todas estas tareas, y controlaban los empleos y definían los roles sociales de los hombres así como el de las mujeres.

Un enorme cambio social y económico tuvo que ocurrir para que las mujeres se pudieran incorporar a la fuerza de trabajo de las ciudades y de los países. Esto fue propulsado por la aparición de la Revolución Industrial en Inglaterra. Entre 1760 y 1830 varias innovaciones técnicas entraron a jugar un papel decisivo: el nuevo uso del hierro y el acero; el uso de nuevas fuentes de energía como por ejemplo el carbón; la aparición de la máquina a vapor, la electricidad, el petróleo, y el motor de combustión interna; la invención de nuevas máquinas tales como la máquina de hilar y el telar mecánico que permitió reducir la mano de obra mientras se aumentaba la producción. Apareció también una nueva modalidad de trabajo en las recién fundadas factorías de producción masiva con la especialización y la división del trabajo para maximizar la producción. Paralelamente se dieron avances gigantescos en la comunicación y en el transporte que incluyeron la aparición de los trenes, los transatlánticos impulsados por vapor, el automóvil, el avión, el telégrafo y la radio.

La invención de la máquina a vapor utilizada para confeccionar ropa fue la base para el nacimiento de la industria textil. Fábricas de textiles nacieron por doquier pero requerían una mano de obra que supiera más de confección de ropa que los hombres y estas eran las mujeres. No sorprende pues, que las mujeres fueron reclutadas como trabajadoras en dichas fábricas. Cuando la Revolución Industrial llegó al continente un proceso similar ocurrió. Comenzó con Bélgica en 1807 donde las mujeres fueron reclutadas por estas fábricas de alta producción. Años más tarde Francia y Alemania se unieron a este proceso. Como la mujer no tenía Derechos laborales reconocidos, eran pagadas lo que decidiera el dueño de la fábrica (por lo general hombres inversionistas), que imponían salarios de hambre obligando a las mujeres y niños a trabajar hasta 12 horas diarias. Si se compara el nivel salarial de los hombres que llevaban a cabo un trabajo similar, ellos ganaban mucho más que las mujeres. A las mujeres se las consideraban inferior que a los hombres, y por lo tanto se les podía pagar menos.

El mismo fenómeno se puede ver hoy día en donde el hombre es pagado más alto que las mujeres llevando a cabo el mismo trabajo. Un par de ejemplos ilustran muy bien la disparidad. Los economistas Robert Wood, Mary Corcoran y Paul Courant examinaron a los graduandos de la Escuela de Leyes de la Universidad de Michigan y compararon la ocupación de hombres y mujeres por edad, experiencia, nivel educativo y calificaciones obtenidas, tiempo en la fuerza de trabajo, así como tener que cuidar niños, y otros factores. La conclusión fue que las mujeres eran pagadas sólo el 81.5% de lo que recibían los hombres con características demográficas similares, situación familiar similar, horas de trabajo, y experiencia de trabajo. (43)

Similarmente, un estudio comprehensivo hecho por empleados de la Oficina del Gobierno para la Responsabilidad encontró que la brecha de género se puede explicar parcialmente por factores de capital humano y por 'patrones de trabajo'. El estudio, publicado en 2003, estaba basado en datos desde 1983 – 2000 obtenidos de una muestra representativa de estadounidenses entre las edades de 25-65 años. Los investigadores controlaron 'los patrones de trabajo', incluyendo el número de años de experiencia laboral, la educación, y las horas de trabajo por años, así como las diferencias de las industrias, la ocupación, la raza, y el estado civil. Controlando estas variables, los datos demostraron que las mujeres ganaban en promedio 20% menos que los hombres en la totalidad del período entre 1983 al 2000. (44) Esta situación se daba a pesar de que en Junio 10 de 1963 el Presidente Kennedy había firmado la Ley de Pago Igualitario que estipulaba que no debía haber diferencia de pago a las mujeres cuando realizaban el mismo tipo de trabajo llevado a cabo por los hombres.[1]

Los ejemplos citados ilustran el por qué los salarios anuales promedio de las mujeres trabajadoras en 2012 era de $37.791 dólares comparados con los de los hombres que ganaban un promedio de $49.398.

El tráfico de mujeres – trabajo forzado

Al investigar el trabajo forzado, la desigualdad aparece rampante.

Cuando el trabajo forzado se impone a través de medios ilegales, las mujeres se encuentran en total sujeción a estos mercaderes del trabajo que pagan unos salarios de miseria, que apenas si dan para sobrevivir o no les pagan nada forzándolas a aceptar un trato deshumanizado impuesto a la fuerza. Trabajo forzado se traduce en vivir en barracas sin condiciones sanitarias, con una pésima alimentación, y sin ninguna libertad para salir de los establecimientos; o sea viviendo en prisiones virtuales. Es casi inconcebible que esto esté ocurriendo todavía en los principios del siglo XXI.

La Organización europea para la Seguridad y Cooperación (OSCE) reportó que hasta 200.000 personas, la mayoría mujeres y niñas, son objeto de tráfico organizado anualmente de Europa Oriental y Asia Central en condiciones de esclavitud virtual. El fin último del tráfico humano es financiero, dado que es la segunda fuente de ingresos después del tráfico de armas y de drogas.

La situación es aún tan común que, en el 2011, CNN-Noticias lanzó una campaña mundial para cerrar el 'negocio del tráfico de personas'.

---

[1] **Equal Pay Act of 1963 - Wikipedia, the free encyclopedia** https://en.wikipedia.org/wiki/Equal_Pay_Act_of_1963

Inició el movimiento presentando un documental del escandaloso tráfico de jóvenes que se hace en varias ciudades en el mundo tanto en países desarrollados como en los países en vías de desarrollo mostrando cuán generalizada es dicha práctica. También mostró cómo dicho tráfico no respeta edades dado que, tanto niños como niñas de ocho años, son forzados a hacer algún tipo de prostitución, incluida la pornografía infantil.

El tráfico de personas con el fin de explotación sexual ocurre a escala mundial como resultado de las desigualdades de las personas en los países de origen. Mujeres de Ukrania, Moldavia, Nigeria, Burma, y Tailandia son compradas y vendidas para trabajar en la prostitución sin que los gobiernos de esos países las protejan en sus Derechos y castiguen a los traficantes. (46)

El dominio del hombre sobre las mujeres ha creado una desigualdad de género que ha tenido expresiones peores que las que hemos enumerado. Es imperativo que tomemos una mirada crítica de cómo éste control se sigue practicando en demasiadas partes del mundo.

Violencia Sexual

La violencia sexual forzada en las mujeres por los hombres ha estado presente desde los tiempos más remotos. Se basaba inicialmente en la mayor fuerza física del hombre que les permitía imponerse sobre las mujeres y estas tenían que responder con una sumisión a su autoridad dentro de la familia, el clan, y la tribu como lo hemos expuesto en el capítulo anterior. Repasemos ahora, de manera panorámica, la violencia sexual que el hombre ha ejercido desde la antigüedad sobre la mujer.

Desde que la humanidad comenzó a documentar su propia historia, el hombre ha consignado en muchas formas la violencia sexual perpetrada por los hombres sobre las mujeres. Después de una guerra, el vencedor adquiría el Derecho de participar en la repartición de los despojos de la guerra como lo describimos en el capítulo anterior, pero necesitamos reiterarlo ahora. Las mujeres eran consideras como parte de dichos despojos de guerra dándole a los hombres vencedores el permiso de tomar posesión de ellas. Una vez que la mujer se convertía en posesión del hombre vencedor ella tenía que someterse a sus deseos. Uno de ellos era la posesión sexual de ella como trofeo de guerra. A través de la historia de las guerras de los hombres, las mujeres han tenido que entregar su integridad física para pacificar el apetito sexual voraz de los guerreros conquistadores cuya expresión de dominio de vencedores se expresaba en tomar posesión de los cuerpos de las mujeres en la forma más arbitraria y bárbara.

La violencia sexual contra las mujeres por los hombres ha aparecido en la historia, no solamente como 'trofeos de guerra', sino que ha sido expresada en diversos grados de sofisticación tales como:

- Violencia sexual utilizada para expresar un sentido mal entendido de afecto dominado por una pasión incontrolable.
- Violencia sexual expresada como un mal entendido derecho del esposo de que la esposa tiene que someterse sexualmente a sus deseos caprichosos.
- Violencia sexual como la única forma de manifestar la frustración por no poder conquistar un amor imposible.
- Violencia sexual presente de una forma sistemática en la relación con la compañera, que termina siendo forzada a convertirse en el recipiente de su descontrolado impulso sexual.
- Violencia sexual como la forma sutil de ejercitar la autoridad paterna o la autoridad de aquel que substituye a los padres.
- Violencia sexual impuesta sobre la esposa, la amiga, la amante bajo el influjo del alcohol, que le ha hecho perder el control y el juicio claro.
- Violencia sexual sutilmente impuesta por el seductor sobre la joven inocente que no entiende que le está pasando hasta que siente la vergüenza cuando se da cuenta de haber perdido el precioso tesoro de su virginidad.
- Violencia sexual sobre menores por autoridades morales que se aprovechan de su profesión (sicólogos, maestros, sacerdotes, ministros) que abusan de la inocencia de las jóvenes avergonzándolas y manteniéndolas calladas por décadas o de por vida.

Esta forma de imponerse los hombres sobre las mujeres causándoles sufrimientos indecibles es tan común que suena irreal. Estadísticas de la OMS 2011 afirman que cada 9 minutos una mujer es asaltada sexualmente en alguna parte del mundo. (47) Lo que esa fría estadística no expresa es que esa niña-mujer sexualmente abusada es dejada con una cicatriz sicológica, con un estigma social de por vida.

Comportamiento sexual arbitrario de los hombres

La Biblia está llena de historias de abuso sexual contra las mujeres cuyos autores no tuvieron castigo, pues fueron hombres quienes hicieron las reglas. Aunque las historias sean contadas para demostrar un comportamiento incorrecto, sin embargo dejan ver claro cuán injustamente eran tratadas las mujeres. Algunos ejemplos presentan claramente dicha injusticia. Este es uno que, por la autoridad otorgada al gobernante, le daba igualmente autoridad sobre la mujer:

> "**Y la vio Siquem hijo de Hamor, el heveo, príncipe de aquella tierra; la tomó, se acostó con ella y la deshonró".** (Genesis 34:2)

En este caso no hubo castigo para Siquem. Fue exento porque era hombre investido de autoridad. Además se había convertido en costumbre en la nación de Israel el poder tomar una concubina aunque se estuviese casado, sin considerar que esto era adulterio como en el caso del padre de Rubén:

> 22 "**Aconteció que, cuando habitaba Israel en aquella tierra, Rubén fue y durmió con Bilha, la concubina de su padre; de esto se enteró Israel".** (Genesis 35: 22)

También fue el caso de Abraham, quien obtuvo su primogenitor, Ismael, con la esclava de su esposa, Agar. Aunque él procedió a tener relaciones con ella por sugerencia de la esposa, no por eso se le pidió consentimiento a Agar, pues siendo esclava, no tenía derecho de rehusar a Abraham. (Gen. 16, 1-16)

Violación

La violación ha sido la forma más común y la ofensa más constante que el hombre ha hecho contra la mujer. Desde que se comenzó a documentar la historia, ha habido un registro de esta forma de violencia. La peor expresión de este abuso ha sido perpetrada a lo largo y ancho de la historia por soldados intoxicados por la euforia pasajera de la victoria. Las mujeres del 'enemigo' no eran más que 'trofeos de guerra' sujetas a violaciones masivas como una manera de afirmar que habían ganado el derecho de disponer de la integridad física de las mujeres conquistadas. Las mujeres siempre han terminado siendo la recompensa para satisfacer el apetito voraz 'del guerrero macho' que siempre encontró en la violación la manera de expresar su deseo primordial de dominación. La expresión artística de este comportamiento machista quedó plasmada en la escultura romana conocida como "La Violación de las Sabinas" [2].

Este fenómeno de violación masiva por soldados fue llevado a cabo en la historia contemporánea como si el legado del pasado no fuese suficientemente aborrecible. En 1937, las tropas japonesas se tomaron a Nanking, la capital China, y casi destruyeron la ciudad. En el frenesí de la destrucción se calcula que los soldados japoneses violaron 80.000 mujeres chinas, justificándose que lo habían hecho por la 'resistencia' demostrada por la población que se oponía a la destrucción de su ciudad. (48) El argumento justificativo no tiene sentido cuando se considera que lo más natural es que el atacado se defienda.

Durante la Segunda Guerra Mundial el ejército japonés obligó a más de 200.000 mujeres de Taiwan, China, Indonesia y Corea del Sur a servir los soldados como 'mujeres de consuelo'. Cuando Lola Rosa fue violada por primera vez, tuvo que aguantar que la forzaran 24 soldados, uno después del otro. La obligaron a someterse a los

---

[2]   La inspiración nació de la leyenda de El Rapto de las Sabinas "ocurrido en el lugar llamado Sabina localizado el noreste de Roma. Estas mujeres fueron obligadas a convertirse en las esposas de los seguidores de Rómulo. (*Encyclopedia Grolier*, Rape).

soldados japoneses a razón de 20 soldados promedio por día desde la 2:00 de la tarde hasta las 10:00 de la noche independientemente si se sentía físicamente capaz o no, si tenía su período menstrual, si estuviese deprimida o extenuada, limpia o mancillada. Llegó un momento en que su autoestima estaba tan baja que pensó varias veces en suicidarse. La memoria de su madre, que necesitaba de ella para su sobrevivencia, la motivó para mantenerse viva. Lola plasmó este holocausto privado cuarenta y cinco años más tarde en un libro titulado, *Mujer de Consuelo, Esclava del Destino*, publicado por el Philippine Center for Investigative Journalism. El libro tuvo tanto impacto que el gobierno japonés se sintió obligado a pedirle una disculpa pública y otorgarle una compensación por haber sufrido este inexcusable abuso sexual perpetrado por los soldados japoneses. (49)

Uno de los crímenes más grandes contra las mujeres en la historia fue la violación masiva de mujeres después de la victoria comunista en 1945 contra Alemania y sus aliados al final de la Segunda Guerra Mundial. Los violadores fueron principalmente los soldados del ejército Rojo, algunos de ellos eran soldados no-blancos provenientes del Lejano Oriente y de algunas de las repúblicas del centro de Asia de la Unión Soviética. Muchos de los violadores fueron soldados europeos como norteamericanos. Los 'Aliados' compartían el odio global contra los alemanes, como también contra todas las naciones europeas que estaban aliadas con Alemania.

Los eventos siguientes demuestran dolorosamente cuán odioso es el comportamiento violador contra las mujeres. Cuando los soldados soviéticos ingresaron en Berlín una vez que estuvo liberada, algunos entraron en un orfelinato, el Haus Dehlem, que a la vez era un hospital materno, y violaron a las mujeres embarazadas y a las que habían recién dado a luz. Este no fue un incidente aislado. Nadie sabe exactamente cuántas mujeres fueron violadas, pero sí que oscilaban entre los 10 a los 70 años de edad. El reverendo Bernard Griffin, arzobispo británico, después de una gira por Europa para estudiar las condiciones creadas por la guerra, reportó lo siguiente, **"En Viena los soldados violaron más de 100.000 mujeres, no una sola vez sino muchas veces, incluyendo niñas no-adolescentes y a mujeres de edad avanzada."**

Una vez más, los soldados soviéticos que conquistaron Neisse y Silesia violaron 182 monjas católicas. De acuerdo al testimonio dado al Senado de los Estados Unidos en julio 17, 1945, cuando las tropas francesas bajo el comando del General Eisenhower, presumiblemente la mayoría africanos, entraron la ciudad alemana de Stuggart, aislaron a mujeres alemanas en el sistema del metro subterráneo y violaron a más de 2.000 de ellas. En Stuggart solamente, las tropas comandadas por Eisenhower violaron más mujeres en una semana que las violadas por las tropas alemanas en toda Francia durante los cuatro años de la guerra. (50)

Soldados y hombres aliados a los diversos conflictos como los ocurridos en Sierra Leone, Kosovo, la República Democrática del Congo, y en Afganistán, han utilizado la violación de las mujeres como un arma de guerra, con casi absoluta impunidad. Así ocurrió en Ruanda, África, durante genocidio de 1994 de los tutsis, a manos de la tradicional tribu enemiga, los hutus. Los 'embarazos de la guerra', "los hijos del odio", los "énfants non-desirés" (los niños no-deseados) o los "énfants de mauvais souvenir" (los niños de malos recuerdos), como fueron llamados después que terminó la orgia de sangre y las muchachas violadas dieron a luz esta generación de niños y niñas no-deseados, fruto del descontrol de los hutus embriagados por su sed de exterminación. La National Population Office calculó que habían nacido entre 2.000 y 5.000 de ellos. No se tiene que enfatizar que demasiados de estos embarazos fueron forzados en niñas o jovencitas que eran víctimas fáciles de estos machos abusivos actuando en el frenesí de ese genocidio descontrolado. (51)

La violación no siempre ocurre a escala masiva. También se da en el nivel individual y probablemente es más común porque la violación no distingue las mujeres que son abusadas sexualmente. Las estadísticas modernas muestran que la violación es forzada en la esposa, la novia, la comprometida, la querida, bajo el efecto del alcohol, con premeditación o sin ella. La violación también se lleva a cabo contra de la niña inocente que es seducida por un varón sin escrúpulos cuyo deseo es hacer alarde de su proeza sexual delante de sus 'amigos' y conocidos.

Cuando la dura realidad de la violación fue finalmente admitida y documentada como un evento diario en todo el mundo, y cuando las mujeres comenzaron un movimiento mundial de denuncias, los varones contraatacaron con una serie de justificaciones y argucias legales, clamando su inocencia y colocando la culpabilidad de su comportamiento sobre las mujeres. Algunos de los argumentos más comunes que los hombres perpetradores aún esgrimen hoy día son:

- "*La mujeres violadas 'consienten ser violadas', especialmente si ellas no mostraban señales de rechazo o llevaban a cabo acciones defensivas*". (La más flagrante justificación fue proclamar que ellas habían actuado de tal forma que los hombres habían sido llevados a creer que ellas querían que el incidente ocurriera.)

- "*La violación sólo le ocurre a las jóvenes*". (Ha sido documentado que los violadores escogen a las mujeres basados en su vulnerabilidad, no en su apariencia física, y que incluyen a niñas de 3 años y a mujeres de hasta 83 años).

- "*Las mujeres eventualmente se relajan y disfrutan de la violación pues secretamente la desean*". (Como si el sexo forzado fuera en algún momento el resultado de un encuentro sexual con consentimiento).

- "*Una vez que el hombre es sexualmente estimulado, no puede controlarse, necesita tener sexo*". (Como si este argumento justifica y crea una 'violación sin culpabilidad')

- "*Las mujeres a veces inventan historias o mienten sobre si fueron violadas*". (La realidad parece demostrar lo contrario. En 2004 se estimaron que más de 85.000 mujeres fueron violadas en Inglaterra y Gales y que más de 400.000 fueron sexualmente asaltadas). (52)

Cuán expandida es la violación fue claramente puesto en evidencia en dos casos contemporáneos. Uno fue Amina Filali, una joven marroquí de 16 años que iba a ser obligada a casarse en el 2012 con su violador constante. Esto se podía llevar a cabo legalmente porque el artículo 475 del sistema judicial penal de Marruecos permitía al violador ser exento de una acusación legal y de la liberación de cárcel si aceptaba casarse con la menor. Juzgando cómo se había comportado el violador, ella podía visualizar con horror, lo que sería el trato que él le daría de tenerla como esposa. Impulsada por ese terror, Amina prefirió suicidarse. (53)

El otro incidente de violación ocurrió en Nueva Delhi, India en Diciembre 2012 que sacudió al país y al mundo dado la forma tan grotesca en que se perpetró la violación. Se trató de una joven de 23 años, estudiante de fisioterapia, que fue atacada dentro de un bus urbano, donde seis hombres la violaron repetidamente durante varias horas, inclusive con una barra de metal. Después de que terminaron la lanzaron fuera del bus desnuda, y gracias a la bondad de unos transeúntes, fue recogida y llevada a un hospital, donde murió después de varias horas de lucha. Por toda la India hubo manifestaciones de rechazo contra este hecho perpetrado de una manera tan salvaje e inaceptable. La gente respondió masivamente organizando demostraciones públicas contra la violación, y el comportamiento abusivo de los hombres clamando, 'suficiente es suficiente'. En la India, en 2013 una mujer fue violada cada 22 minutos y en muy pocos casos los culpables fueron llevados ante la justicia. (54)

Este aborrecible comportamiento machista es tan común en el mundo que las estadísticas de la OMS permiten afirmar que cada 9 minutos una mujer es sexualmente asaltada en alguna parte del mundo. (55)

Prostitución Organizada – Esclavitud Sexual forzada

La característica de invisibilidad de la prostitución organizada ha hecho irrupción en las ciudades grandes del mundo con un despliegue exuberante. Esto ha ocurrido con mayor intensidad después de la Segunda Guerra Mundial y a los comienzos del siglo XXI. La mayor diferencia con el pasado es el incremento de globalización de la economía que le ha imprimido su crecimiento desmesurado. Dicho crecimiento está básicamente controlado por hombres tiranos, que tratan a la mujer como mercancía para esta industria. Esta dejó de ser la organización local de una 'Madame" de tiempos antiguos con un grupo reducido de 'damas de distracción'. El fenómeno se ha convertido en un tráfico internacional de la dignidad femenina como el artículo de consumo masivo más solicitado, perpetrado por machos deshumanizados, hambrientos de lujuria.

Existe una frase popular, probablemente inventada por un hombre, para justificar el uso sexual de la mujer sin asumir ninguna responsabilidad. El dicho reza que la prostitución 'es el más antiguo de los oficios de la humanidad'. Dejemos bien claro. No es un oficio, no es una profesión. La prostitución no tiene reconocimiento legal en la mayoría de las sociedades del mundo donde es practicada. Por lo tanto carece de todos los privilegios que le son otorgados a cualquier oficio o trabajo pagado. Ninguna mujer hace el esfuerzo de ir a una Institución educativa para prepararse para la venta de su cuerpo como si fuera una carrera profesional aceptada por la sociedad, alabada, o defendida por los miembros de dicha sociedad. Lo más cercano a una aceptación social de que la mujer se convierta en 'profesional de la relajación del varón', que puede culminar con la actividad sexual, es la Institución de las geishas del Japón (creada básicamente por los hombres). Pero independientemente de cuán 'aceptable sea socialmente', la mujeres japonesas que se convierten en geishas no pueden abandonar la profesión por voluntad propia. Están ligadas con la organización de tal manera que se no pueden salirse de la misma aunque quisieran hacerlo.

Prostitución forzada por hombres sobre las mujeres no es un fenómeno social moderno. No hay un período de la historia de la humanidad en el que no se encuentre un registro de alguna forma de prostitución. En el tiempo de los hebreos, los cananeos tenían prostitutas sagradas que desempeñaban la función de ser "protectoras del embarazo y del nacimiento bajo la mirada benevolente del dios Baal". (56) Los aztecas y los incas, miles de kilómetros los unos de los otros, también tenían grupos de mujeres que eran obligadas a servir sexualmente a los sacerdotes varones. La prostitución pagada en los tiempos de la Roma imperial era uno de los pilares económicos informales de la gran ciudad.

Cuando las mujeres no han sido forzadas directamente en la prostitución, son reclutadas comúnmente a través de varias técnicas engañosas. En el comercio del sexo, esto se logra haciéndoles invitaciones a las muchachas jóvenes para que se conviertan en artistas de algún club nocturno, para bailar o para ser las meseras del establecimiento y atender los requerimientos de los clientes varones. Una vez que están dentro del sistema, las mujeres son forzadas a aceptar invitaciones de los clientes varones que han pagado para tener relaciones con ellas. Si rehúsan dar el servicio les quitan los pasaportes e identificación, que son esenciales para regresar algún día a casa. Además, las amenazan con reportarlas a la policía de inmigración. En la Republica Dominicana en 1992, se hizo un cálculo conservador de alrededor de 25.000 mujeres dominicanas que trabajaban así en Ámsterdam; 12.000 en Grecia, Alemania y Holanda en la década anterior. Aproximadamente otras 20.000 mujeres habían sido convencidas de ir a trabajar a esos países. La mayoría había sido reclutada utilizando este engaño. (57)

En 2012 se estimaba que 100.000 mujeres inmigrantes habían sido atrapadas en la prostitución organizada en EE.UU. mientras 40.000 a 50.000 jóvenes tailandesas estaban inmersas en la prostitución en el Japón y aproximadamente 45.000 en Italia – dos tercios de ellas venían del Este de Europa y un tercio de África. Alrededor de 75.000 brasileñas ejercían la prostitución en Europa. (58)

El aspecto más triste de esta abominable explotación es que las jóvenes son atraídas o forzadas en este estilo de vida desde muy temprana edad, alrededor de los 14 - 16 años. A esta temprana edad no tienen consciencia en lo que se están metiendo y lo que ello exige, mucho menos el impacto negativo que a la larga tal actividad sexual forzada tendrá en sus cuerpos, en su sicología, en sus emociones, en su auto-estima; en sus vidas. Esto es verdad para el 35% de las jóvenes camboyanas menores de 17 años, y el 60% de las jóvenes albanesas menores de edad que trabajan como prostitutas. (59)

Extrapolando los datos obtenidos por Organización de Inmigración de la Unión Europea, cada año, alrededor de medio millón de mujeres son objeto de tráfico humano en los mercados sexuales de aquellos países, y alrededor de un millón de mujeres están esclavizadas por la prostitución, la mayoría forzadas, no por libre decisión. (60)

La organización internacional de la prostitución ha obtenido dimensiones de crecimiento comparables con las tendencias de la globalización. Se ha calculado que en el 2010 había 41 millones de trabajadoras sexuales en el mundo y que el trabajo sexual había sido legalizado en 22 países (incluídos Austria, Alemania, Grecia, Los Países Bajos, México, Australia, y Colombia). (61) El panorama mundial es más tenebroso cuando se sabe que más de un millón de personas, la mayoría mujeres y niñas, caen presas anualmente en la prostitución organizada en Asia. (62)

Una vez más, estas estadísticas son frías, vacías del contenido humano. Cada porcentaje representa miles de mujeres que han tenido que rebajar su dignidad femenina para satisfacer los instintos primarios de los hombres que prefieren el anonimato de sexo pagado que el compromiso de una relación saludable. Las estadísticas no expresan el dolor, el sufrimiento ni la humillación sufrida por cada una de estas mujeres que han tenido que soportar las demandas de un cliente que, aunque pague, no compensará jamás el impacto sicológico que tendrán que sufrir por el resto de sus vidas.

Razones básicas para ingresar en el trabajo sexual

Los números impresionantes de jóvenes y mujeres maduras que están activas en la prostitución pagada, puede engañosamente llevarnos a la conclusión que ellas lo hacen porque es una pulsión de la 'naturaleza femenina' para satisfacer sus impulsos sexuales. Nada puede estar más lejos de la verdad. Cuando a estas mujeres se les da la oportunidad de compartir por qué ingresaron en una actividad tan degradante, la mayoría coincide en decir que fue porque tenían obligaciones financieras en sus casas, con miembros de la familia que estaban enfermos o discapacitados, hijos naturales sin padre proveedor, hermanos pequeños que necesitaban ir a la escuela, sobrinos sin parientes o abuelos abandonados. Ante todas estas demandas económicas no pueden simplemente decir, "Este no es mi problema" porque han sido forzadas a solucionar el problema por los otros miembros de la familia. Como la mayoría de estas jóvenes no tienen un nivel educativo que les permita ingresar en un trabajo que mínimamente pague un salario que cubra estas necesidades, ellas piensan erróneamente que la solución está en el trabajo sexual que les permita obtener ingresos rápidos y suficientes. Pero una vez que quedan atrapadas en el sistema, se dan cuenta cuán efímero es este espejismo. Demasiado tarde. Una vez que entran en el mismo, es virtualmente imposible que la mayoría pueda salir de dicha cárcel.

También se encuentran esas jóvenes que son básicamente forzadas por sus padres a ingresar en la industria del sexo, como es el caso de tantos países africanos y asiáticos. Los padres, que no tienen los medios económicos para criar todos sus hijos, dan prelación a los varones bajo la creencia que ellos crecen y pueden rápidamente encontrar trabajo que ayude económicamente a la familia, mientras que una niña no puede fácilmente encontrar un trabajo similar. Cuando ella logra conseguir un trabajo parecido, usualmente no le pagan un salario igual al que le otorgan a un muchacho. Entonces los padres hacen la dolorosa decisión de vender las hijas a los traficantes que las compran para la industria del sexo. Esto es muy común en Tailandia donde los hombres adultos tienen la creencia de que tener relaciones sexuales con una jovencita rejuvenece el impulso sexual masculino. El mercado está ahí; a los traficantes sólo les importa recibir el pago por entregar las jóvenes a ese mercado. Algunos padres, víctimas de una pobreza abyecta, se ven forzados por las circunstancias a vender a sus hijas.

Estos cientos de miles de mujeres obligadas al trabajo sexual no lo hacen porque están desesperadamente buscando placer. Lo hacen porque su nivel de pobreza, la falta de oportunidades, su falta de educación, su inocencia, sus ideales y sueños son utilizados y manipulados por los hombres inescrupulosos que hacen uso de su tesoro – sus órganos sexuales – para someterlos como mercancía en el negocio lucrativo; negocio que es una esclavitud no reconocida como tal. Estas jóvenes, si se les ofreciera una posibilidad de hacer un trabajo que les diera suficiente ingreso, dejarían en masa este degradante oficio para dedicarse a un trabajo que les permitiera expresar dignamente su feminidad.

Prostitución de menores

La tragedia de la prostitución se hace insoportable cuando es impuesta a niños y niñas para satisfacer los caprichos sexuales de varones adultos. Políticos, policía y militares de alto rango protegen este aborrecible y multimillonario negocio como fue expuesto por la Universidad Chulalongkorn de Tailandia. El estudio concluyó que este abuso sistemático de los niños generaba más de 20 billones de dólares. El gobierno tailandés estimaba que en abril de 1997 el número de jovencitas forzadas a ejercer este denigrante oficio de prostitución infantil pasaba de las 40.000. La mayoría de los consumidores eran hombres adultos que creían en el rejuvenecimiento de su masculinidad por tener sexo con una jovencita. (63)

La obligación pervertida de obligar a niños a tener sexo con adultos quiebra la inocencia de un niño o una niña en mil pedazos, destruyendo la incipiente autoimagen y autoestima que hayan podido desarrollar. La tierna sicología infantil quizá nunca se recupere de tan tremendo impacto traumático. Ellos llevarán en sus almas una herida que quedará sin sanar y probablemente perderán todo respeto y confianza en los hombres adultos. Su autoimagen podrá quedar tan destruida que tal vez se sientan incapaces de salir de esa prisión. Aquellos que sobreviven a la experiencia demoledora e intentan escapar de esa esclavitud pueden terminar muertos o con cicatrices producidas por el castigo físico impuesto por los que los controlan.

Ganancias de la prostitución organizada

Las ganancias obtenidas por la organización mundial de la prostitución son millonarias. Los siguientes datos muestran por qué tantas mujeres y niñas son sometidas a tal degradación y sufrimiento impuestos por esta esclavitud deshumanizante.

Una guía elaborada por la Asociación para la Reinserción de Mujeres Prostituidas (APRAMP) afirmaba que 39% de los hombres latinos habían pagado algún servicio de trabajadoras sexuales clasificando a EE.UU. como el mayor consumidor de sexo en el 2011. A nivel mundial, Tailandia tenía el record más alto del país con mayor consumo de sexo pagado, el 73%, seguido por Puerto Rico con 61%. (64) Estas cifras demuestran que son los hombres los mayores consumidores de este servicio vendible, y son los que hacen que este negocio sea tan próspero y se mantenga ininterrumpido.

Se estima que la industria del sexo en el Japón genera $27 billones de dólares anualmente, y que otros $35 billones son generados en Tailandia. La demanda por sexo pagado en Europa Oriental es alrededor de $58 billones de euros. En 2002, se estimaba que alrededor de 60 billones de euros fueron recolectados de la prostitución y que unos 57 billones más fueron generados por la industria paralela de la pornografía. (65)

Cuando uno se percata de los astronómicos beneficios que son generados por la prostitución, uno no se sorprende que exista a la escala mundial en que se da. Mientras la humanidad permita la venta de la dignidad humana como un artículo más de consumo que puede ser vendido, la esclavitud sexual seguirá existiendo, manipulada por aquellos que han perdido todo respeto por la sacralidad de la inocencia de las mujeres y de las niñas.

Resumiendo

La desigualdad en el trato de las mujeres por los hombres es un hecho histórico que no solamente está sólidamente documentado, sino que es una realidad que impregna el presente en casi todos los países del mundo como hemos querido mostrarlo utilizando las estadísticas disponibles y haciendo referencia a tantas instancias en la que la desigualdad es practicada y forzada sobre las mujeres.

Es verdad que muchos adelantos se han logrado para eliminar la brecha de género como se demostrará en los siguientes capítulos. Igualmente es verdad que todavía queda mucho por hacer, cuando se analiza la condición actual de las mujeres. En tantos sitios del mundo parece que la tradicional opresión de las mujeres por los hombres no ha cambiado. Las mujeres, hoy día, como las mujeres del pasado, tienen que aguantar una desigualdad impuesta por los hombres por la fuerza, utilizando justificaciones teóricas, mitos, dogmas y estructuras sociales que han mantenido a las mujeres esclavizadas a la autoridad y abusos de los hombres.

La solución no es una ni simple. Demasiadas barreras y tradiciones culturales, históricas, económicas, sicológicas tienen que ser derribadas para construir nuevas actitudes, instituciones y legislación a favor de las mujeres del mundo. Adicionalmente, se tiene que revisar y proponer una nueva definición de la esencia de las mujeres en su momento de creación, de manera que los hombres puedan relacionarse con ellas en igualdad de condiciones y trato. Sólo entonces, su integridad, su dignidad, y sus Derechos serán respetados y defendidos. Estas ideas las expondremos en los próximos capítulos.

Capítulo 2

Referencias

1) Google. Polygamy definition. *Polygamy - Wikipedia, the free encyclopedia en.wikipedia.org/wiki/Polygamy*

2) Google. Biblical Jewish wedding. *Marriage in the Bible and Ancient Marriage and Jewish Wedding www.bible.ca/.../ancient-jewish-three-stage-weddings-and-marriage-cust.*

3) **"marriage."** Encyclopedia Britannica. *Encyclopedia Britannica Ultimate Reference Suite.* Chicago: Encyclopedia Britannica, 2010.

4) UNFPA – State of the World Population, '03, Chapter 2, Gender Inequality and Reproductive Health

5) Google Divorce in Hinduism. *Marriage and Divorce in Hindu Cultures - Yahoo Voices - voices … voices.yahoo.com/marriage-divorce-hindu-cultures-1371565.htm*

6) Google. Divorce in Buddhism, *Marriage and Divorce in Buddhism - Yahoo Voices - voices.yahoo.comvoices.yahoo.com/marriage-divorce-buddhism-1374915.html*

7) Google. worldwide history of divorce. *History of Divorce Around the World - Rulon T. Burton & Associates www.rulontburton.com/divorce/history-of-divorce-around-the-world*

8) Google. *Divorce and Remarriage — Indian-Style - IMEhttp://content.time.com/time/world/article/0,8599,1640200,00.html#ixzz2r3bCiCMK*

9) The Qur'an (E.H. Palmer tr), Sura 4 – Mujeres

10) Google. Historical European queens. *List of queens regnant - Wikipedia, the free encyclopedia en.wikipedia.org/wiki/List_of_queens_regnant*

11) Idem

12) Google, history of women inheritance rights. *Timeline of women's rights (other than voting) - Wikipedia, the free …en.wikipedia.org/wiki/Timeline_of_women's_rights*

13) Google. Women right to vote. *Women's suffrage - Wikipedia, the free encyclopedia en.wikipedia.org/wiki/Women's_suffrage*

14) Idem Google. Women right to vote. *Women's suffrage - Wikipedia, the free encyclopedia en.wikipedia.org/wiki/Women's_suffrage*

15) Google. Women suffrage in the US. *Women's suffrage in the United States - Wikipedia, the free … en.wikipedia.org/wiki/Women's_suffrage_in_the_United_States*

16) Google. First ordained woman. *List of the first 32 women ordained as Church of England priests … en.wikipedia.org/.../List_of_the_first_32_women_ordained_as_Church_…*

17) USAID- Women's health status, 05 - Women's Health Status, 2005

18) Google. Domestic Violence Resource Center/ Domestic violence statistics Bureau of Justice Statistics Crime Data Brief, Intimate Partner

Violence,1993-2001, February 2003. Bureau of Justice Statistics, Intimate Partner Violence in the U.S. 1993-2004, 2006.

19) Google Domestic Violence Resource Center/ Domestic violence statistics www.dvrc-or.org/domestic/violenceBureau of Justice Statistics Crime Data

20) Google Domestic Violence Resource Center/ Domestic violence statistics www.dvrc-or.org/domestic/violence. Rennison, C. 2003, Feb.

21) Google Domestic Violence Resource Center/ Domestic violence statisticswww.dvrc-or.org/domestic/violence.   All   state   Foundation National Poll on Domestic Violence, 2006, Lieberman Research Inc.

22) WHO, Geneva/London, Domestic Violence, 24 November, 2005

23) Report on violence against women in Maghreb, *Regional, Culture, 12/4/1998*

24) Google. Estadísticas violencia familiar. *Preocupantes estadisticas sobre la violencia doméstica www.tnrelaciones.com* ›

25) Google. Estadísticas violencia familiar. *Estadísticas mundiales sobre violencia de género www.wim-network.org/2011/.../ estadisticas-mundiales-sobre-violenci…*

26) idem Google. Estadísticas violencia familiar. *Estadísticas mundiales sobre violencia de género www.wim-network.org/2011/.../ estadisticas-mundiales-sobre-violenci…*

27) Google. Female genital mutilation. *WHO | Female genital mutilation - World Health Organization www.who.int/mediacentre/factsheets/fs241/en/*

28) World Health Organization, Female genital mutilation, Fact sheet No. 241, June 2000,

29) USAID- Women's health status, 05 - Women's Health Status, 2005

30) Government of Rwanda, *Rapport National du Rwanda pour la Quatrième Conference Mondiale sur les Femmes (Beijing)*, September 1995, pg. 37 cited by Human Right Watch/ Africa in Shattered Lives, Sexual Violence during the Rwandan Genocide and its Aftermath

31). USAID –Adolescent Maternal Health, Aug. 05

32) *Exclusion in health in Latin America and the Caribbean.* Washington, DC, Pan American Health Organization, 2004.

33) Bhan G, Bhandari N, Taneja S, Mazumder S, Bahl R, and other members of the Zinc Study Group. The effect of maternal education on gender bias incare-seeking for common childhood illnesses. *Social Science and Medicine*, 2005, 60:715–724

34) Claeson M, Bos ER, Mawji T, Pathmanathan I. Reducing child mortalityin India in the new millennium. *Bulletin of the World Health Organization*, 2000, 78:1192–1199

35) UNAIDS Report on the global AIDS Epidemic, 2013, pg.78-81

36) Google. Women's access to education. *Female education - Wikipedia, the free encyclopedia en.wikipedia.org/wiki/Female_education*

37) Google: women's education, EDC Content Tour, Women's Health and Education around the World, Wired High Schools in Yemen

38) Government of Rwanda, *Rapport National du Rwanda pour la Quatrième Conference Mondiale sur les Femmes (Beijing)*, September 1995, pg. 37 cited by Human Right Watch/ Africa in Shattered Lives, Sexual Violence during the Rwandan Genocide and its Aftermath.

39) UNESCO – Institute of Statistics – Google, UNESCO: women illiteracy worldwide, 2010

40) Google. beginning of public education in Islam *Education in Islamic History* | Lost *Islamic History* lost*islamichistory.com/education/*

41) Google. Women's access to education. *Female education - Wikipedia, the free encyclopedia en.wikipedia.org/wiki/Female_education*

42) *MLA Style:* **"Industrial Revolution."** Encyclopedia Britannica. *Encyclopedia Britannica Ultimate Reference Suite.* Chicago: Encyclopedia Britannica, 2010

43) Google. Men's salary compared to women's *Male–female income disparity in the United States - Wikipedia, the ... en.wikipedia.org/.../ Male–female_income_disparity_in_the_United_State*

44) Idem

45) Google. Men's salary compared to women's. *Women's* Earnings and Income - Knowledge Center | Catalyst.org www.catalyst.org/knowledge/ **womens**-earnings-and-income

46) USAID - *Anti Trafficking Technical Assistance* - Jamaica Anti-Trafficking Assessment, Oct. 3-15, '05

47) Google. Estadísticas violencia familiar. *Estadísticas mundiales sobre violencia de género www.wim-network.org/2011/.../ estadisticas-mundiales-sobre-violencia*

48) Google. Rape by soldiers in contemporary wars **The Rape of Nanking. YouTube** *www.youtube.com/watch?v=W-HEOwC43Fk*

49) *The Jakarta Post*, 6/8/96, p. 5

50) Google. Modern war rapes. **The Greatest Mass Rape in History** *library. flawlesslogic.com/massrape.htm*

51) Google: Rwanda genocide: Shattered Lives, Sexual Violence during the Rwandan Genocide and its Aftermath -- Human Rights Watch/Africa

52) Google. Men's justification for rape. *Common misconceptions about rape - Rape Crisis www.rapecrisis.org.uk/commonmyths2.php*

53) Google. Amina Filali. *Suicide of Amina Filali - Wikipedia, the free encyclopedia en.wikipedia.org/wiki/Suicide_of_Amina_Filal*

54) CNN. International. Violaciones.*http://news.blogs.cnn.com/2013/01/03/ indian-court-charges-gang-rape-suspects/*

55) Google. Estadísticas violencia familiar. *Estadísticas mundiales sobre violencia de género www.wim-network.org/2011/.../ estadisticas-mundiales-sobre-violencia*

56) MICHENER, James A. *The Source.* Fawcet Crest, New York, 1965, pg. 208

57) Pareja, El negocio del Sexo, pg. 146,

58) Google. ONU-estadísticas prostitución mundial *Información sobre: prostitucion www.sinsida.com/montador.php?tipo=prostitucion)*

59) Google. UN estadísticas prostitución Poulin, R.: (ed.), *Prostituzione. Globalizzazione incarnata,* Milán, 2003

60) Google. ONU-estadísticas prostitución mundial. *Revelan lista de países con mayor consumo de prostitución ... www.telemetro.com › Internacionales*

61) Google. ONU- estadísticas prostitución mundial *Estadísticas sobre la prostitución en el mundo | LogerBit www.logerbit.com/.../estadisticas-sobre-la-prostitucion-en-el-mundo* Datos del 2010 - Mario Torres

62) Google ONU-estadísticas prostitución mundial *Información sobre: prostitucion www.sinsida.com/montador.php?tipo=prostitucion)*

63) The Jakarta Post, Abril 19, 1997, p. 6

64) Google ONU-estadísticas prostitución mundial. *Revelan lista de países con mayor consumo de prostitución ... www.telemetro.com › Internacionales*

65) Google ONU-estadísticas prostitución mundial. *Estadísticas sobre la prostitución en el mundo | LogerBit www.logerbit.com/.../estadisticas-sobre-la-prostitucion-en-el-mundo* Mario Torres Datos del 2010

CAPÍTULO 3

Redefiniendo la creación de la mujer

Hemos identificado los orígenes de la desigualdad entre los hombres y las mujeres, y hemos seguido su desarrollo a los largo de los milenios de nuestra historia. Los comienzos se dieron en función de roles asumidos por cada género que aseguraron la sobrevivencia de la especie humana. Estos roles nacieron en base a las diferencias físicas entre el hombre y la mujer, sus habilidades y eficiencia en el desempeño de las tareas necesarias por realizar. El sistema reproductivo de la mujer la definió como la generadora de la Vida, y como el pariente natural dedicado a la crianza de los infantes y niños pequeños. Estos no podían sobrevivir sin la dedicación, a tiempo completo, que ellas les brindaban para satisfacer, mejor que los hombres, las necesidades básicas de alimentación, vestido, estímulos para el desarrollo motor y del lenguaje. Además de la enseñanza de destrezas básicas como vestirse, alimentarse, lavarse las manos, aprender juegos y labores mínimas de la casa, etc.

Al rol natural desarrollado por los hombres para obtener comida, proveer techo y ofrecer protección, se le añadió una interpretación mítico-religiosa, que validaron una serie de creencias en las cuales las mujeres estaban subordinadas a los hombres desde su mismo origen de creación. *Las creencias* son unos de los determinantes más poderosos para dirigir, y mantener los comportamientos que nosotros los humanos obedecemos y seguimos. Si la creencia es considerada adicionalmente, como un componente de una Revelación sobrenatural dada por Dios (o los dioses), entonces ese conjunto de creencias tiene la posibilidad de dominar el comportamiento humano durante siglos. Esto lo hemos visto ocurrir en el Hinduismo, en el Zoroastrismo, en el Judaísmo, en el Cristianismo, en el Islam, y en un sin número de otras pequeñas religiones que han aparecido a lo largo de los milenios. Esto sugiere que, si un trato de igualdad de los hombres a las mujeres ha de ocurrir alguna vez, estas creencias de la creación de la mujer tienen que ser conscientemente reinterpretadas y modificadas, de manera que se pueda dar un cambio de actitud y de comportamiento de los hombres hacia las mujeres, y que estos cambios se mantengan durante un tiempo suficiente para modificar la forma de pensar y de comportarse con ellas.

Es lógico que, si se cambia la historia de la creación del hombre y la mujer, de manera que se diera paridad e igualdad entre el hombre y la mujer desde el mismo momento de su creación, se cambiaría la concepción de subordinación de ella al hombre, que ha prevalecido en las historias de la creación del hombre y la mujer del pasado. Esto aumentaría la posibilidad de obtener una generación de hombres con una actitud, y un comportamiento global de igualdad entre los géneros, en todos los aspectos esenciales de la vida diaria. Estos incluyen la participación plena en la vida civil, acceso igual a la educación, el pago equitativo en el trabajo, la cobertura médica igual al del hombre y el acceso a los mismos Derechos que gozan los hombres.

Principales historias de la creación que contribuyen a la subordinación de la mujer al hombre.

Mientras que los mitos presentados en el Capítulo 1 mostraron una fundación sólida para que se desarrollara la subordinación de la mujer al hombre en el momento de su creación, las explicaciones religiosas dadas para ilustrar su creación por un sólo Dios, no varían mucho en cuanto a la jerarquía de las relaciones que se dan entre el hombre y la mujer. La mayoría de las historias de la creación afirman que Dios hizo primero al hombre y después a la mujer. Esta aparece subordinada al hombre de alguna manera o forma. De ahí que se estableciera la creencia, que esta era la forma natural que el dios (o Dios) había querido para la relación del hombre y la mujer. No es sólo coincidencia que en las religiones principales del mundo, el Creador es presentado con género masculino que decide cómo ha de crear a la mujer.

El Hinduismo

La cosmología hindú está intrínsecamente entrelazada con los dioses y las diosas. No existe ninguna brecha insalvable entre el reino celestial y el mundo material donde los hijos de estos dioses vienen a vivir. La historia de la creación del hombre y la mujer, que finalmente quedó codificada para futuras generaciones, participa de este origen. Además hay que recordar cuán atrincherada estaba ya la estructura patriarcal monárquica que no permitía otra perspectiva que modificara una creencia tan importante y esencial para la vida social y espiritual de la nación hindú.

En el libro, Siva Purana, Brahma dice:

> **"Dharma, el medio para obtener el logro de todo, nacido de mi, asumí la forma de Manú a mi orden. Yo cree, de diferentes partes de mi cuerpo, hijos innumerables. Después fui incitado por Siva, presente dentro de mí, a dividirme en dos; una mitad tenia la forma de mujer y la otra mitad la forma de hombre. Ese hombre era Svayambhuva Manu, el más grande de los dos medios de la creación. La mujer fue Satarupa, una yogini, y asceta. Juntos hicieron creaturas. Sus hijos y progenie se ha expandido por el mundo tanto el móvil como el inmóvil." (3)** – (Traducción del autor del texto en ingles.)

Es evidente el lugar de preeminencia del hombre por la forma en que es alabado como "**el más grande de los dos medios de la creación**". La mujer no es presentada en rango igual. A ella se le da un rol menor, incomparable con la magnificencia del rol del hombre. Subordinación de la mujer al hombre es una conclusión factible en esta historia religiosa de la creación del hombre y la mujer. No es de extrañarse que si el origen de esta historia de la creación del hombre y de la mujer está basado en una Revelación religiosa, esta fue dada en el contexto socio-cultural que ya existía definido por la estructuración patriarcal que hemos analizado. La humanidad de ese entonces no estaba preparada para oír una explicación que estuviera radicalmente fuera de dicho contexto y por ende la Revelación que recibieron no buscó alterar el orden ya establecido con una historia de la creación del hombre y la mujer que contradijera la interpretación oficial existente de dicha subordinación.

La interpretación de la subordinación de la mujer se hizo evidente en la forma como se desarrolló la estructura social hindú; primero en castas, y segundo dentro de cada casta, las mujeres fueron marginalizadas de aquellas actividades reservadas a los hombres. Esto ocurrió, aunque en la India del pasado (3200-2500 aC) no existía dicha división de castas. La producción de varios libros religiosos incluyendo el Manusmriti (compuesto probablemente alrededor del 200 aC. al 200 dC), el Atharva Vedas, y los Vishnu smriti, fueron impuestos por los Brahmanes (los sacerdotes masculinos hindús de la casta superior). Estos libros dividieron al pueblo en un sistema estratificado de dos castas: la casta superior (los Brahamanes, que a la vez era la clase dominante, que incluía los estudiosos de los textos religiosos); estos mantenían el poder y la riqueza; y la casta inferior, compuesta por los Intocables. De acuerdo a los dirigentes, se nacía en cada casta en forma hereditaria y permanente, pues los que nacían en la clase de los Intocables jamás podían ascender en la escala social. Durante el período colonial inglés, la división entre las castas se hizo más férrea por razones económicas y políticas puesto que los ingleses pusieron en los puestos dirigentes a los de la casta superior: los príncipes, los que hacían las funciones de los sacerdotes, y los terratenientes. Existía un segundo extracto constituido por los oficiales que controlaban el comercio, el flujo de los bienes que consumía el poder colonial, y los servicios administrativos hindúes. El renglón más bajo de la sociedad hindú colonial estaba compuesto por los campesinos arrendatarios, los siervos, los obreros asalariados, y los culíes contratados; todos estos eran considerados como los Intocables. (4)

El sistema de castas defiende, promueve, y valida la desigualdad entre los hombres y las mujeres. De acuerdo al Manusmriti, las mujeres no tenían Derecho a la educación, independencia, o la propiedad. Este sistema no sólo justificaba el trato dado a las mujeres dalit (pertenecientes a la casta de los Intocables) como objetos sexuales sino que promovía el matrimonio de niñas. La ejecución de mujeres dalit era explícitamente justificado por los Brahamanes como una ofensa menor igual que el darle muerte a un animal. Las leyes horrendas del Manusmitri fueron incorporadas en el hinduismo porque los que pertenecían a las clases superiores en el poder eran a la vez los intérpretes de la religión, que los favorecía por encima de los 250 millones de los Intocables. Entre ellos las mujeres rurales más pobres, las dalit, eran las más oprimidas. Ellas no tenían ningún control sobre sus bienes, ningún acceso a la justicia, a la protección policial, ninguna participación en la vida política o social del país, sin acceso a la educación, y sin voz ni voto, que hoy día se traduce en no tener acceso a ser oídas en los medios de comunicación. (5)

La adopción de esta subordinación de las mujeres se reflejaba claramente en la explicación de una de las creencias fundamentales tanto del hinduismo como del budismo: karma y la reencarnación. De acuerdo a una de las interpretaciones de las leyes del karma, las acciones del pasado de cada uno determinan la posición de riqueza, de poder, talento y hasta del género en el cual se ha de re-encarnar. La creencia tradicional afirma que si uno renace como mujer, es por causa del *mal karma*. Lo que quiere decir que renacer como mujer es algo indeseable. Las mujeres son automáticamente consideradas como estados inferiores de ser en este proceso de avance interior.

Judaísmo

La historia de la creación del hombre y la mujer como lo ha enseñado el judaísmo y el cristianismo es quizá una de las historias religiosas sobre la creación más conocida en el mundo occidental y en muchas partes del mundo oriental. La historia se encuentra en el primer libro de la Biblia, el Génesis, escrito por varios autores hebreos alrededor del año 1445 aC (1) Esta historia narra, en términos no científicos y en lenguaje alegórico de cómo pudo haber ocurrido la creación del hombre y la mujer. Lo más importante y válido de esta historia es el principio de que la creación del hombre y de la mujer, fue hecha por el Dios Único.

Desde su aparición (alrededor de 4.000 años atrás) esta narración bíblica ha tenido un impacto en la consciencia colectiva de millones de personas alrededor del mundo, que ha perdurado hasta el día de hoy. Ella ha moldeado la creencia religiosa del Occidente desde que el cristianismo se consolidó en Europa, y después en sus fases de expansión en Centro y Sur América y en otros países del mundo. Con toda confianza se puede afirmar, que la historia de la Creación en el Génesis, es una de las historias más poderosas para definir la creencia de la creación del hombre y la mujer. Por lo tanto es imperativo que la estudiemos de cerca para ver cómo contribuyó a la consolidación y la validación de la estructura de poder del patriarcado, que se estaba desarrollando al mismo tiempo entre los hebreos y civilizaciones cercanas. Historia que contribuyó a la creación de la estructura social dentro de la cual la mujer quedó subordinada al hombre.

La mayoría de las personas no caen cuenta que hay dos versiones de la Creación en el Génesis. La primera aparece en el capítulo uno, la segunda en el capítulo dos. Ambas son similares en cuanto la primera y a segunda atribuyen a Dios la creación del hombre y la mujer. Pero difieren cuando entran a detallar cómo pudo haber ocurrido. Comparemos las dos versiones y analicemos las diferencias.

Genesis 1:26-27	Génesis - 2, 18 - 23
26 Entonces dijo Dios: Hagamos al hombre a nuestra imagen, conforme a nuestra semejanza; y señoree en los peces del mar, en las aves de los cielos, en las bestias, en toda la tierra, y en todo animal que se arrastra sobre la tierra. 27 Y creó Dios al hombre a su imagen, a imagen de Dios lo creó; varón y hembra los creó.	18 Y dijo Jehová Dios: No es bueno que el hombre esté sólo; le haré ayuda idónea para él. 19 Jehová Dios formó, pues, de la tierra toda bestia del campo, y toda ave de los cielos, y las trajo a Adán para que viese cómo las había de llamar; y todo lo que Adán llamó a los animales vivientes, ese es su nombre. 20 Y puso Adán nombre a toda bestia y ave de los cielos y a todo ganado del campo; mas para Adán no se halló ayuda idónea para él. 21 Entonces Jehová Dios hizo caer sueño profundo sobre Adán, y mientras éste dormía, tomó una de sus costillas, y cerró la carne en su lugar. 22 Y de la costilla que Jehová Dios tomó del hombre, hizo una mujer, y la trajo al hombre. 23 Dijo entonces Adán: Esto es ahora hueso de mis huesos y carne de mi carne; ésta será llamada Varona, porque del varón fue tomada.

De acuerdo a los especialistas en la Biblia, los primeros cuatro libros del Pentateuco son atribuidos a tres diferentes fuentes: la Yahvista (J) que se refiere a Dios por el nombre de Yahvé; la fuente E que se refiere a Dios con la palabra Elohim, y la fuente P que es la fuente sacerdotal (2). En esta última, los sacerdotes incluyeron algunas veces versos en los textos tradicionales dando su propia interpretación para justificar sus orígenes como sacerdotes e intérpretes autorizados de la Ley Mosaica que les dio el poder para justificar su rol en la historia judía, y su lugar en la dirección de las vidas de los creyentes. La segunda narración de la creación del hombre y la mujer narra que la mujer es creada de una de las costillas de Adán. Esta versión es atribuible a la fuente J, y es la que ha prevalecido entre los intérpretes oficiales del texto, los sacerdotes y rabinos, quienes encontraron en estos versos el argumento teológico perfecto para validar la ya existente relación patriarcal de subordinación de la mujer al hombre. Interpretación que, además, encajaba perfectamente con la organización social y religiosa existente en el momento de su consignación escrita.

En el momento en el que se aceptó como un hecho real que Eva fue creada de una costilla de Adán, inmediatamente quedó subordinada a él. Sin el cuerpo de Adán, sin la carne de Adán, ella no hubiera sido 'creada'. Su existencia dependía de que Adán existiese antes que ella. No había forma que ella fuera igual al hombre si ella 'había sido sacada del hombre', como lo enuncia el texto bíblico. Cuando dicho texto es tomado literalmente, su subordinación a Adán es evidente. Había sido 'la Voluntad de Dios' pues, según el texto, fue Dios quien decretó que Adán no estuvieses sólo y fue Él quien tomó la iniciativa para resolver el problema:

> [18] **Y dijo Jehová Dios: No es bueno que el hombre esté sólo; le haré ayuda idónea para él….** [21] **Entonces Jehová Dios hizo caer sueño profundo sobre Adán, y mientras éste dormía, tomó una de sus costillas, y cerró la carne en su lugar".** (Gen. 2, 21)

Adán no se opuso a esta intervención. Por el contrario, se sintió encantado con el 'producto' que Dios le presentó pues, "[23] **Dijo entonces Adán: Esto es ahora hueso de mis huesos y carne de mi carne; ésta será llamada Varona, porque del varón fue tomada."** (Gen. 2: 23) Esto implica que él tiene alguna forma de propiedad sobre ella puesto que ella es un producto hecho de él, de su propio cuerpo.

La subordinación fue hecha explícita y completa después de que Eva, persuadida por los argumentos presentados por la serpiente, desobedeció a Dios y comió de la fruta prohibida, y después convenció a Adán a comer de ella. El castigo de Dios sobre Eva por esta transgresión, cuando se *interpreta literalmente* como si fuesen las palabras de Dios, no deja duda de la subordinación de ella a Adán: [16] "**A la mujer dijo: Multiplicaré en gran manera los dolores en tus preñeces; con dolor darás a luz los hijos; y tu deseo será para tu marido, y él se enseñoreará de ti**". (Gen. 3:16)

Por lo tanto, no sorprende que las mujeres en la tradición judía, fueran vistas como subordinadas al hombre, dado que Eva, la primera mujer, fue sometida a Adán desde el momento de su creación. Así nacían todas las mujeres que Eva tuvo, y que éstas tuvieron después. Esta firme creencia fue traducida en términos prácticos de muchas maneras dejando claro que las mujeres no debían ser consideradas iguales al hombre. A pesar del consejo de Pablo de un trato igualitario," [28] "**Ya no hay judío ni griego; no hay esclavo ni libre; no hay varón ni mujer; porque todos vosotros sois uno en Cristo Jesús**" *(Gálatas 3:28)*, la tradición cristiana mantuvo firme la subordinación de la mujer basándose en la interpretación literal del relato bíblico como hechos históricos y verdaderos del origen de la creación de la mujer, en vez de verlo como una narración simbólica adaptada a la mentalidad patriarcal existente del momento y al *desconocimiento científico* del sistema reproductivo del hombre y de la mujer.

Budismo

En el budismo no hay un mito de la creación para defender, aunque es cierto que en el Pali Aggañña Sutta, Buda narra la creación del mundo en la que el universo pasa por etapas de evolución (similar a la idea del 'Big Bang'), y de involución (a veces llamada hoy día "El Gran Colapso"), que explica que las fuerzas gravitacionales fuerzan toda la materia del universo a que vuelva a un punto central, para que de nuevo se dé otro 'Big Bang'.

En la famosa parábola de la Flecha Envenenada, el Buda señala a aquellos practicantes que se preocupan sobre los orígenes del Universo y otros temas que no tienen respuesta, y los clasifica como aquellos que han perdido el objetivo de la práctica religiosa. La religión, en un sentido fundamental, no es acerca de Dios, los mitos, las reglas o aun las creencias. Más bien, se trata de pasar de un estado de sufrimiento a un estado de no-sufrimiento. La tradición religiosa es simplemente una herramienta para lograr terminar con el sufrimiento.

El budismo no tiene temor a la impermanencia. La evolución de las especies es un ejemplo de la impermanencia y la falta de autoconsciencia. El budismo acepta y abraza el cambio. El budismo ve el problema del cambio no como cambio en sí, sino en la manera de cómo nos relacionamos con él: con un afán desmesurado de aferrarnos a cosas impermanentes. Cuando nos aferramos a algo no permanente (un status, un carro nuevo, una relación afectiva) inevitablemente sufriremos porque todo cambia. El problema no es el cambio, es el apego que tenemos a las cosas que cambian constantemente. (6)

Desde este punto de vista, el budismo puede aceptar la aparición del hombre y la mujer como producto de la evolución, sin tener que presentar una historia de la creación. Por lo tanto, si la mujer o el hombre son el producto natural de la evolución, ella no tendría que estar intrínsecamente subordinada al hombre como el recuento bíblico lo expresa. Esto no quiere decir que las mujeres que fueron seguidoras del Buda, fueran tratadas como iguales por los monjes varones. No solamente tenían que obedecer las leyes de los monjes varones, sino que tenían que seguir leyes restrictivas aplicables sólo a las mujeres monjes. En general, las mujeres budistas tenían que obedecer las normas culturales desarrolladas por la sociedad hindú (existente antes del budismo) que indicaban y definían el rol subordinado de la mujer respecto del hombre.

Cristianismo

El cristianismo nace y se nutre de las tradiciones judías, pues Jesús fue esencialmente un judío practicante que conocía a fondo el Antiguo Testamento. Aunque en vida honró a la mujer muy por encima de cómo lo hacían los judíos del momento, sin embargo, no modificó explícitamente la posición reinante judía respecto de la subordinación que las mujeres debían a sus esposos, a sus patriarcas, a su rey, pues Él juzgó que en ese momento sus oyentes no estaban preparados para entender una relación del hombre y la mujer diferente a la que el judaísmo tradicional había sometido a los hombres a ejercer y a las mujeres obedecer. En sus palabras, **"Tengo muchas cosas que deciros, pero no podéis soportarlas**

ahora," Sin embargo, con esta explicación, abrió la puerta para una futura interpretación que la haría un próximo Mensajero que vendría a hablar en su nombre: **"Mucho tengo todavía que deciros, pero ahora no podéis con ello. 13 Cuando venga él, el Espíritu de la verdad, os guiará hasta la verdad completa pues no hablará por su cuenta, sino que hablará lo que oiga y os explicará lo que ha de venir."** (Jn. 16: 12-13)

Pablo confirmó esta tradición en varias de sus epístolas donde básicamente manda a las mujeres obedecer y seguir las indicaciones de sus maridos, especialmente en materia de la práctica religiosa imperante. Los apóstoles estructuraron las primeras formas organizadas de las enseñanzas de Jesús. Después lo hicieron los nuevos sacerdotes cristianos que convirtieron dichas enseñanzas en una religión formal. En la definición de la misma mantuvieron la misma posición tradicional de los israelitas defendiendo la interpretación literal de la creación de la mujer subordinada al hombre como lo narra el Génesis.

Sin modificar dicha interpretación literal, la mujer siguió sometida a la misma posición de subordinación a la que había sido obligada durante la época patriarcal de los israelitas. Cuando el cristianismo se convierte en la religión estatal de Roma (año 380), y la jerarquía sacerdotal de la Iglesia Católica adquirió el poder político, adicional al moral, la subordinación de la mujer al hombre se consolidó y se impuso férreamente porque la interpretación imperante de la religión en ese momento bendecía y validaba dicha definición. Era muy difícil que las mujeres pudieran desafiar la autoridad eclesiástica, pues ésta mantenía control virtual sobre la vida de todos los creyentes, en todos los aspectos de su vida diaria, especialmente en aquellos comportamientos que tenían que ver con la moralidad, la religión y su traducción a la vida cotidiana.

Pablo de Tarso, fiel conocedor de las tradiciones judías en las cuales había sido criado y para lo cual se estaba preparando formalmente antes de convertirse, fue probablemente el más vehemente de los Apóstoles en cuanto a la interpretación de las enseñanzas de Jesús. Él hizo la siguiente afirmación a los residentes de Corinto que no necesita comentarios pues es clara y contundente la validación que Pablo hizo de la subordinación que las mujeres deben tener con los hombres:

> "3 **Pero quiero que sepáis que Cristo es la cabeza de todo varón, y el varón es la cabeza de la mujer, y Dios la cabeza de Cristo…** 8 **En efecto no procede el varón de la mujer, sino la mujer del varón. Ni fue creado el varón por razón de la mujer, sino la mujer por razón del varón".** (1 Cor. 11, 3, 8-9)

En otra carta dirigida a Timoteo, uno de los discípulos de Pablo y ayudante de mayor confianza, Pablo hace una vez más una interpretación literal de la historia de creación del Génesis en su primera carta a Timoteo refiriéndose al problema de la participación de las mujeres en la enseñanza de la nueva Fe:

> '"11 **La mujer aprenda en silencio, con toda sujeción.** 12 **Porque no permito a la mujer enseñar, ni ejercer dominio sobre el hombre, sino estar en silencio.** 13 **Porque Adán fue formado primero, después Eva;** 14 **y Adán no fue engañado, sino que la mujer, siendo engañada, incurrió en transgresión".** (1 Tim. 2:11-14)

Una fuente tan autorizada como Pablo en ese momento solidificó la interpretación literal del Génesis validando la subordinación de la mujer a la autoridad del hombre.

Islam

El Qur'an presenta la creación del hombre y la mujer como un acto especial de creación por parte de Alláh (el único Dios) muy parecida a la historia narrada en el Génesis con sus propias variantes. El hombre es creado con habilidades y cualidades únicas a cualquier otra criatura: un alma y una consciencia; el conocimiento y la libre voluntad. La vida de los humanos comenzó con la creación de dos personas, un varón y una hembra llamados Adán y Hawwa (Eva).

El Qur'an describe de la siguiente manera, cómo fue que Alláh creó a Adán:

> **"Hemos creado al hombre de la arcilla, de la tierra lo hemos moldeado..."** (15:26) **"El comenzó la creación del hombre de la arcilla, e hizo su progenie de la quintaesencia del líquido"** (32:7-8).

De esta manera el hombre tiene una relación esencial con la tierra, pues de ella proviene. Mientras la creación de Eva no es descrita en detalle, aunque el Qur'an especifica claramente que ella fue creada como compañera de Adán, con la misma naturaleza y alma fue creada,

> **"Es Él quien te ha creado de una persona, y te ha hecho su compañera de la misma naturaleza, de manera que él pudiera habitar con ella en amor"** (7:189)

Ella no está mencionada por su nombre en el Qur'an como lo está Adán. Esto sugiere que el texto sagrado no le da la misma importancia como individuo dado la importancia que tiene el nombre de la persona. Él recibe un nombre, ella no. Aun así, en la tradición islámica se la conoce como "Hawwa" (la versión árabe de Eva). (7)

Hay dos observaciones por hacer a la historia de la creación revelada por Mahoma. La primera es que sigue la misma secuencia de la creación de muchos de los mitos de creación presentados anteriormente. El hombre es quien es hecho primero, la mujer después. Esta secuencia habla por sí misma. En esta, como en las otras historias de creación, el hombre, que es creado primero, recibe los honores del primero de la creación. La segunda observación que se puede hacer es que a la mujer creada no se la menciona con un nombre propio como Adán, así como tampoco hay mayor detalle de cómo ella fue creada por comparación a la descripción hecha de la creación de Adán. Su llegada a la existencia no muestra el mismo nivel de detalle narrativo otorgado a la creación de Adán dando la impresión que ella es menos importante. Una vez más, esta descripción hecha por Mahoma es consecuente con la mentalidad imperante del momento en el pueblo árabe, extremadamente patriarcal, en la cual la mujer es un artículo más de su propiedad. El, como Jesús, juzgó que el pueblo al cual se dirigía no estaba en condiciones de desarrollo espiritual capaz de entender y asimilar una nueva historia de la creación del hombre y de la mujer y por ende la similitud con la narración bíblica.

Uno de los hadits (que tradicionalmente se cree fueron dichos del Profeta, de los cuales hay un gran número) hace referencia a que Mahoma había afirmado algo similar a la versión del Génesis indicando que la mujer había sido hecha de una de las costillas de Adán. Aunque el hadith menciona el buen trato que se le ha de dar a la mujer; su subordinación permanece.

> **"El Profeta de Alláh dijo: "Tratad a la mujer amablemente, pues la mujer es creada de una costilla, y la parte más curva de la costilla es su parte superior; por lo tanto si la trata de enderezar, se rompe, pero si la deja como está, se mantendrá curva. Por lo tanto tratad amablemente a la mujer".** (8)

Si esta fue la imagen que se instaló en la imaginación popular musulmana, entonces reafirmaría que la dependencia de la mujer respecto del hombre tiene su origen en el momento de su creación, pues fue sacada de una de las costillas del primer hombre, como lo fue para los judíos, y después para los cristianos.

¿De dónde derivan tanto poder las historias de la creación?

Las historias religiosas de la creación del hombre y la mujer que hemos repasado fácilmente permiten ver cómo se estructuró la base religiosa para sostener que la mujer tenía que obedecer al marido, que le tenía que servir, que tenía que estar sujeta a su autoridad. Dios así lo quería. Ese era el orden natural de la Creación. Las mujeres, por lo tanto, tenían que ser obedientes y sumisas a la autoridad del hombre y a su fuerza física.

¿Sin embargo, la pregunta queda sin responder, de dónde estas historias derivan tanto poder?

Es necesario intentar encontrar una buena explicación para la existencia de tal poder. Las religiones nacen, dependen y son sostenidas a largo plazo por la firme creencia que el origen de dicha religión está fundamentado en una Revelación particular dada por Dios mismo, a través de un intermediario, un Profeta, un Mensajero, o una Manifestación de Dios. Esta persona no es solamente escogida por Dios para ser su Vocero, sino que también le es dado el Poder y la Autoridad para hablar en nombre de Dios. Como su Vocero, él esta comisionado para trasmitir una Revelación que Dios quiere compartir con el pueblo al cual la Manifestación se dirige. El cuerpo de la Revelación es la expresión de la Voluntad de Dios para ese pueblo en particular, en el momento y tiempo específico en el que la Manifestación aparece en la historia particular de dicho grupo humano. El cuerpo de la Revelación es considerado como aquello que Dios desea comunicarle a los seguidores del Mensajero sobre Su naturaleza, quién es Él, un aspecto de su Esencia Incognoscible, de qué manera los hombres y las mujeres se han de relacionar con Él, y qué preceptos deben seguir para poder tener un crecimiento espiritual. Estos preceptos normalmente son expresados como Mandamientos de Dios.

Si la Revelación de Dios, expresada por la Manifestación, contiene una historia de la creación del hombre y la mujer, entonces esa historia, en ese momento, se convierte en la mejor explicación del origen del hombre y la mujer creados por Dios. Si la historia tiene una connotación que sugiere que la mujer es creada subordinada al hombre, los que se auto eligen como únicos intérpretes autorizados de los textos, concluyen que esta subordinación sugerida por el texto es la 'forma normal' cómo los hombres se deben relacionar con las mujeres. Esta subordinación es interpretada como la 'Voluntad de Dios'. Lo que no clarifican ni se les enseña a los seguidores es que la Revelación dada, en la mayoría de los casos, está inmersa en términos alegóricos o simbólicos que son susceptibles de un significado y una comprensión más profunda y espiritual que lo que tiene el significado literal de las palabras. Estos intérpretes auto-asignados tienden a quedarse con el sentido literal de las historias contenidas en la Revelación, especialmente cuando dicha interpretación puede ser utilizada para validar y apoyar la estructura de poder y autoridad que ellos ejercen, aun hoy día, y que no están dispuestos a abdicar.

Una nueva historia de la creación – Redefiniendo el estado de la mujer desde el momento de su creación

¿Es posible cambiar, modificar y replantear una historia de la creación en forma válida, pero con un significado diferente? ¿Pueden hacer esto los intérpretes del texto sagrado original? ¿Qué se necesitaría para tener una historia de la creación válida que pueda ser aceptada hoy día?

Todas estas preguntas son válidas y aparecen naturalmente cuando uno analiza las historias de la creación que hemos heredado del pasado que, cuando son interpretadas literalmente, permiten que se establezca un 'orden natural' en el cual las mujeres están básicamente subordinadas al hombre.

¿Quién puede hacer una historia de la creación nueva y válida que tenga el respaldo de Dios?

La respuesta a esta pregunta ya ha sido sugerida arriba cuando se explicaba la fuente de poder de una historia religiosa de la creación. La persona que puede hacer una nueva historia de la creación es el más reciente Mensajero, una Manifestación de Dios; aquel que habla en nombre de Dios. Él es el único que tiene la autoridad para hacer cambios a dicha historia porque no está hablando de su cosecha propia sino en nombre de Dios de quien ha recibido las instrucciones para dar una Revelación específica a quienes se dirige. Él puede expresar una nueva historia de la creación en un lenguaje más apropiado, más preciso y fácil de entender por aquellos que lo escuchan. Él puede, por lo tanto, dejar a un lado las metáforas y las imágenes que fueron necesarias en las Revelaciones anteriores porque las personas de ese tiempo no eran capaces de asimilar el contenido espiritual en un lenguaje conceptual.

Cuando una Manifestación de Dios presenta una historia religiosa de la creación, las historias previas se subordinan a la nueva

Revelación. La nueva versión reemplaza las previas, tanto cuanto es la más reciente, y por lo tanto presenta las enseñanzas más recientes de Dios sobre cualquier tema incluyendo una nueva historia de la creación. Cualquier cambio que esta nueva historia tenga, ésta debe ser aceptada como la nueva versión que Dios desea que los hombres crean y acepten sus consecuencias. Cualquier tema que dicha Manifestación presente es el que se ha de considerar válido; esto en virtud de la naturaleza humano-divina que tiene la Manifestación. La opción que el hombre tiene en ese momento es la de aceptar o rechazar lo que la nueva Revelación ofrece. Esto se da en el libre ejercicio de la voluntad para convertirse en creyente y seguidor de las enseñanzas de la nueva Manifestación.

La próxima pregunta lógica es obvia. ¿Hay alguna religión que propone la igualdad de los hombres y las mujeres? La respuesta es "SI". Hay por lo menos dos religiones que tienen esta afirmación en su historia de la creación: el Zoroastrismo y la Fe Bahá'i.

El Zoroastrismo

El Zoroastrismo es una religión muy antigua, poco conocida en el Occidente porque cuando el judaísmo y el cristianismo se instalaron en el Medio Oriente y en Europa, la vitalidad y presencia del zoroastrismo había disminuido considerablemente. Zaratustra fue el profeta fundador que nació alrededor del año 628 aC, y murió alrededor del año 551 aC de acuerdo a la tradición. Otros eruditos, como Azarghoshasb, colocan el nacimiento alrededor del año 3500 aC). [9] Zaratustra apareció en lo que era en ese momento el Imperio Persa (que incluía el territorio actual de Irán). Como los profetas Bíblicos, afirmó la existencia de un sólo Dios. Al usar el término neutro de Ahura+Mazda, un nombre compuesto de varón y hembra, Zaratustra implicó la igualdad del hombre y la mujer ante el Creador quien estaba más allá de una connotación de género. Muchos estudiosos han traducido el nombre "Ahura Mazda" como el Señor de la Sabiduría. Ahura ha sido asociado con existencia (queriendo decir 'ser' y 'vida'). Mazda quiere decir el súperintelecto y la suprema sabiduría. Mazda también puede significar el Máximo Conocimiento, así como el Máximo Dador.

Zaratustra resume no sólo alguno de los aspectos y atributos de la divinidad como femeninos, sino que el aspecto principal de la deidad, Mazda, es el término más usado en los Gathas (los textos zoroastrianos sagrados) y tiene una connotación femenina. Consideró pues, que sus oyentes podían escuchar esta forma de referirse a Dios, sin que fuera motivo de rechazo de su Revelación. Además, Zaratustra fue muy cuidadoso con los pronombres, usando aquellos que eran genéricos o que se aplicaban tanto al hombre como a la mujer o usando el prenombre femenino con mucha liberalidad. Nunca hizo una excepción con la mujer. Ciertamente que su tratamiento a ellas no difería del que le daba a los varones. Él nunca distinguió entre los hombres y las mujeres, sino sólo en lo que se refería a su virtud o a la falta de ella. (10)

Las enseñanzas de Zaratustra claramente colocan socialmente a la mujer en términos de igualdad con el hombre. Aunque los Avesta (los escritos de Zaratustra) no presentan una historia de cómo se llevó a cabo la creación del primer hombre y la primera mujer, sí afirman que Ahra Mazda (Dios) creó, entre otras cosas, la humanidad viviente y los demás animales. Una de las principales enseñanzas de Zaratustra es la de hacer la elección correcta cuando se ingresa a la Buena Religión como propósito de la vida del hombre en la Tierra. Él fue enfático en presentar a las mujeres en igualdad con el hombre cuando se hace esta elección. Así lo expresó:

> **"Dios Sabio, cualquiera, sea hombre o mujer, me ha de dar lo que Tu sabes que es lo mejor en la vida – premio por ser justo, poder a través de la mente Buena – Yo acompañaré a él o a ella en glorificarte como Eres, y con ellos, cruzaré el puente que ordenas"** (traducción del inglés por el autor)

Por lo tanto, la elección más importante que un humano puede hacer, la Religión Buena, está abierta en los mismos términos para el hombre como para la mujer porque ambos tienen igual acceso a esa elección.

También se le atribuye que dijo esta máxima en la fórmula conocida, la Yenghe Hatanm, en el dialecto gathico tardío:

"**El Dios Sabio conoce muy bien cada hombre y mujer entre los vivos por su veneración hecha de acuerdo con lo que es justo. Nosotros, por nuestra parte honramos aquellos hombres y mujeres**". (S 16 = Y, st 22).

Esta igualdad del hombre y la mujer es reiterada en siete cortos "yasnas" del Haptanghaiti, que le sigue en importancia a los Gathas. Zaratustra clarifica, además, la posición sostenida por las mujeres en la sociedad gatha. Defendiendo el aprendizaje, la práctica y la predicación, afirmaba lo siguiente:

"**Entre más un hombre o mujer conozcan la verdad, tanto mejor. Él o ella deben celosamente practicarla o predicarla a otros de manera que la puedan practicar de acuerdo a su norma**". (H 1 = Y 35, st 6). (11)

Aunque se pudiera considerar que las enseñanzas de Zaratustra promulgaban esta igualdad del hombre y la mujer, la realidad era que, la mujer en la vida diaria de ese tiempo, estaba dominada por un culto patriarcal controlado por los sacerdotes, especialmente en el occidente de Persia. Es necesario recordar que durante su vida estas enseñanzas no eran conocidas hasta que se dio la conversión del rey Vistapa, quien a su vez hizo del zoroastrismo la religión del imperio. La presencia de un rey con autoridad máxima implicaba la existencia de una sociedad patriarcal. Como hemos analizado en el capítulo anterior, la presencia de un Rey definía la subordinación de la mujer al hombre en su rol de mujer dependiente y por lo tanto sus enseñanzas de igualdad de los dos géneros no pudieron superar los condicionamientos históricos que un férreo patriarcado impusieron en la vida diaria de las mujeres.

La Fe Bahá'i

¿Ha habido alguna Revelación reciente hecha por una Manifestación que haya tenido la autoridad para hablar en nombre de Dios, y que nos presente una nueva historia de la creación que tenga un componente de igualdad del hombre y la mujer desde su mismo origen de creación?

La respuesta es "Sí". La Manifestación más reciente que ha aparecido en la historia actual de la humanidad se llama Bahá'u'lláh (que quiere decir la "Gloria de Dios" en árabe). Su nombre original era Mirza Hussein-'Alí Nurí, pero al igual que los Mensajeros divinos anteriores se le conoce más por su titulo de Bahá'u'lláh, "la Gloria de Dios", así como Jesús se lo llama 'el Mesías' y Mahoma se le da el título de 'el sello de los Profetas'. Bahá'u'lláh ha dado una Revelación completa conocida como la Fe Bahá'i. Bahá'u'lláh fue anunciado por un heraldo llamado el Báb (nombre que en árabe significa 'La Puerta') quien en 1848 se proclamó como el retorno del Q'aim prometido por el Islam. Su proclamación comenzó una revolución espiritual y política en Irán. Él y sus seguidores, entre ellos Bahá'u'lláh, fueron inmediatamente perseguidos como herejes del islam. El Báb fue puesto en prisión y ejecutado en Julio de 1850, Bahá'u'lláh surgió como el sucesor evidente del Báb, por lo cual fue puesto en prisión en Teherán y después de 4 meses fue exilado en 1853 a Bagdad, Iraq por el Rey de Persia, presionado para hacerlo por las autoridades clericales de Irán. Bahá'u'lláh permaneció en Bagdad durante 10 años, atrayendo constantemente un número creciente de seguidores quienes reconocían en él el cumplimiento de varias de las profecías del islam, tal como la llegada del Prometido que inauguraría una nueva era espiritual para la Humanidad.

Después de 10 años las autoridades persas convencieron al Califa del Imperio otomano (al cual Iraq partencia) que diera la orden de trasladar a Bahá'u'lláh de Bagdad a Constantinopla. En 1863, antes de salir de Bagdad, Bahá'u'lláh declaró abiertamente que Él era el Prometido de todas las edades, dando así inicio oficial a la Fe Bahá'i. Desde Constantinopla fue exilado una vez más a Adrianápolis (al oeste de Turquía) donde permaneció 4 años y cuatro meses. Después fue forzado a ir como prisionero a Akka, un pueblo-prisión ubicado en la bahía de Haifa, en lo que hoy día es Israel. Durante los siguientes 29 años, Bahá'u'lláh continuó dando una Revelación ininterrumpida que se ha convertido en los Escritos Sagrados de la Fe Bahá'i. En ellos, Bahá'u'lláh presenta nuevos aspectos del alma, la vida después de la muerte, la redefinición de dogmas claves del pasado, la creación de un nuevo orden mundial, la unión de la raza humana, el advenimiento de una nueva era de paz, y la solución a los muchos problemas mundiales del presente. También propone una nueva historia de la creación que puede resolver el problema de la desigualdad del hombre y la mujer en el momento de su creación.

Igualdad del hombre y la mujer en el momento de su creación

La Revelación de Bahá'u'lláh sobre la condición de la mujer es nueva porque la Humanidad como unidad ha llegado al punto de su evolución psicológica y espiritual en el cual es capaz de recibir, comprender y aceptar tal verdad revelada. Esta Revelación va al corazón del problema. Ella redefine el estatus de la mujer como un ser igual al hombre desde el momento de su creación. Usa un lenguaje que no es metafórico, ni está sujeto a múltiples interpretaciones. Enfáticamente expresa que ni el hombre ni la mujer tienen un origen diferente en el momento de su creación porque ambos están hechos de la misma sustancia" "**¿Acaso no sabéis por qué os hemos creado a todos del mismo polvo?...os hemos creados todos de una misma sustancia**...?" (12)

Se entiende que "polvo" se refiere a los mismos elementos físicos que componen el cuerpo (sea hombre o mujer, todos tienen los mismos componentes) que se convierten en "polvo" cuando morimos. Para explicitar que este origen no es metafórico, Bahá'u'lláh afirma la igualdad entre los dos, sin dar lugar a equívocos cuando afirma:

> "Mujeres y hombres han sido y siempre **serán iguales delante de Dios... Verdaderamente Dios ha creado las mujeres para los hombres, y a los hombres para las mujeres**". (13) [subrayado del autor]

La frase subrayada por el autor claramente enfatiza que la igualdad ha estado presente desde el '**comienzo que no tiene comienzo**" (14) y por lo tanto en el Plan de Dios de la creación humana no hay distinción para oprimir, abusar, o maltratar la otra mitad de la creación basado en el hecho de que son mujeres. Esta igualdad se expresa también en el hecho de que "**Dios creó a las mujeres para los**

hombres, y a los hombres para las mujeres" sin hacer distinción de quién sirve a quién o quién está subordinado al otro en ninguna de las formas que tradicionalmente han sido defendidas o impuestas.

En una carta Bahá'u'lláh expresa la misma idea en una forma diferente cuando dice: "**En este Día la mano de la divina gracia ha removido toda distinción. Los siervos de Dios y sus siervas están vistos en el mismo plano**" (15) Lo que es interesante en esta cita es que Él declara que la igualdad es un proceso, un nuevo acercamiento y declaración de principio. En verdad es un nuevo Día en el cual la subordinación previa de la mujer al hombre, interpretada mayoritariamente por los sacerdotes, ministros, mullahs y rabinos no sigue teniendo vigencia. La nueva Revelación afirma claramente que esta igualdad es un nuevo orden que ha de ser aceptado por la humanidad.

Más aún, la esencia de las personas no es sólo igual, sino sin mancha. Bahá'u'lláh, hablando en el nombre de Dios, afirma esta realidad con un tinte poético: "**O Hijo del Espíritu, Noble te he creado...**" (16) La creación de Dios, no es solamente 'buena', sino que es como debe ser. Cuando se trata de hacer personas, la esencia del hombre y de la mujer es 'noble', lo que implica que no tiene falta, no tiene deficiencia, es lo mejor que puede ser, es noble. Es así porque Dios crea al hombre, no sólo a su imagen y semejanza, sino por Amor, como Bahá'u'lláh lo describe tan bellamente:

"¡OH HIJO DEL HOMBRE!

Velado en mi ser inmemorial y en la antigua eternidad de mi esencia, conocía mi amor a ti; por tanto te creé, grabé en ti mi imagen y te revelé mi belleza". (17)

La igualdad del hombre y la mujer, un pilar de los principios de la Fe Bahá'i, es una premisa necesaria para obtener la Unidad de la Humanidad. Esta Unidad no es posible si la mitad de la humanidad es desfavorecida, subestimada, discriminada, excluida y marginalizada del proceso y propósito de la existencia humana. Nuestro proyecto de existencia es conocer y reconocer nuestro origen divino en igualdad, y en participar en el progreso y desenvolvimiento de una nueva civilización, la designada por Dios para la humanidad de hoy. Las mujeres deben ser iguales a los hombres en todos los Derechos y privilegios así como en las responsabilidades, si se ha de llegar a la meta propuesta Bahá'u'lláh, la Unidad de la Humanidad.

Bahá'u'lláh, en su Testamento, autorizó a su hijo, 'Abdu'l-Bahá, para ser el único intérprete de sus escritos. 'Abdu'l-Bahá elaboró este principio de la igualdad de la mujer y el hombre en las muchas charlas que tuvo cuando visitó a Londres (Septiembre, 1911), Paris (Octubre- Diciembre, 1911), Norte América (1912), y en sus escritos personales. Él fue explícito en afirmar que la creación de una nueva humanidad requiere que esta igualdad sea reconocida en su origen divino como un principio necesario que necesita ser universalmente aceptado e implementado. Fue muy claro en poner en evidencia que la creación de una nueva Humanidad requiere que esta igualdad de la mujer y el hombre sea reconocida. Esta cita lo expresa muy bien: "… **tanto el hombre como la mujer son igualmente recipientes de los poderes y dones de Dios, el Creador. Dios no ha ordenado distinción entre ellos en Su propósito consumado**". (18) [Traducción no oficial]

De acuerdo con esta declaración, Dios no ha hecho ninguna distinción espiritual entre el hombre y la mujer. No ha hecho ninguna distinción porque ambos "fueron creados a su Imagen". En muchas lugares de las Escrituras Bahá'i, Bahá'u'lláh ha explicado que esta imagen debe ser entendida como los Atributos espirituales divinos, que excluyen las diferencias de sexo, dado que Dios no tiene género; Dios es Uno. En palabras de 'Abdu'l-Bahá:

> **"Sabe tú, oh sierva, que ante la vista de Bahá** (Dios), **las mujeres son consideradas iguales a los hombres, y Dios ha creado a toda la humanidad a su propia imagen y semejanza'.** (19)[3]

---

[3]   Los idiomas utilizados por Bahá'u'lláh - el Árabe y el Persa – no tienen géneros en los pronombres. Cuando se traducen al inglés, dada sus limitaciones, se eligió el pronombre masculino "Suyo".

Esta nueva Revelación coloca a la mujer y al hombre en un plano igual de existencia porque ambos son develadores de los Atributos de Dios. En esta nueva Revelación las cualidades espirituales, la capacidad de los hombres y las mujeres para reflejar la presencia de Dios en ellos, a través de sus Atributos, es igual para ambos. Otra vez, 'Abdu'l-Bahá se expresa con claridad:

> "**Es decir, tanto los hombres como las mujeres son los reveladores de sus nombres y atributos, y desde el punto de vista espiritual no existe diferencia entre ellos**". (20)

Esto obviamente no quiere decir que uno pueda aventajar al otro por su diligencia en cultivar aquellos atributos haciéndolos manifiestos a los demás. Cuando 'Abdu'l-Bahá hace referencia a esta capacidad, no es tímido en poner en evidencia que muchas veces las mujeres sobresalen por encima de los hombres.

> "**Cuántas siervas, ardientes y devotas, a la sombra protectora de Bahá, han demostrado ser superiores a los hombres, y han sobrepasado a los famosos de la tierra**". (21)

En este contexto no hay una historia de caída atribuible a la debilidad de la mujer que sucumbe a la tentación de comer la fruta prohibida (Gen. 3, 1-28).

Por lo tanto, la interpretación de que la mujer es la tentadora, la responsable por la caída del hombre, deja de ser válida. No hay un Jardín del Edén como lo describe el Génesis y no hay expulsión de él porque ambos trasgredieron al comer de la fruta del árbol prohibido. La historia de la creación de la mujer y del hombre se presenta ahora en términos de igualdad, en la esencia de quién es cada uno. Esta es una esencia espiritual, no material; es la esencia que define al ser humano como creado a la "imagen y semejanza de Dios". Son los Atributos de Dios, impresos en la esencia espiritual del hombre y la mujer, los que le otorga al ser humano su origen y dignidad divina. Este origen divino define la igualdad que debe reinar entre el hombre y la mujer, dado que no hay diferencia en su esencia creada.

Esta nueva Revelación cambia y modifica la historia de la creación del Génesis eliminando así la subyugación de desigualdad impuesta a las mujeres por los hombres. Cambiando la historia de la creación en su raíz haciendo que la creación del hombre y de la mujer sea en igualdad de condiciones y esencia, es posible alcanzar la eliminación de las barreras culturales, religiosas y tradicionales creadas por los hombres imponiendo su autoridad sobre las mujeres.

Esto es posible porque hemos visto el poder que tienen las historias religiosas de la creación del hombre y de la mujer para producir una relación desigual e injusta entre los dos géneros, especialmente cuando son interpretadas literalmente y el sentido espiritual se pierde. Cambiando la historia de la creación de manera que ambos gozan del privilegio de haber sido creados por Dios iguales en la esencia espiritual, haciéndolos iguales ante Dios y el otro, se elimina el trato desigual de las mujeres impuesto por la interpretación de los jerarcas religiosos del momento. Por esta razón fundamental es imperativo que se subordinen las anteriores historias de la creación del hombre y de la mujer a la nueva historia de la creación presentada por Bahá'u'lláh para que se instaure el trato igual que los hombres deben dar a la mujer.

Re-definiendo el rol de la mujer en la historia: un paso evolutivo

Este nuevo enfoque de cómo entender y aplicar la relación del hombre y la mujer es revolucionario. Es un paso evolutivo que tiene consecuencias globales que veremos en los próximos capítulos. Esta nueva perspectiva ofrece la posibilidad de construir en la evolución de la humanidad un nuevo parámetro que no sólo restaura el balance entre los dos géneros, sino que abre la posibilidad de crecimiento a la mitad de la humanidad a niveles inimaginables de desarrollo. El potencial de las mujeres es tan poderoso como el de los hombres. Sólo necesita ser reconocido como tal, darle su lugar, y permitirle que florezca a su máxima capacidad. Esto puede ser logrado cambiando la interpretación religiosa de la historia de la creación heredada e interpretada literalmente por una historia de la creación del hombre y la mujer que incluye y acepta el paso gigantesco que el hombre ha dado en el área científica.

La evolución científica de la humanidad había sido relativamente lenta hasta mediados del siglo 19 cuando fue abierta una puerta del inquirir científico con una fuerza imparable que estimuló la aparición de múltiples manifestaciones de creatividad haciendo plena eclosión en el Siglo XX. Mirando retrospectivamente se aprecia la aparición de un influjo de energía creativa a nivel del planeta que se manifestó en la aparición de nuevas invenciones en todos los continentes del mundo. Los avances en el conocimiento de la naturaleza de la materia no sólo descubrieron una nueva realidad al nivel microscópico del mundo material, sino que nos aportaron la dimensión del mundo atómico y el subatómico. Al investigar la vida a ese nivel hemos logrado comprender las estructuras que dan y sostienen la vida como las células, los cromosomas y su núcleo, que a su vez están compuestos por las hebras hélice del ADN y sus genes.

Este nivel de conocimiento científico que explica la elaboración de un nuevo ser humano estaba completamente fuera del conocimiento científico que los hebreos tenían en el tiempo del Génesis. Los sacerdotes del momento explicaban, en términos simples, que Dios era el creador de los hombres y las mujeres y que el cuerpo que tenemos se descompone cuando morimos porque está hecho de elementos terrenos. La historia de la creación de Adán y Eva les dio la posibilidad de comprender que Dios es el originador de la materia creada y la Vida, incluyendo al hombre y la mujer, y que Él los creó de una manera muy especial, a "su imagen y semejanza". La historia afirma que los humanos tienen la capacidad de tomar decisiones libres que tienen consecuencias cuando dichas elecciones contravienen el orden natural o las guías de comportamiento dadas por Dios en una Revelación. Guía que nos es dada de manera que podamos vivir de tal forma que nos permita desarrollar las potencialidades espirituales con las cuales hemos nacido.

Los humanos de aquella época no tenían un conocimiento científico del cuerpo humano y de su realidad más íntima. La genética como ciencia de laboratorio ni se la imaginaban los estudiosos de aquella época. Los científicos modernos han hecho un estudio exhaustivo del genoma humano para desentrañar su más íntima composición. Cuando el estudio terminó de hacer el mapa del genoma, los científicos encontraron que las diferencias de los nucleótidos entre humanos, independientemente del género o donde vivían, no eran más que un 0.01% lo que representaba 1 de cada 10.000 nucleótidos entre dos personas escogidas al azar. (22) Esto representa, en un porcentaje diminuto, la diferencia que se da entre hombres y mujeres, en términos de su composición física.

Tomar consciencia del peso que tienen las historias de la creación para moldear las creencias y el comportamiento humano; tomar en cuenta que la Revelación de Dios a los hombres es progresiva y se da adaptada a su nivel de comprensión, y el verificar que hay una nueva historia de la creación que define claramente la igualdad del hombre y la mujer desde el origen de su creación, hace posible el que seamos conscientes de un nuevo paso espiritual evolutivo: el re-definir, a nivel planetario, el rol de la mujer en la historia, bajo una nueva perspectiva.

Esta perspectiva tiene su fundamento en la aceptación de una nueva historia religiosa de la creación del hombre y de la mujer como ha sido revelada por Bahá'u'lláh, la más reciente Manifestación de Dios a los hombres. Esta nueva perspectiva es la igualdad del hombre y la mujer en todos los niveles de existencia, en igualdad de Derechos que los hombres, en todas las áreas de la actividad humana, igualdad en el acceso a la educación, a la fuerza de trabajo, a la participación en las instituciones que toman las decisiones de la vida política y civil de la nación.

Este nuevo rol, sus implicaciones y su dimensión será el tema del próximo capítulo.

Chapter 3

References

1) Google. Date Genesis written. *When was the Bible written and who wrote it? | List of Dates Bible ...* carm.org/ when-was-bible- -and-who-wrote
2) Friedman, *Who wrote the Bible?*, pg. 52-53
3) Google. Human creation in Hinduism. *Origin of Man - Hinduism Today Magazine* www.hinduismtoday.com › *Magazine Web Edition* › *June 1996*
4) Google. Indian caste system. *Caste system in India - Wikipedia, the free encyclopedia* en.wikipedia.org/wiki/Caste_system_in_India
5) Google. women in Hindu caste system. *The Status of Dalit Women in India's Caste Based System* www.dalits.nl/pdf/StatusDalitWomen.pdf (Sonia Mahey The Status of Dalit Women in India's Caste Based System University of Alberta pg 150,151).
6) Google. Creation and Buddhism. *Buddhism and evolution - Wikipedia, the free encyclopedia*en.wikipedia.org/wiki/Buddhism_and_evolution. *"Four reasons Buddhists can love evolution"*. Wildmind. Retrieved December 23, 2013.
7) Google. Human creation in Islam. *Creation of Human Life in Islam - About.com Islam* islam.about.com › ... › *Islam* › *Basic Beliefs* › *Creation*
8) – Mohammed's Hadiths Narrated by Abu Huraira: Volume 4, Book 55, Number 548:
9) *Zoroaster (Iranian prophet) -- Encyclopedia Britannica - Britannica.com* www.britannica.com/EBchecked/topic/658060/Zoroaste
10) Google, creation of woman in zoroastrianism *50) Q - The World of Zoroastrianism* www.zoroastrianism.cc/discussions_15.html
11) Idem Google, creation of woman in zoroastrianism *50) Q - The World of Zoroastrianism* www.zoroastrianism.cc/discussions_15.html
12) Baha'u'llah, *The Arabic Hidden Words*, No. 68 -
13) From a Tablet- translated from the Persian and Arabic. Compilations, The Compilation of Compilations Vol. II, pg. 378
14) Compilations, Baha'i Scriptures, 293, pg.191
15) From a Tablet - translated from the Persian and Arabic (Compilations, The Compilation of Compilations Vol. II, pg. 12
16) Baha'u'llah, *The Arabic Hidden Words*, No. 22.
17) Baha'u'llah, *The Arabic Hidden Words*, No. 3)
18) 'Abdu'l-Bahá. *The Promulgation of Universal Peace*: Talks Delivered by 'Abdu'l-Bahá during His Visit to the United States and Canada in 1912", pg. 300
19) Abdu'l-Bahá, *Selecciones de los Escritos* de 'Abdu' l-Bahá, No. 38 (OCEAN)

20) Ibid, No. 38 (OCEAN)
21) Ibid, No. 38 (OCEAN)
22) Google. genetic differences between human races. *Race and genetics - Wikipedia, the free encyclopedia* en.wikipedia.org/wiki/Race_and_genetics –

CAPÍTULO 4

La Nueva Era de la Mujer

Un breve recuento histórico de la evolución del estatus de la mujer que comenzó marcadamente en el Siglo XX y continúa en el Siglo XXI demostrará que una nueva era ha comenzado. La igualdad de la mujer y el hombre es una realidad que, aunque en estado embrionario, está en pleno crecimiento.

Desde una perspectiva espiritual, esto ha ocurrido porque una energía espiritual nueva y fresca ha sido liberada desde la aparición de la más reciente Manifestación de Dios, Bahá'u'lláh, como se explicó en el capítulo anterior. Este influjo espiritual, creativo y energetizante ha impulsado en muchos países del mundo, progresos continuos, aunque aún pequeños, en la igualdad de género. En esos países el estatus de las mujeres está cambiando de uno de opresión a uno de igualdad con el hombre. Está ocurriendo porque Bahá'u'lláh ha establecido una nueva historia de la creación en la que la igualdad del hombre y la mujer se da en su mismo origen, pues fueron creados en su esencia espiritual sin ninguna distinción. La nueva historia de la creación ha desatado una ola de consciencia mundial que entiende que Dios no quiere que se dé tal desigualdad, ni que sea aceptable que la disparidad continúe existiendo cuando se han identificado los orígenes, justificaciones y validaciones que la ha sostenido en la historia. El tiempo ha llegado en el que debemos cambiar conscientemente tal disparidad, empoderando a las mujeres para que tomen el lugar que les corresponde en la evolución de la humanidad hacia una mayor manifestación de su potencial espiritual, la realidad más íntima de quienes somos verdaderamente.

¿Cuáles son algunos momentos claves que han permitido la aparición de esta nueva consciencia? ¿Cómo se ha manifestado en nuestra historia reciente? ¿Qué está haciendo esta nueva consciencia al estatus previo de la mujer?

Eventos claves que han comenzado a cambiar el estatus desigual de las mujeres

Hay algunos eventos históricos que fundamentan el movimiento actual hacia la igualdad de género. Algunos de ellos fueron iniciados hace algún tiempo aunque tuvieron un impacto inmediato muy reducido. Aun así, dejaron las bases para que el presente movimiento tenga la energía que lo caracteriza hoy día.

Si se ha de dar algún cambio en la desigualdad entre el hombre y la mujer, la estructura social que la válida e impone tiene que cambiar radicalmente. Tiene que evolucionar hacia un sistema en el cual las personas del pueblo, la mayoría silenciosa, pueda elegir a los miembros de las instituciones gobernantes por voto popular; y en segundo lugar, permitir que muchas personas, independientemente de su extracto social, de su etnicidad y de su profesión religiosa, puedan participar en esas instituciones de gobierno. Hoy día estamos viviendo el cambio y se llama democracia; un sistema en el cual las mujeres pueden jugar un rol potencial crucial. Conseguir que esta nueva estructura social, con todas sus implicaciones, se diera en un número suficiente de países, no ocurrió de la noche a la mañana.

La caída y abolición de las monarquías en muchos países

El proceso comenzó hace unos 230 años atrás cuando la palabra del rey (su séquito y la aristocracia) era la ley que regía los destinos de todos; ley que era férreamente controlada por los poderes económicos, políticos y militares y aplicada sin discusión sobre el pueblo. Los súbditos de estas estructuras no tenían Derechos, ni voz en el gobierno. La palabra del rey era indiscutible, sin cuestionamiento; era obedecida. Esto cambió dramáticamente en Francia cuando los desposeídos desafiaron el poder absoluto de la monarquía y su control arbitrario sobre sus vidas. La revuelta popular, conocida como la Revolución Francesa (1787 - 1799), dejó en claro que esa forma de gobierno (representada en ese momento por el rey Luis XVI) podía ser desafiada y desmantelada. El proceso abolió la estructura feudal creada por el sistema patriarcal monárquico. La Asamblea Nacional Constituyente fue responsable del cambio. Se caracterizó por ser un cuerpo popular *ad hoc* de gobierno, compuesto por personas del pueblo que tuvieron, por primera vez, la oportunidad de ser miembros de un cuerpo gobernante. La ejecución del rey el 21 de enero de 1793 seguida nueve meses después por la ejecución de la reina María Antonieta, fue la evidencia más poderosa de que un profundo cambio histórico de proporciones insospechadas había ocurrido. (1)

Los pilares ideológicos de la Revolución Francesa fueron *Liberté, Egalité, Fraternité* (Libertad, Igualdad y Fraternidad). Estos principios fueron revolucionarios en tanto cuanto abrieron la posibilidad de crear una nueva forma de gobierno en la cual la mayoría del pueblo podía participar en el proceso de elección de sus gobernantes. Estos conceptos no fueron inmediatamente aceptados ni puestos en práctica porque tenían una perspectiva radical demasiado nueva – la participación política del pueblo. Los conceptos tenían que esperar a que se institucionalizaran cuando subió al poder la Tercera República al final del siglo XIX. El concepto de 'igualdad' implicaba la posibilidad de considerar que la mujer podía tener igualdad de estatus que el hombre, por lo menos en teoría.

El impacto de la Revolución Francesa en los demás países de Europa fue de primordial importancia. Puso en marcha un movimiento de cambio en la estructura de los gobiernos del continente y cruzó los mares para contribuir con el movimiento de independencia de las colonias latino americanas del poder político de los monarcas europeos que las habían colonizado. El rompimiento de las colonias norte americanas del control de la madre patria y de su abrumador control sobre las colonias inició un movimiento de independencia que creó un nuevo modelo en el que las colonias asumían el rol de auto-gobierno. Fue una nación que emergió bajo el Derecho constitucional de un gobierno '**elegido por el pueblo, para el pueblo**'. Esta definición, en teoría, incluía a las mujeres como integrantes del pueblo. Bajo esa perspectiva se podría implicar que ellas podrían participar en la dirección política de la nación. De hecho no ocurrió así.

La separación de la Iglesia y el Estado

Otro evento crucial ocurrió en Europa que hizo posible que se pusieran las bases para la propuesta de la igualdad de las mujeres con los hombres. Este evento fue la separación radical del Estado/ Imperio con la Iglesia. Esta separación cortó la simbiosis del Estado y la Religión que había reinado desde los comienzos del judaísmo y había continuado en el cristianismo. El concepto de la separación de la Iglesia y el Estado se encontraba en los escritos del filósofo inglés, John Locke (1632–1704), quien proponía que el gobierno no tenía autoridad para controlar la consciencia individual. Locke postulaba que la consciencia individual era un Derecho que las personas no tenían que ceder al gobierno, especialmente en lo concerniente a las creencias religiosas. Esta perspectiva en la tolerancia religiosa y la importancia de la consciencia individual fueron particularmente influyentes en las colonias norte americanas y en la redacción de la Constitución de los Estados Unidos. Montesquieu, en 1721, expresó su apoyo a la tolerancia religiosa y a una separación entre la religión y el gobierno. El filósofo francés, Voltaire (1684 – 1778) defendió la doctrina de la separación, mientras que Denis Diderot (1713 – 1784) fue partidario de la separación estricta entre Iglesia y Estado. Fue la carta de Thomas Jefferson dirigida a la Asociación Bautista Danbury en 1802 que ayudó a acuñar la frase, 'separación de la Iglesia y el Estado' cuando les escribió que "**su legislatura no debía redactar ni aprobar ninguna ley que definiera el establecimiento de una religión, o que prohibiera el ejercicio libre de la misma, construyendo así una pared de separación entre la Iglesia y el Estado**".

La separación de la Iglesia y el Estado se arraigó en muchas partes del mundo en momentos diferentes pero en forma creciente, como se puede apreciar por la secuencia temporal siguiente:

- Reino Unido: la relación de la Iglesia de Inglaterra con la monarquía tuvo su historia propia. Cuando Enrique VIII se separó de la autoridad de la Iglesia Católica de Roma, lo hizo como nación, creando la Iglesia de Inglaterra, virtualmente bajo su dominio. La separación de Iglesia y Estado no se convirtió en problema especialmente cuando el monarca inglés era la cabeza titular de la Iglesia Anglicana y no podía ser un católico. Adicionalmente, a la Iglesia de Inglaterra se le habían otorgado 26 asientos en la Casa de los Lores (de un total de 789 miembros). Estos son conocidos como los Lores Espirituales. Dada esta presencia inveterada de la Iglesia en el gobierno, una separación como tal ha sido demorada. Aun así, los vínculos entre la iglesia y el estado en el Reino Unido son hoy día una formalidad y el gobierno del país es relativamente secular. Los Lores Espirituales todavía tiene una influencia significativa cuando votan en bloque sobre ciertos temas, tales como el aborto y la muerte asistida.

- Francia: *Laïcité*, un producto de la Revolución Francesa y de filosofía del momento permitió la toma de la propiedad de la Iglesia desde muy temprano (1789). La Iglesia Católica en esa época tenía alrededor del 10% de la tierra del país y era la latifundista más grande de Francia. En el otoño de 1789, el nuevo gobierno pasó una legislación que abolía los votos monásticos y el 13 de febrero de 1790 todas las Órdenes Religiosas fueron disueltas. Estas medidas neutralizaron mucho la influencia de la Iglesia en la vida política. Lo que faltaba de separación fue formalizado en 1905 por una ley que hizo oficial la separación de la Iglesia y el Estado.

- Estados Unidos: la frase 'separación de la Iglesia y el Estado' no aparece en la Constitución, pero el concepto está implícito en la Primera Enmienda (1 de diciembre de 1791) que afirma que "**el Congreso no honra ninguna ley respecto del establecimiento de la religión, o la prohibición de su libre ejercicio**". También menciona la libertad de expresión, la libertad de la prensa, y el Derecho para reunirse pacíficamente o para solicitar al gobierno que confronte las quejas del pueblo.

- México: Benito Juárez, en 1859, proclamó la separación de la Iglesia y el Estado. El gobierno se apropió de sus tierras y limitó los privilegios y prerrogativas que la Iglesia Católica había gozado desde la colonia.

- Brasil: la caída del Imperio en 1889 dio pie para la instauración de un régimen republicano y una constitución puesta en práctica en 1891 que rompió los lazos entre la Iglesia y el Estado.
- China: el Partido Chino Comunista no ha tenido relaciones diplomáticas con el Vaticano desde 1951 y ha mantenido la separación de la Iglesia y el Estado. El gobierno chino además tomó posesión de los templos budistas, cerró los monasterios y prohibió el culto.
- Italia: En Italia el principio de la separación de la Iglesia y el Estado está declarado en el Artículo 7 de la Constitución de 1948 en una forma algo ambigua puesto que dice: "**El Estado y la Iglesia Católica son, dentro de su fuero interno, cada uno independiente y soberano**". Esta expresión le permite a la Iglesia actuar en forma 'independiente', en lo que considera que es su terreno soberano sin tener que seguir la posición del Estado. Esto es importante cuando recordamos que el Vaticano es el punto focal donde reside la suprema autoridad de la Iglesia Católica y que en el pasado reinó sobre Europa, cuando ejerció el control político que le permitió elegir y ungir a Reyes y Reinas.
- Rusia: este país tuvo una de las monarquías más atrincheradas de Europa representada por el Zar Nicolás II quien era el soberano absoluto. Él fue despótico como los Zares anteriores, sobrecargando el pueblo con impuestos excesivos y abusos de poder. La monarquía rusa había sido respaldada muchas veces por las autoridades eclesiásticas ortodoxas. La revolución de Octubre de1917 le dio a los Bolcheviques el poder de declarar la separación de la Iglesia y el Estado dejando, por primera vez en su historia, a la Iglesia Ortodoxa Rusa sin una posición oficial que la respaldara. Uno de los primeros decretos, expedido en enero de 1918 por el gobierno comunista, declaró la liberación de 'la propaganda religiosa' y de la Religión misma, que fue acusada de ser '**el opio del pueblo**'. Esto llevó a que decrecieran el poder y la influencia de la Iglesia. Cuando la Unión Soviética llegó al poder, oficialmente proclamó la tolerancia religiosa, pero en la práctica el gobierno desalentaba la existencia de la Religión organizada e institucional. Por esa razón hizo grandes

esfuerzos por remover la influencia religiosa de la sociedad soviética.

- España: como país católico incondicional, no experimentó una separación abierta de la Iglesia y el Estado. Fue un proceso lento que comenzó en 1966 cuando la libertad religiosa fue garantizada nueve años antes del fin del régimen de Franco en 1975. Pero no fue sino hasta 1978 cuando la constitución española (sección 16.3), claramente declaró que "**Ninguna religión tendrá un carácter estatal. Las autoridades públicas tendrán en cuenta las creencias religiosas de la sociedad española y consecuentemente mantendrán relaciones cordiales con la Iglesia Católica y con otras confesiones**". Esto disminuyó considerablemente la influencia de la Iglesia Católica en los asuntos del Estado, pero no proclamó abiertamente la separación.

Esta separación de la Iglesia y el Estado, en términos prácticos, significó que el Estado se hizo cargo de varios de los roles de la Iglesia, marcando el comienzo de una era en la que el que Estado gobernaba sin la aprobación de la Iglesia. El Estado asumió el rol de una entidad civil con el poder administrativo independiente de la Iglesia. Las repercusiones fueron múltiples. Una de las más importantes, independiente de la oposición o resistencia que puso la Iglesia, fue la de convertir el matrimonio en un contrato civil, válido ante la ley, sin la necesidad de tener la aprobación de la Iglesia. Esto abrió la posibilidad del divorcio, previamente negado por la Iglesia. Aunque al principio los más beneficiados fueron los hombres, las mujeres posteriormente lograron un acceso significativo al mismo, incluyendo el poder solicitar el divorcio por su cuenta sin tener que tener el permiso del marido para hacerlo. La separación del Estado y la Iglesia también le redujo a la Iglesia el control autónomo que había ejercido sobre la educación de la juventud puesto que en muchos de los países sostenía el grueso de los colegios existentes.

La Abolición de la Esclavitud

La esclavitud ha estado presente en la historia humana desde que se inventaron los documentos históricos. El Codex de Hammurabi (siglo XVIII aC) codificó leyes precisas sobre cómo tratar a los esclavos, lo que implicaba que dicha práctica se llevaba a cabo. La esclavitud estuvo presente en las tribus nómadas de Asia, en los cazadores de Norte América, y entre los marineros nórdicos. Los esclavos constituían la mano de obra más abundante. Eran utilizados para sostener la producción agrícola, para construir los caminos y los templos masivos del imperio Griego y Romano. También fueron utilizados para construir las pirámides de Egipto durante la época de los Faraones, a un costo de miles de miles de esclavos que murieron en el proceso. Lo más sobresaliente de ese momento preciso de las pirámides fue que fueron sacrificados, no para la producción de bienes de consumo como era lo más frecuente, sino básicamente para la exaltación del Monarca absoluto del momento. Los esclavos también fueron usados para cultivar las inmensas plantaciones de algodón y tabaco del sur de Estados Unidos. Asi mismo, fueron llevados en manada hacia las islas del Caribe para trabajar en la producción del banano y de la caña de azúcar. Algo parecido les ocurrió a los que fueron llevados como esclavos para la extracción del caucho y el cacao en las plantaciones del Brasil. Las minas de oro y plata del Perú y Bolivia, literalmente se tragaron a miles de miles de nativos convertidos en esclavos por las monarquías nativas reinantes y por los conquistadores españoles posteriores.

El número de personas forzadas a ser esclavos a lo largo de la historia humana es de proporciones apocalípticas. Se ha documentado que, en los mercados de esclavos en Atenas, Rodas, Corinto y Delfos, más de mil esclavos podían ser vendidos en una tarde. Una batalla ganada podía proveer hasta 20.000 prisioneros que eran convertidos en esclavos. Estos, a su vez, eran usados para todo tipo de trabajo, siendo la minería uno de los más rentables. Más de 20.000 esclavos trabajaron las minas de plata de Laurino y de Toricos, al este de Ática, la fuente de mayor ingreso para Atenas. (3) Al final del siglo IV, Ática tenía alrededor de 100.000 - 200.000 esclavos que representaban alrededor de un tercio de la población. (4)

En Roma, el número de esclavos era tan grande que, cuando Espartaco, un esclavo-gladiador, se rebeló en 73 aC logró organizar un ejército de 40.000 esclavos. Sin embargo, fue vencido por el número apabullante del ejército romano dirigido por Craso, quien mandó crucificar alrededor de 6.000 gladiadores y esclavos rebeldes cubriendo el camino que iba de Capua a Roma. (5)

Los esclavos eran forzados a vivir en condiciones abyectas. El tratamiento más común era el de forzarlos a vivir en repugnantes y minúsculas barracas que apenas si permitían estirarse en el piso para dormir con poco o nulas condiciones sanitarias. Muchas veces los amarraban con cadenas para evitar que se escaparan por la noche, y la exigua cantidad de comida apenas si los tenía vivos para que pudieran seguir trabajando. La ropa no era más que harapos que eran forzados a utilizar hasta que se desbarataban. La ración diaria era el látigo, la porra, o la amenaza con algún arma de manera que rindieran en llevar a cabo la tarea del día. El esclavo era considerado como animal de trabajo, animal de carga, un ser despreciable, que no tenía otra alternativa más que la de obedecer si no quería ser castigado físicamente, muchas veces en forma inmisericorde.

Lo que es incomprensible para nosotros hoy día es que esta estructura social, este abuso aberrante institucionalizado era considerado durante todos estos milenios como 'la forma normal' de tratar a los prisioneros, como Derecho del conquistador, como un sistema de trabajo que tenía respaldo legal así como aceptación social, y que no se cuestionaba la validez de semejantes abusos. Era simplemente como la sociedad estaba organizada y permitía la explotación de seres humanos por otros seres humanos sin ninguna sanción moral. Aun el cristianismo aprobaba la existencia de la esclavitud, muchas veces teniendo sus propios esclavos. (6)

Es obvio que las mujeres dentro de un régimen de esclavitud, eran las que estaban más expuestas a que fueran abusadas dado que no sólo servían al dueño en múltiples tareas, sino que literalmente eran convertidas en esclavas sexuales. Tal fue en el caso del Islam. De acuerdo con los teólogos islámicos los dueños varones tenían permiso legítimo para tener relaciones sexuales con sus esclavas sin su consentimiento. Además, la compra de mujeres esclavas para tener relaciones sexuales estaba de acuerdo con la ley musulmana del momento. Las esclavas en muchas sociedades islámicas eran presa de los familiares de su dueño, de su vecino, y de sus huéspedes. Sin ninguna voz, sin ningún Derecho, las mujeres esclavas no tenían alternativa distinta a cumplir, obedecer y permanecer calladas aguantando el abuso infligido en ellas. Fue imperativo que ésta estructura social se modificara profundamente para que se dieran las condiciones que permitieran el inicio de alguna forma de igualdad entre la mujer y el hombre.

La abolición de la esclavitud no ocurrió rápidamente. Estaba demasiado atrincherada en la estructura social patriarcal para siquiera considerarse que debería modificarse. Aun así, encontramos que en el siglo III aC el rey Ashoka abolió el comercio de esclavos en India. En China hubo dos intentos de acabar con la esclavitud en el 221 y en el 106 aC durante la Dinastía Qin y después durante la Dinastía Yin en el siglo XVII dC. La esclavitud fue reinstaurada por los subsiguientes emperadores hasta el siglo XX.

Desde 960 hasta 1450 dC hubo catorce eventos en los que la abolición de la esclavitud fue iniciada en algún grado en alguna parte del mundo. Los más relevantes fueron: en Viena, Pietro IV Candiano aprobó una ley prohibiendo la esclavitud (960); fue abolida en Islandia (1117) y después en la República de Ragusa (hoy en dia Dubrovnik, Croacia) en 1465.

Desde 1500 a 1700, ocho eventos contra la esclavitud tuvieron lugar. Los más sobresalientes fueron: en 1537, cuando el Papa Paulo III prohibió la esclavitud en los pueblos indígenas de las Américas, como en cualquier otra región que fuese descubierta. Este mandato no fue seguido dado que los nuevos colonos organizaban sus asentamientos imponiendo un gobierno central de control total sobre los pueblos autóctonos que habitaban dichos lugares. España expidió una ley en 1542 aboliendo la esclavitud en sus Colonias. Este decreto fue seguido por similares aboliciones hechas por la mancomunidad Polaco-Lituana en 1588, después por Japón en 1590 y más tarde por las plantaciones de Providencia en 1652.

Desde 1700 a1800 otros veinticinco eventos contra la esclavitud ocurrieron. Entre ellos quizá los más sobresalientes fueron: Rusia que abolió en 1723 la esclavitud pero retuvo la estructura de la servidumbre. En China, Yongzheng creó una clase de sujetos libres bajo el Trono, pero las familias ricas pudieron continuar con el trabajo hecho por esclavos hasta el siglo XX. Portugal abolió la esclavitud en la madre patria en 1761, y después en Madeira en 1777. En los EE.UU., Pennsylvania pasó en 1775 el Acto de la Abolición gradual de la Esclavitud, dando libertad a los futuros hijos de los esclavos, lo que permitió que los últimos esclavos fueran liberados en 1847. Esta iniciativa fue seguida por la Corte Judicial Suprema de Massachusetts que, en 1783, pasó una ley en la que hacia ilegal la esclavitud en ese Estado. En 1787, el Congreso pasó la Ordenanza del Noroeste en la que se prohibía cualquier esclavitud en los territorios del noroeste. En Europa, La Gran Bretaña, en 1787, daba libertad a los esclavos de Sierra Leone. En 1792, Dinamarca y Noruega declaraban ilegal el comercio transatlántico de esclavos después de 1803, aunque la esclavitud continúo en las colonias danesas hasta 1848. Francia abolió la esclavitud en todas sus posesiones en 1794, aunque fue restaurada por Napoleón en 1802. El Tratado Colliers acabó en 1799 con el comercio legal de esclavos en las minas de carbón de Escocia.

El período entre 1800 a 1849 fue probablemente el más significativo puesto que se registraron setenta y siete acciones anti-esclavitud. Para ofrecer una visión del movimiento que estaba ocurriendo a escala mundial, citaremos solamente los países principales involucrados en el comercio de esclavos. Haití fue muy importante porque la libertad de los esclavos fue el resultado de una revuelta de esclavos negros que derrocaron el gobierno francés colonial y abolieron la esclavitud en 1804. El Imperio Inglés acabó con el comercio de esclavos en 1807, mientras que EE.UU. prohibió llevar más esclavos en 1808. Miguel Hidalgo inició el proceso de abolición de la esclavitud en México en 1810, ratificado por la insurgencia de José María Morelos en 1813, y finalmente formalizado en 1820 por una propuesta hecha por Agustín Iturbide; los últimos esclavos fueron liberados por una nueva Constitución de 1824. Uruguay liberó a sus esclavos en 1814.

Varios países firmaron tratados para abolir el comercio de esclavos. Inglaterra lo hizo con España, Portugal, y los Países Bajos en 1818; después con Suecia en 1827 y Francia y Dinamarca en 1835; y cinco años después, con Venezuela en 1840. No tardaron en unirse a la lista Uruguay, México, Chile y Bolivia en 1843. Los siguieron los países árabes del golfo en 1849. El Tratado Quíntuple firmado por

Inglaterra, Francia, Rusia, Prusia y Austria en 1841, acordó terminar el comercio de esclavos. Inglaterra inició su implementación liberando los esclavos de la mayoría de sus colonias en 1838, mientras que Francia y Dinamarca lo hicieron en 1848. La Compañía East-India, controlada por Inglaterra, abolió la esclavitud en India en 1843.

Otros países siguieron el ejemplo y a su vez terminaron con la esclavitud en sus territorios. Estos fueron Colombia, Venezuela y Panamá en 1821, seguidos por Grecia en 1822, Chile en 1823, Uruguay en 1830 y Bolivia en 1831.

El período siguiente de 1850 – 1899 fue menos intenso, con un registro de la mitad de los eventos de abolición de la esclavitud por comparación al período anterior. Los países que terminaron con la esclavitud que merecen ser mencionados fueron: Argentina en 1853, Perú en 1854. Rusia liberó a los siervos en 1861, mientras que Portugal terminó con la esclavitud en sus colonias africanas en 1869. Cuba se tardó más en liberar a sus esclavos pues lo hizo en 1886. El Acto de Bruselas de 1890 acabó con el comercio de esclavos que se llevaba a cabo en el Congo, en el Imperio Otomano y en el Este del África. Corea abolió oficialmente la esclavitud en 1894, pero continuó con su práctica hasta 1930.

La abolición completa de la esclavitud en Estado Unidos tuvo que esperar hasta que se diera una guerra civil, que fue en gran parte estimulada por el abuso, opresión y explotación que existía en ese momento en contra los esclavos negros. Este fue uno de los puntos ejes que impulsaron que se diera la Guerra Civil. Cuando dicha guerra terminó en 1865, la abolición de la esclavitud se convirtió en una prohibición legal en todos los Estados incluyendo los considerados como los Estados Federados. En ese mismo año, la Enmienda 13 de la Constitución terminó de liberar a los esclavos restantes.

El período moderno - desde 1900 hasta el presente – hubo menos países, veinte y cinco, que terminaron con la esclavitud. En la cabeza de la lista estaba China que finalmente puso en efecto la Ley que abolió la esclavitud en 1910. Dos años después Tailandia se unió al grupo seguida por Nepal en 1921, Marruecos en 1922, Afganistán en

1923 y unos años después Iraq. Irán demoró unos años más hasta 1928, seguida por Etiopía en 1942. Las Naciones Unidas promulgó su Carta Magna de los Derechos Humanos en 1948 en la que se prohíbe cualquier forma de esclavitud a nivel mundial. Estimulados, quizá, por este documento los Estados Árabes se unieron al movimiento y en 1952, Qatar acabo con la esclavitud, seguido por Bután en 1960, Arabia Saudita y Yemen en 1962; y Omán se unió al grupo en 1970. Años más tarde Mauritania hizo lo mismo en 1981, mientras que Nigeria esperó hasta el 2003 para declarar ilegal el comercio con esclavos. (7)

La abolición formal de la esclavitud abrió un marco legal en el que las mujeres adquirieron una posibilidad para no ser sometidas a la esclavitud. Con estas aboliciones, la subyugación absoluta que tenía la mujer al hombre que la compraba fue por lo menos formalmente abolida en la mayoría de los países del mundo. Desafortunadamente la práctica no ha sido completamente desterrada porque todavía se lleva a cabo en muchas partes del mundo bajo el eufemismo de '**human trafficking**' (tráfico de personas). La Organización Internacional del Trabajo estimaba que había 2.5 millones de personas en el mundo que habían sido raptadas para este propósito. Hay un estimado de 120.000 mujeres y niños que son llevados al Oeste de Europa como mano de obra forzada. En Estado Unidos, la CIA estimaba que 50.000 mujeres y niñas fueron víctimas de esta explotación organizada. (8)

El Advenimiento de las Democracias

Paralelamente a la abolición de la esclavitud otro gran cambio tuvo que ocurrir en la estructura socio-política de la mayoría de los países para que la igualdad del hombre y la mujer comenzara a darse. El cambio ocurrió en el área de la gobernabilidad y los Derechos civiles. Este cambio radical en la estructura del gobierno ocurrió cuando el concepto de democracia se arraigó en las mentes de aquellos que cuestionaban el poder absoluto detentado por los monarcas, a expensas de la mayoría de la gente. El cuestionamiento se expandió a la burguesía emergente en los países europeos, que comenzó a caer en cuenta de que ellos eran la columna vertebral de la economía de sus países, que controlaban la producción de la riqueza de la nación, que podían organizar una fuerza de oposición capaz de confrontar y obligar al Rey a abdicar. Esta toma de conciencia de clase contribuyó a la emergencia de una nueva forma de gobierno.

En un país moderno donde la democracia se experimenta como un marco de referencia cotidiano hemos olvidado que este modelo político no era la forma normal de llevar a cabo la gobernabilidad de un país. El concepto de democracia como forma de gobierno fue propuesto en 507 aC cuando los griegos inventaron la 'polis' o la ciudad-estado. Este modelo era manejable para unidades políticas no más grandes que una ciudad como lo demostró la expansión del Imperio Romano donde el modelo no funcionó. En 930 dC, los descendientes vikingos de Islandia crearon el primer ejemplo de lo que hoy se puede llamar asamblea nacional, legislatura o el parlamento – el Althing. Pero no fue sino hasta la emergencia de los estados-naciones en los 1800 tardíos, cuando se dio representación del pueblo en las instituciones establecidas como en Noruega, Suecia, Dinamarca, Suiza, y los Países Bajos. Ejemplos de democracias actuales son Francia, Alemania, Italia, España, Portugal, los Países Bajos y aun Rusia; del otro lado del mundo se encuentran los 19 países de América Latina, los Estados Unidos, Canadá y Australia.

La democracia fue formalmente expresada en la Declaración de la Independencia de las 13 colonias americanas cuando decidieron separase del dominio de la monarquía Inglesa. La creación de la Constitución de los Estados Unidos que le dio expresión formal a este nuevo concepto de gobierno fue inspirada por los fundamentos de la Revolución Francesa: *Liberté, Egalité, Fraternité* (Libertad, Igualdad, Fraternidad). Estas ideas innovadoras fueron incorporadas en el borrador de la constitución durante el Segundo Congreso Continental del 4 de Julio 4 de 1776 cuando firmaron el documento histórico declarando su independencia de la corona Inglesa. El fundamento de la declaración se resume en la siguiente cláusula:

"Sostenemos que estas verdades son evidentes por sí mismas, que <u>todos los hombres son creados iguales</u>, lo que quiere decir que están dotados por su Creador

**con unos Derechos inalienables, entre los cuales están
la vida, la libertad y la búsqueda de la felicidad. Que
para asegurar estos Derechos, el gobierno es instituido
entre los hombres, derivando sus justos poderes del
consentimiento de los gobernados."** (9) [subrayado del
autor]

La 'igualdad de los hombres', a la que hace referencia la cita no
fue puesta en acción sino hasta mucho más tarde, casi cien años
después de su proclamación, cuando finalmente los esclavos
americanos fueron liberados el 1 de enero de 1863, a través de
la Proclamación de Emancipación de Lincoln. Aunque liberados
formalmente, a los americanos-africanos no se les otorgó el Derecho
de voto sino hasta el 3 de febrero de 1870 con la aprobación de la
Enmienda 15, Articulo 1, que afirma que, **"El Derecho…de votar no
se le denegará o será limitado… por razones de raza, color o
condiciones previas de servidumbre**".

La condición previa de servidumbre se refería a que los Estados no
podían negar el Derecho al voto a aquellos que habían sido esclavos.
Sin embargo, durante los próximos 90 años muchos Estados
inventaron todo tipo de impedimentos para recortar o negar el
Derecho de voto a los americanos-africanos. La justificación principal
fue la aplicación de las 'leyes de alfabetización' que requerían que
la persona que quería registrarse para votar tenía que saber leer.
Dado que la mayoría de los americanos-africanos en ese momento
eran analfabetos dicho requisito les impedía votar. Legalmente los
americanos-africanos obtuvieron el Derecho al voto con la Enmienda
15, pero social y políticamente fue necesario que ocurriera el
movimiento de los Derechos Civiles de la década de 1960 para que
esto se convirtiera en una realidad, cuando el Presidente Johnson
firmó la Acta de los Derechos del Voto en 1965. (10)

Una democracia, por definición, es un gobierno elegido por el
pueblo, que existe para el pueblo. Las democracias se caracterizan
por la participación del voto popular, discusiones de Cabildo, amplio
Derecho de expresión, mecanismos para rendir cuentas, de manera
que haya controles de los oficiales elegidos, y un marco de referencia
dentro del cual el individuo y las masas encuentran un mecanismo

para hacerse oír, para ser tenidos en cuenta por los oficiales elegidos. En teoría, el 'pueblo' incluye a las mujeres, pero esto no ocurrió en la primera fase de la creación de la democracia. A las mujeres no les era permitido el Derecho a votar o participar en el Gobierno, por el sólo hecho de que las democracias nacieron. Ellas tuvieron que literalmente *pelear* arduamente por conseguir ese Derecho.

La Declaración de los Derechos Humanos (Naciones Unidas -1948)

Otro momento clave que hizo posible que las mujeres adquirieran algo de la igualdad que su género merece, fue la creación y ratificación de los Declaración Universal de los Derechos Humanos por las Naciones Unidas el 10 de diciembre de 1948 en el Palacio de Chaillot, Paris. Esta Declaración representa la primera expresión global de los Derechos que toda persona tiene desde su nacimiento, incluyendo a las mujeres. Este decreto ha sido amplificado y hoy día es conocido como La Carta Internacional de los Derechos Humanos, que consiste en La Declaración Universal de los Derechos Humanos, el Convenio Internacional sobre los Derechos Económicos y Sociales y el Convenio sobre los Derechos Políticos y Civiles. (11)

Desde el mismo Preámbulo de la Declaración, el lenguaje es directo y claro en que los Derechos a los que se refiere la Declaración son aplicables tanto a los hombres como a las mujeres:

> Preámbulo: '**Considerando que los pueblos de las Naciones Unidas han reafirmado en la Carta su fe en los Derechos fundamentales del hombre, en la dignidad y el valor de la persona humana y *en la igualdad de Derechos de hombres y mujeres*, y se han declarado resueltos a promover el progreso social y a elevar el nivel de vida dentro de un concepto más amplio de la libertad'**. (frase destacada por el autor)

El Artículo 2 es claro en afirmar la inclusión de todas las mujeres:

> "**Todos tienen acceso a todos los Derechos y libertades que han sido expuestos en esta Declaración, sin**

ninguna distinción tal como de raza, color, <u>sexo</u>, idioma, religión, o afiliación política. Ni origen social o nacional, propiedad, nacimiento o cualquier otra condición".
(subrayado del autor)

El Convenio Internacional sobre los Derechos Económicos, Sociales, y Culturales, explícitamente hace referencia a 'la igualdad de los hombres y las mujeres', utilizando ambos términos en los Artículos 3 y 10. Muchos de los otros artículos incluyen 'mujeres' cuando hacen referencia a todos los humanos independientemente de sexo, raza, color etc. En forma similar, el Convenio Internacional de Derechos Civiles y Políticos también usa un lenguaje explícito de 'igualdad de los hombres y las mujeres'; en sus artículos 2 y 23. (12)

Esta Magna Carta de los Derechos Humanos, respaldada por las Naciones Unidas, que representa los países del mundo, es pues un reconocimiento inequívoco que se les hace a las mujeres. El documento explícitamente valida la igualdad de las mujeres y los hombres en todos los Derechos humanos y fue ratificado por la Asamblea General de las Naciones Unidas. Las manifestaciones subsiguientes de las mujeres pidiendo, demandando, empujando por sus Derechos, no es más que la consecuencia lógica de esta aprobación.

Vamos, pues, a resumir algunos de los cambios más sobresalientes para obtener la igualdad de género que ocurrieron durante el Siglo XX como resultado de los eventos históricos que hemos analizado.

El Derecho de las mujeres al Voto

La adquisición del voto para las mujeres fue probablemente unos de los cambios más dramáticos que ocurrieron con la eliminación de la esclavitud, la separación de la Iglesia y el Estado, y el cambio de la estructura anterior de gobierno a alguna forma de democracia, lo que ocurrió en muchos países. Este último cambio abrió las puertas para que la mayoría del pueblo pudiera participar en el proceso de elegir a sus gobernantes. Al inicio de la aplicación de estos principios, la igualdad del voto sólo se aplicaba a los hombres, independientemente de su estatus socio-económico. Las mujeres comunes y corrientes, quienes no habían tenido voz dentro del gobierno, ni habían participado en el manejo del mismo, fueron 'naturalmente' excluidas en la definición de igualdad de voto.

No sorprende que este Derecho no haya sido ofrecido a las mujeres. El cambio de una monarquía patriarcal a alguna forma de democracia no incluyó automáticamente a las mujeres, puesto que continuaban controlando el nuevo poder eran los hombres, quienes habían heredado la mentalidad patriarcal milenaria. Como hemos resumido en el Capítulo 2 el Derecho al voto no fue un regalo dado a las mujeres. Fue una batalla dura iniciada por un grupo de valerosas mujeres que claramente vieron que una forma democrática de gobierno era verdaderamente una democracia solamente si se les daban a las mujeres los mismos Derechos de voto que se les otorgaba a los hombres, pues ellas también, eran ciudadanas legítimas. La lucha organizada femenina por el Derecho al voto dio resultados finalmente, aunque al principio el Derecho fue otorgado con restricciones basadas en el nivel educativo y en la raza. Pero la presión constante mantenida por los grupos femeninos organizados finalmente logró que se levantaran dichas barreras, y ellas pudieron obtener el derecho al voto.

Se debe enfatizar que tales victorias fueron obtenidas desde los 1900 en adelante. Los países que habían otorgado a las mujeres el Derecho al voto eran apenas un puñado. El Derecho al voto fue ganado en las democracias iniciales de Europa, Suramérica y Australia bajo el concepto de que igualdad era universal, que incluía a todas las mujeres de cualquier clase social, raza y religión. Las mujeres, que son más de la mitad de la humanidad, eran, por fin, consideradas como personas que podían acceder a este Derecho civil, igual que los hombres.

En 1893, Nueva Zelandia, una colonia Inglesa con auto-gobierno, les otorgó a las mujeres adultas el Derecho al voto. Esto fue seguido poco después por una colonia similar en el Sur de Australia en 1895; además de permitirles a las mujeres que pudieran detentar un puesto en el gobierno. Cuando Australia se hizo federada en 1901, las mujeres adquirieron el Derecho al voto y a ser candidatas en las elecciones federales de 1902. Sin embargo, las restricciones discriminatorias impidieron que las mujeres aborígenes pudieran participar en las elecciones nacionales. La restricción fue levantada finalmente en 1962.

El primer país europeo que introdujo el voto femenino fue el Gran Ducado de Finlandia, entonces territorio anexo al Imperio Ruso. Esto permitió que fueran elegidos los primeros miembros femeninos al Parlamento en 1907. Le siguió Noruega que le dio sufragio completo a las mujeres en 1913. (13)

Las mujeres en los Estados Unidos no adquirieron este Derecho sino tardíamente por comparación con estos países. Allí fue un proceso lento que se inició hacia 1850 cuando la Convención Nacional del Sufragio Femenino organizó campañas en varios Estados solicitando dicho Derecho al voto. Lucy Stone se convirtió en la primera mujer que abogó por el Derecho de voto de las mujeres ante un cuerpo de legisladores cuando expuso el Derecho al voto que deberían tener las mujeres; esto lo hizo en la Convención Constitucional de Massachusetts de 1853. En 1865 el Comité de los Derechos de la Mujer promulgó una petición al Congreso solicitándole que hiciera una enmienda a la Constitución prohibiendo a los Estados que privaran de ejercer el voto a los ciudadanos bajo la categoría de sexo. El resultado fue la aprobación en 1920 de la Enmienda 19 de la Constitución que decretó los siguiente: "**El Derecho de los ciudadanos de Estados Unidos al voto no será negado o limitado por cualquier Estado por razones de sexo**" (14)

En una tabla cronológica encontrada en Wikipedia, 231 países – casi todos los países del mundo – habían otorgado el Derecho de voto a las mujeres. La mayoría (126) habían otorgado este Derecho a las mujeres durante las décadas de 1940-60 siendo la década del 1950 cuando el mayor número de países se unió al proceso. En el Siglo XX, el número total de países que dieron a las mujeres el Derecho al voto fue de 22. (15)

En 2014 había tres países donde aún las mujeres no tenían el Derecho al voto – Arabia Saudita, el Vaticano, y Brunei, que tenía una forma limitada de voto. Es interesante anotar que los países islámicos más estrictos en su aplicación del Islam, como Kuwait y los Emiratos Árabes

Unidos, fueron precisamente los que más se tardaron en otorgarles este Derecho a las mujeres, aunque tenían una tradición muy antigua de darle a las mujeres acceso a roles más activos dentro de la sociedad. Kuwait finalmente les otorgó este Derecho en el 2005. (16)

En retrospectiva, se puede apreciar cuánto tardó, más de 121 años durante los cuales las mujeres estuvieron pidiendo, solicitando, demostrando, protestando y finalmente demandando para que, las sociedades dominadas por hombres reacios, les otorgaran un Derecho tan fundamental del ser humano. Un Derecho que nos parece 'natural' a los que vivimos en el Siglo XXI pero que era inconcebible de ser aceptado en la mayoría de los países del mundo, hace 94 años. Este cambio, en términos históricos, es extraordinario, cuando recordamos que nuestra humanidad dirigida por hombres no había considerado el Derecho de voto de la mujer durante más de 4.000 años mientras estuvo dirigida por una estructura patriarcal de dominación completa social y política.

El Derecho de la mujer para divorciarse

El Derecho de la mujer al divorcio pasó por un proceso similar al Derecho del voto. Un breve recuento mostrará que tan lento y doloroso fue. Iniciemos el repaso con las diferentes posiciones que tenían las religiones en ese momento.

El Budismo

El budismo estuvo más abierto a otorgarles a las mujeres acceso al divorcio en comparación con las otras culturas del Asia. Aceptaba el divorcio bajo las siguientes condiciones:

- Cuando se trasgredieran el primero, tercero o cuarto precepto (dar muerte, mentir, conducta sexual inaceptable)
- Cuando el matrimonio resultase en un sufrimiento desproporcionado y cuando dicho sufrimiento se aliviara por el divorcio. (17)

Las razones para el divorcio son, pues, claras. Utilizándolas como guía, podía pensarse que, tanto el esposo como la esposa, tuviesen igual acceso a dichas razones. También se podría afirmar que era una expresión del divorcio que existía en Burma y Tailandia desde 1687. Sin embargo, en la realidad, el marido tenía el permiso para iniciar el divorcio y volver a casarse, aun si la primera esposa estaba todavía viva. Ella no tenía la misma facilidad pues estaba impedida por un sin número de obstáculos. (18)

El Cristianismo

El cristianismo heredó del judaísmo la sacralidad del matrimonio y el virtual impedimento para que la esposa pudiera acceder al divorcio. Cuando el Emperador Teodocio convirtió el cristianismo en la religión del Estado Romano en el 380 dC, la Iglesia aumentó el control sobre el matrimonio, enfatizando su indisolubilidad, y por ende negando el divorcio. Esta posición intransigente la ejerció con férreo control especialmente durante el Medioevo. La separación de los desposados sólo era posible cuando había razones severas para no vivir con el otro, o cuando alguno de los dos corría peligro físico. En esos casos, el marido y la esposa estaban forzados a vivir en viviendas separadas bajo la promesa de no volver a cohabitar con el otro. La separación era la única alternativa al divorcio, que no era ni apoyado ni defendido por la Iglesia aun cuando hubiese razones válidas para que éste se diera. La anulación de un matrimonio, que era aún más difícil, sólo se otorgaba por razones muy restringidas, tales como probar la impotencia del marido, o la no-consumación del matrimonio; 'pruebas' que solamente los muy ricos podían lograr conseguir. (19)

La Iglesia Católica se mantuvo firme en esta posición hasta el Siglo XX cuando se dio la separación del Estado y la Iglesia. En ese momento perdió el control que tenía sobre el matrimonio cuando éste se convirtió en un contrato civil sobre el cual la Iglesia dejó de tener jurisdicción.

El Islam

Como el islam no recomienda quedarse en una relación abusiva, introdujo la primera ley que reconocía el Derecho de la mujer al divorcio. Sin embargo, el Corán aconseja que los dos reciban consejería antes de llevar a cabo el divorcio. Representantes del esposo y de la esposa deben reunirse y tratar de resolver las diferencias. El divorcio es considerado indeseable si hay niños, pero si una reconciliación es imposible, la Ley Sharia confirma dicho divorcio.

El Divorcio aprobado en varios países

En Inglaterra

La introducción del divorcio en Inglaterra fue el resultado del capricho y desafío del Rey Enrique VIII al control que la Iglesia Católica tenía sobre la indisolubilidad del matrimonio. Cuando se desencantó de su esposa, Catalina de Aragón (española) porque no le podía dar un hijo varón, el Rey decidió que quería anular el matrimonio y lo logró rompiendo su sujeción de Roma cuando obligó al Arzobispo de Canterbury en 1533, Tomas Cranmer, a realizar arbitrariamente la anulación. Este acto de rebeldía acabó con el control que la Iglesia Católica tenia dentro del gobierno inglés. Después de obtener la anulación, el Rey se casó con Ana Bolena a quien mandó ejecutar tres años después porque tampoco le podía dar un hijo varón. Su próxima esposa, Jane Seymour, murió después de dar a luz un varón. El Rey entonces se casó en 1540 por cuarta vez con Ana de Cleves a quien la divorció seis meses después para volverse a desposar con Kathryn Howard, a quien mandó ejecutar en 1542. Habiéndose separado de la autoridad de Roma, la Iglesia de Inglaterra obtuvo el poder de otorgar el divorcio a la nobleza. Dicho privilegio descendió muy lentamente al hombre común, y aún más demorado fue el proceso para que la mujer sencilla del pueblo pudiera tener el derecho de solicitarlo.

El divorcio en Inglaterra tuvo que pasar un período formal de legalización que ocurrió bajo el Acto de las Causas Matrimoniales de 1857. Este hizo posible que una mujer pudiese solicitar un divorcio basado en el adulterio de su marido. Aun así, la nueva ley beneficiaba al marido pues estaba basada en un estándar doble de fidelidad. La simple denuncia de adulterio de la esposa era suficiente para que el hombre pidiese el divorcio, pero el adulterio por parte del marido tenía que ser probado en combinación con deserción, crueldad, incesto, bigamia o por la práctica de un vicio antinatural como la sodomía, la bestialidad, o la violación de otra mujer. (20) Estas razones eran una barrera que impedían que la mujer común y corriente pudiese obtener el divorcio porque, para obtenerlo en combinación con cualquiera de las condiciones especificadas, ella tenía que encontrar testigos que estuviesen dispuestos a dar dicho testimonio, tener el dinero suficiente para los gastos legales, y tener conexiones dentro del sistema judicial. El Acto de las Causas Matrimoniales de 1923 finalmente puso a la mujer en un plano de igualdad permitiendo que cualquiera de los desposados presentara una petición de divorcio con base en el adulterio del otro. (21) El gran cambio llegó en 1969 cuando el Acto de la Reforma del Divorcio fue aprobado, permitiendo a las parejas el divorcio después de haber estado separados por dos años (o cinco años si sólo uno de los dos quisiera el divorcio). Adicionalmente, un matrimonio podía ser terminado si éste ya estaba irremediablemente quebrado y ninguno de los dos tenía que probar "culpabilidad" del otro.

Sin embargo, el divorcio seguía favoreciendo a los hombres puesto que la decisión de mantenimiento se hacía en las necesidades del menos rico de los dos, que normalmente era la mujer. En 1996 se presentó un caso que cambió esa regla. Martin White y su esposa, Pamela, habían manejado un negocio de finca que aproximadamente tenía un valor de 4.5 millones de libras esterlinas. Al divorciarse, Pamela recibió 800.000 libras. Ella llevó el caso a la Corte de Apelaciones en la Casa de los Lores, y en el año 2000 la cantidad inicial fue aumentada a 1.5 millones de libras en base a que ella había contribuído con su trabajo a que el valor de la propiedad hubiese aumentado tanto. Este caso fue clave porque reconoció que la mujer contribuía al crecimiento de los bienes con su 'trabajo casero'. (22)

En Francia

Las acciones tomadas por Enrique VIII inauguraron un proceso imparable entre el Estado y la Iglesia en Europa, que tuvo su más violenta expresión en la Revolución Francesa cuando todas las propiedades de la Iglesia fueron confiscadas en 1789 y todas las Órdenes Religiosas fueron disueltas en 1790. Estas medidas neutralizaron el poder que ejercía la Iglesia Católica en Francia tanto en la vida política como en la civil, que incluía el matrimonio. Una vez que el matrimonio pasó de la jurisdicción de la Iglesia al control del Estado, éste cambió los requisitos para casarse, y abrió la posibilidad para obtener un divorcio.

Prusia

Prusia parece haber adoptado desde temprano el espíritu de la Revolución Francesa pues no demoró en legalizar el divorcio en 1794 por medio del Código de Prusia que admitía muchas razones para que se diera, tales como mala conducta, crimen, adulterio, seria incompatibilidad, rechazo o incapacidad para llevar a cabo los 'deberes del matrimonio', razones de salud o cambio de religión.

En los EE.UU.

La aprobación del divorcio tuvo un patrón de desarrollo similar en EE.UU. Los colonos ingleses llevaron a las nuevas tierras su sistema basado en faltas. Por eso, en la época colonial, la persona casada tenía que acusar a su esposa o esposo de un crimen castigado por la muerte para obtener un divorcio. El temor de tal consecuencia servía para refrenarse de cometer adulterio, o de esconderlo si lo había hecho. El matrimonio era considerado como un contrato que ligaba a las dos personas de por vida. La mayoría de las denominaciones cristianas durante la vida colonial rechazaban la sola idea del divorcio hasta el Siglo XX. Eventualmente, siguiendo la Reforma Protestante, las múltiples denominaciones cristianas comenzaron a reconocer que el divorcio podía ser realizado por la vía civil. Las Cortes Civiles se abrogaban el Derecho de terminar con el matrimonio según lo vieran necesario. Las únicas razones válidas para obtenerlo eran la infidelidad, el abandono y la crueldad extrema. Cualquier otra razón era consideraba inválida para obtener un divorcio y por lo tanto era rechazada por las Cortes.

En la colonia liberal de Massachusetts, el divorcio había sido legalizado en 1629 y las razones aceptadas para otorgarlo eran 'adulterio, abandono y comportamiento cruel por parte del esposo'. El primer divorcio otorgado en la América colonial ocurrió precisamente en Massachusetts en 1639. El segundo divorcio ocurrió cuatro años más tarde, en 1643. (23)

En 1701, el Estado de Maryland declaró legal el divorcio. Sin embargo, el Derecho de una mujer para poder obtener un divorcio, fue considerado gracias al trabajo de las feministas de los años 1800, como Elizabeth Cady Stanton, quien montó literalmente una cruzada para obtener el Derecho al divorcio de la mujer. Sus esfuerzos, junto con el de otras activistas, finalmente obtuvieron el Derecho al divorcio en varios Estados. Pero no fue sino hasta 1857 cuando el Congreso lo legalizó permitiendo que una persona pudiera obtenerlo en una Corte si ambos esposos habían vivido separados mínimo dos años.

La revolución del divorcio 'sin que hubiese falta especifica' comenzó en Oklahoma en 1953. Pero fue el Estado de California quien llevó la bandera de la implementación de este tipo de divorcio en 1969. En la década y media que le siguió virtualmente todos los estados de la Unión siguieron el ejemplo de California e implementaron su versión de un divorcio sin tener que apelar a que se diera 'una falta'. Alabama lo legalizó en 1970. Poco después, la Iglesia Episcopal cambió su política de manera que un matrimonio no tenía que ser anulado antes que la iglesia permitiera que uno de sus parroquianos pudiera volverse a casar. (24) En agosto del 2010 el gobernador de Nueva York firmó una ley que removía el consentimiento mutuo para que se diera un divorcio 'sin falta'. Desde entonces dicha forma de divorcio es legal en todos los 50 estados y el Distrito de Columbia. (25)

En la India

La India no podía mantenerse aislada de lo que estaba ocurriendo en otros países del mundo respecto del divorcio. El Acto Matrimonial de 1955 introdujo razones específicas para que se diera un divorcio: que el matrimonio no había sido consumado debido a la impotencia, o que hubiese alguna condición mental especificada en la Sección 5, o que la desposada estuviese embarazada por otro distinto al solicitante del divorcio, que en tal caso había que probarlo. Esposo o esposa podía solicitar el divorcio bajo una de estas condiciones: períodos constantes de ausencia durante dos o más años, conversión a otra religión fuera de la Hindú, anormalidad mental, enfermedad venérea y lepra. Una mujer podía también poner una petición de divorcio si el marido se casare de nuevo, estando aún casados, o si el marido había sido culpable de violación, sodomía o bestialidad con ella. Lo que hacia la situación verdaderamente difícil era que ella tenía que presentar pruebas de alguna de estas razones. Dada las condiciones generalizadas en el país de dependencia del esposo, la mayoría de ellas no tenían los medios, económicos o legales, ni el apoyo social necesarios para presentar dichas 'pruebas'.

Había una cláusula restrictiva en la Ley Matrimonial de 1955, Sección 13-B, que especificaba que los recién casados no podían poner una solicitud de divorcio dentro del primer año de matrimonio. También exigía un período de seis meses de espera después de que ambos hubiesen hecho la aplicación de consentimiento mutuo del divorcio. Una segunda aplicación de divorcio sólo podía hacerse hasta pasados los seis meses. La Corte Suprema de la India ejercía su poder bajo el Articulo 142 de la Constitución de la India y falló en agosto 2012 que los matrimonios se podían terminar por consentimiento mutuo, antes de los seis meses estipulados en la Ley Matrimonial de 1955. (26)

Otros Países

En Japón, desde 1600 hasta los finales de 1800, las mujeres no tenían Derecho de solicitar un divorcio. Les era permitido a los hombres con sólo redactar una carta de divorcio.

Rusia, después de la Revolución de 1917, atravesó un período en el cual había divorcios informales que se podían obtener cuando uno de los esposos anunciaba el mismo. Durante el régimen de Stalin, la familia informal fue dramáticamente abolida. El divorcio devino difícil y costoso para obtener hasta que la Ley del Divorcio fue liberalizada después de 1968, bastante tiempo después de la muerte de Stalin.

Escocia: La Ley de Divorcio de 1938 reconoció el divorcio por adulterio, abandono, crueldad, sodomía, bestialidad, y el divorcio 'sin culpa' o por demencia incurable. La Ley de Divorcio de 1876 le añadió comportamiento no-razonable, dos años de separación y el consentimiento de los dos esposos.

Canadá: en 1960, Canadá legalizó el divorcio. Previamente la única opción para obtener un divorcio debía incluir una investigación por un comité especial del Senado Canadiense, y después una disolución por una Ley del Parlamento. Las mujeres no tenían igualdad de oportunidades para obtener un divorcio por esta vía.

China: El Nuevo Código Civil de 1931 otorgó Derechos iguales para hombres y mujeres en la elección de la pareja, en el divorcio, y en el control de la propiedad después del divorcio. Estos Derechos fueron ratificados en 1950 junto con los Derechos de herencia. En 1980, China legalizó el 'divorcio sin culpa'. Aunque los dos quisieran el divorcio, se requería un proceso de mediación por un comité local para probar que el matrimonio estaba irreparablemente roto. Los comités podían estar renuentes a aprobar el divorcio si la esposa no podía encontrar sitio de vivienda, que es complicado porque los alojamientos son escasos y los apartamentos son asignados a parejas. Dado que el apartamento es adjudicado a quien se queda a vivir en él, el esposo es quien suele recibirlo cuando se concluye el divorcio. Esta legislación claramente manifiesta cómo el hombre es el favorecido aunque la política oficial es que ambos son iguales.

Italia: la Iglesia Católica decretó que el matrimonio era indisoluble en los años 700 dC; lo único que lo disolvía era la muerte. La anulación de un matrimonio era virtualmente imposible y hacia los años 1100 las restricciones se hicieron más fuertes pues ni el adulterio era motivo de disolución del matrimonio, tan sólo permitía la separación de los esposos. La presión ejercida por los cambios y la legislación que estaba ocurriendo en el resto de Europa llevó al gobierno italiano a legalizar el divorcio en 1974. Portugal le siguió al año siguiente.

España: en 1981 el gobierno de España legalizó el divorcio. La oposición de la Iglesia Católica fue un factor importante para que se diera esta demora.

Irlanda y Brasil: en 1997 el país de Irlanda se unió al resto de Europa y legalizó el divorcio cuando pasó una Enmienda a su Constitución que lo impedía. Brasil también aprobó el divorcio en ese año.

Chile: en marzo 2004, el Congreso de Chile aprobó la ley que legalizó el divorcio después de 9 años de debate y 120 años de prohibición del divorcio. Claro esfuerzo para conseguir ese Derecho.

Filipinas: desde mediados de 2005, las Filipinas permanecía como uno de los pocos países que no habían legalizado el divorcio. Malta lo obtuvo en el 2011. (27)

Este breve recorrido demuestra cómo la adquisición del Derecho al Divorcio para ambos, hombres y mujeres, fue un proceso lento. En muchos países las mujeres estuvieron en desventaja, pero lentamente obtuvieron estatus legal igualitario especialmente durante el Siglo XX después de que se dieron las reformas estructurales presentadas – abolición de la esclavitud, cambio de los gobiernos a una forma democrática, y la separación de la Iglesia y el Estado.

Las mujeres reciben el Derecho de propiedad y de control de sus ganancias

Durante miles de años, las mujeres tampoco tenían Derecho a la propiedad, a heredarla ni administrarla. Fue un Derecho que tuvieron que pelear para ganarlo y el proceso fue tan lento como el Derecho al Divorcio. No ocurrió por iniciativa de los hombres. Fue obtenido más que todo por presión de las mujeres que no cejaron en demandar el acceso a un Derecho que hoy día no suscita discusión en la mayoría de los países donde se les reconoce a las mujeres sus derechos civiles. Anteriormente una mujer con propiedad estaba forzada a renunciar a la misma a favor del marido, de algún familiar varón o al terrateniente, dueño de la parcela donde la familia vivía y trabajaba.

A continuación una línea temporal de cuándo lograron obtener este Derecho en los principales países del mundo muestra cuán arduo ha sido el proceso. (28)

1718 – E. U. en el estado de Pennsylvania: las mujeres casadas obtienen el Derecho de poseer y manejar propiedad a su nombre durante la incapacidad del esposo.

1743 - Rusia: las mujeres casadas adquieren el Derecho de administrar sus propias finanzas.

1791 - Francia: se aprueban los mismos derechos de herencia para las mujeres que tenían los hombres (Derecho abolido en 1804).

1811 - Austria: a las mujeres casadas se les es otorgado el derecho de manejar su propiedad personal.

1821 – EE.UU. - Maine, Arkansas, y Tennessee: a las mujeres casadas logran que se les permita tener propiedad personal y administrarla bajo su nombre durante la incapacidad del esposo.

1839 - E.U, Mississippi: las mujeres casadas obtienen el Derecho de tener propiedad, pero no de controlarla.

1840 - E.U A, Maine: las mujeres casadas logran el Derecho de poseer propiedad bajo su nombre.

1850 – Islandia: a las mujeres reciben el Derecho igualitario de herencia que el de los hombres.

1854 - Noruega: aprueban los derechos de herencia para las mujeres iguales a los de los hombres.

1874 - Suecia: las mujeres casadas pueden controlar sus propios ingresos.

1861 - E.U, Illinois: las mujeres casadas pueden administrar sus propios ingresos.

1902 - El Salvador: a las mujeres adquieren iguales Derechos legales para tener su economía separada.

1917 - Cuba: las mujeres casadas adquieren el Derecho para tener su propia economía.

1926 - Argentina: otorga el mismo Derecho de Cuba a las mujeres casadas.

1942 - Venezuela: las mujeres casadas finalmente obtienen el Derecho de tener propiedad propia.

Este Derecho liberó a las mujeres del yugo de dependencia económica del varón y lo que el marido haya aportado a la unión. La liberó de la dependencia de la economía familiar controlada por el esposo. Este Derecho también le dio la posibilidad de auto sostenerse sin depender del esposo o de un pariente. Desde entonces un sin número de mujeres han logrado mantener a sus hijos como madres solteras; y han podido darse la oportunidad de aprender un oficio, entrar en algún Instituto Educativo, y aun viajar a otro país,

Acceso de las mujeres a la educación

El artículo 26 de la Declaración Universal de los Derechos Humanos de la Naciones Unidas trazó el Derecho fundamental de la mujer para tener acceso a la educación:

Artículo 26

1. Toda persona tiene Derecho a la educación. La educación debe ser gratuita, al menos en lo concerniente a la instrucción elemental y fundamental. La instrucción elemental será obligatoria. La instrucción técnica y profesional habrá de ser generalizada; el

acceso a los estudios superiores será igual para todos, en función de los méritos respectivos.

2. La educación tendrá por objeto el pleno desarrollo de la personalidad humana y el fortalecimiento del respeto a los Derechos humanos y a las libertades fundamentales; favorecer la comprensión, la tolerancia y la amistad entre todas las naciones y todos los grupos étnicos o religiosos; y promoverá el desarrollo de las actividades de las Naciones Unidas para el mantenimiento de la paz.

Poner en práctica este artículo ha sido un proceso lento, dado que no todos los gobiernos entienden este artículo como un Derecho fundamental, como tampoco ven las implicaciones económicas y sociales que las mujeres educadas aportan para el desarrollo de los países. Hoy día muchos gobiernos, así como entidades financieras internacionales, por fin comienzan a ver el vínculo que se da entre el desarrollo económico de los países y la educación de las mujeres.

Cuando se compara el estatus de prohibición que tenía la mujer de acceder a la educación (capitulo 2) se puede afirmar que ha habido un progreso sustancial en este aspecto durante el Siglo XX. Como hemos expuesto, este Derecho estuvo íntimamente vinculado al advenimiento de la democracia que estaba basada en el nuevo principio político de la igualdad del hombre y la mujer. Tal igualdad permitía, en principio, que todas las mujeres pudiesen participar en el proceso político. Para lograrlo era imperativo que las mujeres fuesen educadas para que pudieran participar en el proceso. De hecho, la falta de educación fue uno de los argumentos utilizados por los hombres para negarles a las mujeres el Derecho de voto y a la participación en el proceso político. El panorama actual, respecto de este acceso de las niñas y de las mujeres para acceder a la educación está todavía incompleto aunque está abierto para crecer, de manera que sea un sistema incluyente de todas las mujeres y niñas del planeta. Lo que si hay que reconocer es que, por comparación con la situación que vivían las mujeres respecto a la imposibilidad de acceder a la educación en los años 1800, los avances logrados son extraordinarios.

La educación de las niñas

Aunque el acceso de las mujeres a la educación es absolutamente crucial para la igualdad del hombre y de la mujer, es aún más crucial que las niñas tengan igual acceso, dado que ellas se han de convertir en el día de mañana en las futuras madres que educarán la próxima generación de niños y niñas. Si ellas mismas están educadas, lo más probable es que harán lo posible para que sus hijas reciban una educación. Sin este comienzo temprano, cuando crezcan, será muy improbable que puedan relacionarse con el género opuesto en términos de igualdad.

Igualdad que se puede traducir en acceso a trabajos mejor pagados, a la obtención de grados académicos, a la independencia económica, y a ser capaces de entender las Leyes escritas que favorecen a la mujer en materia de divorcio, la manutención de los hijos, la herencia, acceso a la fuerza laboral y a la educación. El que las mujeres en todo el mundo puedan ser alfabetizadas es un paso decisivo tanto para su desarrollo personal como el social. Las mujeres alfabetizadas tienden a enviar a sus hijos a la escuela, especialmente a sus hijas. Con más frecuencia dichas mujeres se involucran activamente en la vida cultural, social, económica y política del país.

Ha sido ampliamente documentado que, cuando se mejoran los niveles educativos de las niñas, hay impactos evidentes en la salud y en el futuro económico de las mujeres jóvenes, lo que repercute en el desarrollo de la comunidad. En los países pobres del mundo, el 50% de las niñas no van a la secundaria. La investigación muestra que por cada año de escolaridad que reciban las niñas, su ingreso económico en su vida puede llegar a ser un 15% mayor que el que obtendrían si no tuviese esos años adicionales de escolaridad. (29)

Las mujeres que reciben educación, logran, a su debido tiempo, darse cuenta de los riesgos reproductivos durante el embarazo, lo que les permite buscar ayuda profesional a tiempo para evitar complicaciones, aun la muerte, como suele ocurrir en muchos países donde el analfabetismo entre las mujeres y las niñas es tan rampante como lo son los índices de mortalidad. Este es el caso de Afganistán donde más de 25.000 mujeres mueren cada año durante el embarazo o en el parto. La mayoría de estas muertes podrían ser prevenidas si las mujeres afganas fueran alfabetizadas y pudieran aprender qué riesgos reproductivos requieren de ayuda médica profesional. Sin embargo, en el 2010 -11, solamente el 15% de las mujeres afganas podían leer y escribir. (30)

Pakistán es otro país donde el 40% de las mujeres son analfabetas. Los índices son aún mayores en el campo donde apenas el 8% de las mujeres han sido alfabetizadas. Esto se debe principalmente a las barreras culturales y sociales. Uno de los aspectos más deplorables es que en ciertas áreas, particularmente entre las tribus del norte, la educación de las niñas está prohibida por razones religiosas. Esto es una interpretación errónea del Islam, la religión dominante en Pakistán. Aun en países en desarrollo sin predominio del Islam, las niñas continúan siendo discriminadas en su acceso a la escuela. El resultado es que alrededor del 57% de todos los niños ausentes de la escuela son niñas. (31)

Independientemente de esta situación tan negativa en la que demasiadas niñas no pueden acceder a la educación básica, se pueden identificar algunas señales positivas de cambio. En muchos países, se encuentran iniciativas positivas que están reduciendo las barreras de género para que las niñas puedan tener acceso a la educación.

Cuando Kofi Annan fue el Secretario-General de las Naciones Unidas, lanzó en abril del 2000 la Iniciativa de la Educación de las Niñas (UNGEI), durante el Foro Mundial sobre la Educación llevado a cabo en Dakar, Senegal como respuesta a una dura realidad: más de la mitad de los niños del mundo que no asisten a la escuela son niñas. Frente a esta disparidad, UNGEI - una coalición de organizaciones comprometidas con la meta de reducir la brecha de género en la educación primaria y secundaria del mundo - se propuso como meta para el 2015 que todos los niños pudieran terminar su primaria. Conscientes de que para lograr estas metas se iba a necesitar un esfuerzo mancomunado de todos los miembros, UNGEI se convirtió en el abanderado de la educación de las niñas. La coalición incluía organizaciones internacionales de siete países. Entre ellas estaban DFID, CIDA, Banco Mundial, Visión Mundial Internacional, USAID, y tres instituciones de las Naciones Unidas. (32)

El esfuerzo global llevado a cabo por UNGEI ha comenzado a dar resultados impresionantes. La entidad UKaid donó £18.5 millones en 2011 para asegurar que 600.000 niños de los más pobres de Bangladesh pudieran acceder a una pre-primaria y primaria de calidad. Adicionalmente el apoyo de DfID haría posible el mantener 25.000 escuelas abiertas y pagar el salario de 25.000 maestros durante ese año. Adicionalmente se comprometió a mantener abiertos 2.500 clubes para adolescentes, que funcionan después de las horas del colegio, 100 centros comunales funcionando, y 150 escuelas de secundaria. A través del proyecto BRAC Inglaterra y otros donantes han dado educación primaria a más de un millón de niños y dos millones de pre-escolares; el 65% de los niños ayudados fueron niñas. (33)

Otra intervención prometedora fue llevada a cabo en Brasil, por el programa "Bolsa Familia", que dio dinero a los padres, de manera que pudieran enviar a los niños a las escuelas y obtener sus chequeos médicos regulares. Este programa les permite a los niños ausentarse de sus clases hasta un 15% de las mismas. Pero, si un muchacho falta más veces, entonces la familia entera deja de percibir la asignación de dinero que tenía. El programa alcanza a 12.7 millones de familias (casi 50 millones de personas) convirtiéndolo en uno de los programas de asistencia social más exitoso del mundo. Entre 2003-2009 había ayudado a más de 20 millones de personas a salir del nivel de pobreza y a reducir la desigualdad del ingreso familiar, de acuerdo con el informe del Banco Mundial, 2010. (34)

El Yemen es otro país que hace transferencias monetarias bajo estrictas condiciones como incentivo para que las niñas sean enviadas a la escuela. Para estimular una asistencia regular, las familias sólo reciben el dinero si las niñas atienden el 80% de las clases cada semestre (Relief Web, 2010). Esta estrategia gubernamental es ambiciosa puesto que busca que el 95% de las niñas esté en la escuela al final del 2015 (Relief Web, 2010). El Ministerio de Educación de Yemen es bien consciente del beneficio que el país tiene si las niñas tienen acceso a la educación. Lo expresaron claramente en una declaración en la que afirmaron,

"Cuando las niñas logran niveles más altos de educación, ellas rehusarán casarse a una edad demasiado temprana, lo que disminuirá la desnutrición infantil producida por la ignorancia. De igual manera los parientes no forzarán a sus hijas a que se casen demasiado jóvenes, cuando perciben el beneficio económico para la familia que dicho programa les ofrece". (35)

Desde el lanzamiento de la Educación para Todos (EFA) en el año 2000, por el Foro Mundial de la Educación reunido en Dakar por UNDP, UNESCO, UNFPA, UNICEF y el Banco Mundial, África ha registrado un progreso sin precedentes en materia de educación. De 1999 a 2010, el Sub-Sahara Africano (SSA), que era considerada la región más atrasada de las metas de la EFA, registró un aumento de entradas a la pre-primaria de 5.4 millones a 11.9 millones, de 82 millones a 132.8 millones en la primaria y vio doblarse el número en la educación secundaria. El nivel de alfabetismo en adultos aumentó de 53% a 63% y se hicieron progresos significativos hacia la igualdad de género, tanto en la primaria como en la secundaria. (36)

Las muchachas han hecho avances sustanciales en asistencia escolar. En 1990 el registro de niñas en el nivel primario en los países en vías de desarrollo era solamente del 86% en comparación con los muchachos. En el 2011 había subido al 97%. En el nivel secundario avances similares se detectaron, pues el ingreso de las niñas subió del 78% al 96% en el mismo período. Al finalizar el 2011, el 31 % de los países con ingresos medios, había alcanzado o superado el número de ingresos de niñas en la educación secundaria, como lo habían logrado 23 países del mismo perfil. Sin embargo, tanto el Sur del Asia como los países del Sub-Sahara estaban aún retrasados. (37)

Todos los esfuerzos hechos por los países que han aceptado el desafío de reducir dramáticamente los niveles de analfabetismo, especialmente entre las mujeres jóvenes, han contribuido significativamente al logro de esta meta, al punto que, de acuerdo a los nuevos datos liberados por UIS, la mujeres entre los 15-24 años han logrado los mayores aumentos. En el 2011, el 87 % de las jóvenes tenían habilidades y destrezas literarias comparadas con el 92% de los varones. Más de la mitad de todos los países que tienen estadísticas fiables, muestran niveles del 95% de alfabetismo. Cuando se comparan estas cifras con las primeras décadas de los años 1800, estas cifras representan un adelanto extraordinario en el alfabetismo de las mujeres. Aun así, la dura realidad muestra que 774 millones de adultos (15 años y mayores) todavía no pueden escribir ni leer y que dos tercios de ellos (490 millones) son mujeres. Entre la juventud, 123 millones son analfabetas de los cuales 76 millones son mujeres. Aunque el volumen del analfabetismo ha disminuido, la proporción de las mujeres analfabetas se ha mantenido entre el 63-64%. (38)

Estos datos (y hay muchos más) nos permiten apreciar el enorme adelanto que se ha hecho para reducir los índices de analfabetismo de las niñas y mujeres jóvenes en el mundo. Muestran que la igualdad en el acceso a la educación ha entrado en una etapa irreversible. Las Naciones Unidas ha propuesto una meta y es la de dar a todas las niñas en el mundo una oportunidad de igualdad para obtener una educación básica que les permita salir paulatinamente del estado de subordinación en que han estado forzadas a vivir.

Acceso de las mujeres a la educación superior

Igualmente importante es que las mujeres adultas tengan acceso a la educación superior. Sin este tipo de educación las mujeres no pueden demostrar su capacidad para llevar a cabo y desempeñarse bien en los puestos de alta tecnología mejor pagados. Sin educación superior, las mujeres no pueden participar en la creación de riqueza nacional, en aquellos puestos y posiciones que requieren tal nivel educativo.

Las ventajas de que las mujeres jóvenes reciban educación secundaria y universitaria son numerosas especialmente en los países en desarrollo donde pueden realizar carreras profesionales mejor pagadas. La educación aumenta el nivel de salud de la familia y de la pareja. Aumentar los niveles educativos de las mujeres ayuda a demorar la iniciación sexual, edad del primer matrimonio y del nacimiento del primer hijo, lo que contribuye a que puedan hacer mejores opciones que significativamente reduzcan los altos riesgos reproductivos que están asociados con tasas de mortalidad. Esta demora contribuye a que se hagan mejores elecciones de la pareja promoviendo relaciones de largo plazo. Las mujeres con niveles superiores de educación tienen más posibilidad de obtener mejores recursos para lidiar con situaciones de divorcio o de violencia doméstica. (39)

El proceso de acceso a la educación superior comenzó tan lento como la adquisición del Derecho al voto. Era inconcebible que una mujer pudiera salir de su casa para obtener una educación superior. La concepción social era que no la necesitaba para manejar el hogar, que era el único universo donde podía desplazarse sin mayores restricciones. Hoy millones de mujeres no sólo están en las universidades, sino que están recibiendo la educación que necesitan para acceder a los trabajos que antes eran reservados para los hombres porque se las consideraba incapaces de llevarlos a cabo.

En Inglaterra

El proceso lento de abrir las puertas de la educación superior a las mujeres comenzó en Inglaterra cuando Frances Mary Buss (1827-1894) fundó el North London Collegiate School en 1850. Dorothea Beale (1831-1906) la siguió fundando el Cheltenham Ladies' College en 1858. Un hito histórico lo proveyó Sophia Jex Blake quien fundó el primer colegio universitario de medicina, el London School of Medicine for Women. Muchos de los que la apoyaban creían que la razón para que las mujeres recibieran una educación superior era para que se convirtieran en '*más efectivas esposas, madres y profesoras*', sin pensar que era una oportunidad de crecimiento autónomo de las mujeres. En 1869 Emily Davies fundó el Girton College siguiendo el curriculum visto por los colegios universitarios para varones. Esta iniciativa fue tan innovadora que un Reverendo tildó al establecimiento como "El lugar Infiel". Algunos otros predicadores hicieron similares acusaciones desde el pulpito. Los clérigos más conservadores se unieron a doctores y parientes para condenar la educación superior de las mujeres como algo 'anti-cristiano y peligroso' porque tentaba a las mujeres a que abandonaran su rol 'natural' de ser madres.

Las mujeres no obtuvieron Grados iguales al de los hombres en la Universidad de Cambridge sino hasta 1948, en parte porque si obtuviesen Grados similares a los de los hombres tendrían acceso a los mismos Derechos de compartir el gobierno de la Institución. Por lo tanto, tuvieron que aceptar temporalmente Grados de Licenciatura. Las mujeres adquirieron finalmente Grados superiores en Oxford en 1920 y pudieron detentar puestos universitarios cuando doce mujeres fueron asignadas como profesoras en 1926 y Dorothy Garrod, fue elegida como Profesora de Arqueología en 1938. Aun así, las mujeres no podían votar ni opinar públicamente sobre los problemas de sus propios departamentos o los de la Universidad. Finalmente, en 1948, las mujeres fueron admitidas como miembros plenos de la Universidad, aunque la Institución mantuvo el poder de limitar el número de miembros femeninos que podía entrar en ese nivel de la Universidad. Restricción que se mantuvo hasta 1970.

En 1848 Elizabeth Jesser Reid fundó el Colegio Universitario 'Ladies College', conocido más tarde como 'Bedford College' donde las mujeres estudiaban Artes o Ciencias, y hacia los finales de los 1880, seis laboratorios fueron construidos para ese fin. En 1900, Bedford, Royal Holloway y el Westfield College, junto con los Reyes, fueron admitidos como Colegios de la nueva Universidad de Londres cuando fue establecida como una Universidad para la preparación de maestros. Un buen número de estos estudiantes femeninos se convirtieron en profesoras. Esta era básicamente la única posibilidad para usar sus nuevos conocimientos, pues no había puestos disponibles. La Universidad de Wales, fue fundada como igualitaria para hombres y mujeres en 1893, y el Dublin Trinity College permitió que las mujeres pudieran recibir Grados universitarios completos desde 1903. (40)

En Estados Unidos

Los estudiantes femeninos comenzaron a ingresar en las universidades gracias al Movimiento de los Derechos de las Mujeres y el cambio lento en la percepción de cuál era el papel que debían desempeñar las mujeres en la sociedad. Estos cambios se manifestaron en aumento constante a partir de 1960, y para mediados de 1970 el número de las estudiantes en la educación superior era equivalente al número de los varones.

El cambio predominante en el registro de estudiantes en este período, no fue tanto por el número de inscritos sino por su edad. Desde 1975 a 1980, el mayor aumento de ingresados tenían 30 o más años de edad. Para 1990, la mayoría de los estudiantes de educación superior tenía 22 años de edad. Tampoco era típico que los estudiantes blancos constituyeran la mayoría de los inscritos. La nueva mayoría era muy diversa. Las mujeres que ingresaron se multiplicaron diez veces en número de 750.000 en 1950 a más de 7.5 millones en 1991, superando el número de varones que ingresaban a los niveles de educación superior. (41)

Similar a los avances hechos a favor de las niñas, las mujeres jóvenes aumentaron dramáticamente su acceso a la educación superior durante el Siglo XX, mucho más que las universidades pioneras mencionadas. Una visión rápida mostrará qué tan dramáticamente aumentó el número de ingresadas a la educación superior, cuando se les otorgó el Derecho a dicha educación.

Acceso mundial de las mujeres a la educación superior

El acceso de las mujeres a la educación superior en el mundo, no ha sido un proceso uniforme, ni ha ocurrido al mismo tiempo, ni con el mismo nivel de intensidad. Algunos ejemplos muestran lo variado que ha sido el proceso.

Durante el régimen de Mao (1949–1976), las mujeres chinas y los hombres eran requeridos para trabajos manuales, para la agricultura, y la industrialización. Para compensar por el trabajo pesado que tenían que hacer las mujeres, el gobierno chino apoyó la educación de la mujer, al mismo tiempo que le daba acceso a la política. El porcentaje de niñas que ingresaron a las escuelas fue del 96.2% en comparación con el 20% que asistía antes del establecimiento de la República del Pueblo en 1949. (42)

Las mujeres en Norte América y en Europa Occidental comenzaron a disminuir la desigualdad que tenían con los hombres por los años 1970. Llegaron, en algunos sitios, a superar el ingreso de varones en los inicios de 1980. Una tendencia similar ocurrió en 1990 en Latinoamérica y el Caribe, al igual que en Asia Central. Las mujeres han tenido una ventaja notable en los países que pertenecieron a la Unión Soviética durante los últimos 40 años, pues el acceso de ellas a la educación superior era respaldado por los gobiernos. Los Estados Árabes, al igual que el Asia del Este y el Pacifico, prácticamente han llegado a una situación de paridad en cuanto al ingreso de las mujeres a la educación superior.

Sin embargo, las mujeres continúan en desventaja en el Sur y Occidente de Asia y en el Sub-Sahara Africano. Esto se debe en parte al hecho de que relativamente son pocos los estudiantes que han podido proseguir a una educación superior. Cuando los recursos y oportunidades son escasos, las mujeres tienen menos probabilidades de obtenerlas. A través del Sub-Sahara Africano sólo hay unas 62 estudiantes femeninas por cada 100 hombres. En el sur y oeste del Asia, había 74 mujeres registradas en educación terciaria por cada 100 estudiantes varones. (43)

Las mujeres igualmente encuentran barreras para acceder a los puestos educativos requeridos para la investigación. Cuando se analizan los números de graduados, el panorama mundial muestra que hay casi un balance entre los que logran una Licenciatura, pero sólo una ligera mayoría de mujeres obtienen Maestrías. Sin embargo, los hombres superan a las mujeres en casi todos los países en la educación de alto nivel, constituyendo el 56% de todos los graduados con doctorados y el 71% de los investigadores. (44)

Encontramos que las mujeres tienden a seguir una educación superior en los países donde hay más desarrollo. En la mayoría de dichos países, las estudiantes femeninas superan en número a los hombres en este nivel educativo. En Islandia hay el doble de mujeres registradas en la educación superior con respecto a los hombres. En los Estados Unidos y la Federación Rusa, hay aproximadamente 129 estudiantes mujeres por cada 100 estudiantes varones. (45) Cifras inconcebibles en el Siglo XIX.

En los Estados Unidos en 2005/2006, las mujeres obtuvieron el 62% de los diplomas asociados, el 58% de los programas de Licenciatura, el 60% de las Maestrías, y el 50% de los Doctorados. Un patrón similar se encontraba en Argentina, Brasil, y Venezuela. (46)

Por comparación, los países como Etiopia, Eritrea, Guinea y Nigeria – donde el producto interno bruto (PIB) *per capita* es muy bajo – hay menos de 35 mujeres en el nivel superior educativo por cada 100 varones estudiantes. Sólo hay ocho países en el mundo donde se da una paridad en el registro de hombres y mujeres en los niveles superiores educativos: Chile, Colombia, Guatemala, Hong Kong, Suiza, México, Suazilandia, y la Región Administrativa Especial de China. (47)

Esta lucha de las mujeres para acceder a la educación superior ha sido un proceso largo y penoso. Muchas han tenido que sufrir humillación, acusaciones falsas, inclusive discriminación de género. Aun así, la evidencia numérica demuestra que esta batalla se está ganando irreversiblemente. Las mujeres tendrán mayor acceso a la educación superior a medida que los gobiernos reconozcan que el invertir en la educación de las mujeres es invertir en el crecimiento económico del país.

El acceso de la mujer a la fuerza de trabajo

Paralelamente al acceso a la educación se da el acceso a los empleos que antes las mujeres no podían ejercer porque la preparación intelectual a la que limitadamente se les permitía acceder no las capacitaba para el manejo profesional que dicho tipo de trabajo les exigía. A medida que más y más mujeres comenzaron a emerger con educación secundaria y universitaria o con títulos de institutos técnicos más y más mujeres pudieron encontrar empleos mejor pagados más acordes a su nuevo nivel de preparación intelectual.

El proceso fue lento y nunca fue fácil para que las mujeres llegaran a desempeñar 'los trabajos de los hombres'. Al principio tuvieron que demostrar que podían ejecutarlos tan bien o mejor que los hombres.

Les llevó décadas para que se les permitiera trabajar en las áreas de trabajo dominadas por los hombres. El cambio fundamental lo dio la necesidad de mano de obra adicional que la industria necesitó para reemplazar a la mano de obra varonil que se había enlistado para ir a pelear durante la Primera y Segunda Guerra Mundial. El trabajo en las fábricas necesitaba ser llevado a cabo, especialmente en aquellas que producían las armas que los soldados americanos e ingleses necesitaban para pelear como pistolas, rifles, tanques, aviones y bombas. Las mujeres fueron capaces de demostrar que podían llevar a cabo dicho trabajo en las fábricas tan bien como los hombres.

Las estadísticas de ese período hablan alto y claro del cambio dramático que se llevó a cabo en los Estados Unidos, como se puede apreciar en la siguiente secuencia. (48)

- En 1944, las mujeres representaban el 35.4% de la fuerza de trabajo civil.
- A la altura de la Segunda Guerra Mundial había 19.170.000 mujeres en la fuerza de trabajo.
- Entre 1940 y 1945, la fuerza de trabajo femenina creció en un 50%.
- A la altura de la Guerra las mujeres comprendían 4% de los trabajadores con especialización.
- Sin embargo, la desigualdad aún permanecía pues en 1944, las mujeres calificadas ganaban en promedio semanal un sueldo de US $31.21 mientras que los obreros varones ganaban US$54.65 semanalmente.
- Desde 1940 a 1944, el porcentaje de mujeres trabajadoras empleadas en las fábricas aumentó del 20 al 30%.
- El empleo femenino en las industrias de la defensa aumentaron en 462% de 1940 a 1944.
- Entre 1943 y 1945, las encuestas indicaban que del 47% al 68% de las mujeres casadas empleadas querían mantener su empleo después de terminada la Guerra.

Esta experiencia de trabajo durante la Guerra no eliminó la brecha de género en el trabajo que existía. Cuando la Guerra terminó, muchos de los hombres que habían peleado fuera de sus países, regresaron. Habiendo peleado fuera, el sentimiento prevalente era que los veteranos habían ganado un estatus especial de reconocimiento por parte de la sociedad y del gobierno. La guerra no había cambiado del todo la creencia y percepción de que los hombres eran los responsables del sostén de la familia. Estos factores le dieron prioridad a los veteranos, en cuanto a puestos de trabajo disponibles, que habían sido llevados a cabo por las mujeres. No sorprende que muchas de las mujeres que habían desempeñado muy bien los trabajos en las fábricas, se quedaron sin ellos porque se los dieron a los veteranos que volvieron después de la Guerra. Sin embargo, la industria había constatado la eficiencia que las mujeres habían demostrado durante el conflicto para desempeñar los trabajos que antes eran considerados sólo para los hombres. Muy poco después Europa y Estados Unidos volvieron a reclutar a las mujeres como mano de obra en diferentes tipos de fábricas para desempeñar aquellos trabajos que antes de la guerra les habían sido vedados.

Esta tendencia se puede apreciar en las estadísticas de 1964 que mostraban que aproximadamente 19 millones de empleados, excluidos los granjeros, eran mujeres. Tres áreas representaron el 54% de estas mujeres: las fábricas, el comercio, y el transporte. Dos áreas asumieron un número significativo adicional de mujeres: el gobierno y los servicios. Estas áreas crecieron aún más en las décadas de 1970 y 1980 siendo las que más emplearon mujeres. Para los años 2010 el número de mujeres norteamericanas empleadas había subido a 65 millones. (49)

El gobierno chino ha tratado de disminuir el número de mujeres analfabetas apoyándose en el aumento de los institutos vocacionales. De hecho, los índices de analfabetismo habían bajado del 90% en 1933, al 32% en 1949. En los primeros 30 años del comunismo, la discriminación contra las mujeres estuvo decreciendo, aunque las mujeres no detentaban empleos con verdadero poder de decisión. En el presente, un número significativo de mujeres chinas reciben el mismo salario que los hombres en trabajos similares. Desde 1949, con el advenimiento de la Republica del Pueblo, ha aumentado el índice de mujeres empleadas. De acuerdo con las estadísticas nacionales, la proporción de hombres a mujeres trabajadoras emigrantes es de 2:1 con un estimado de 30-40 millones de mujeres migrantes que trabajan en las ciudades grandes como Hong Kong y Shenzhen. (50)

El panorama cambia cuando se le mira a gran escala. Las mujeres chinas comprenden el 44% de la fuerza de trabajo del país y un 34.5% de la fuerza de trabajo femenina del mundo. (51) Desde 1980 hasta el final de 1990, la brecha de género se cerró significativamente en Latino América y en países pro socialistas, en los cuales las mujeres percibían alrededor del 80% de lo que recibían los hombres haciendo trabajos similares. Globalmente la participación de las mujeres en la fuerza laboral se mantuvo estable de 1996 - 2006 en aproximadamente el 53% comparado con las tasas masculinas del 80%. Esto indica que, aun en labores donde las mujeres han demostrado ser tan eficientes como los hombres, estos han tenido mayores oportunidades de encontrar trabajo que las mujeres. (52)

Otra forma de ver cuánto ha avanzado la equidad en el trabajo para las mujeres es revisando el cambio del acceso de las mujeres a carreras y empleos que requieren una educación superior, que es requisito básico para que ellas puedan acceder a aquellos empleos considerados exclusivo de los hombres. Las mujeres representan un tercio de todos los médicos de Estados Unidos de acuerdo con los datos más recientes. Es un número que se ha mantenido en acenso constante: en 1970, 7.6% de los doctores eran mujeres mientras que en 1980 había aumentado al 11.6% y en el 2000 al 24%. Otro dato: sólo siete especialidades médicas tenían más de 1000 mujeres doctores en 1970, mientras que en el 2006, 25 especialidades eran ocupadas por mujeres. Las mujeres son particularmente prominentes en algunas especializaciones como la medicina familiar, medicina interna, pediatría, y obstetricia/ginecología. Una proporción creciente de mujeres en las escuelas médicas indica que las doctoras están acercándose a una paridad numérica con los médicos. En 2004-2005, las mujeres representaron el 47.1% de los graduados en la escuelas médicas en comparación con solamente el 24.9% en 1980-1981. (53)

Un repaso breve a nivel internacional mostrará el progreso que se ha dado en la proporción de mujeres que se gradúan como doctores y profesionales de la salud. En el 2012, las mujeres representaban el 57.1% de todo los profesionales de la salud y el 46.0% de todos los médicos practicantes en Inglaterra. En el 2013, el 46.5% de los médicos en Noruega eran mujeres. En el 2004, las mujeres comprendían el 35.7% de los doctores en Francia, el 25.3% de los médicos en Islandia, el 35.3% de los médicos en Italia, el 14.7% de los médicos en Jordania, y el 25.0% de los médicos en Kenya. El dato más sobresaliente es que, de todos los graduandos en medicina a nivel mundial en el 2010, el 32.0% fueron mujeres. (54) Esta proporción, comparada con el porcentaje insignificante de los años 1920, muestra que el progreso hacia la igualdad en esta área es constante.

Cuando se da una rápida mirada a otra área tradicionalmente exclusiva de los hombres - el Derecho o Abogacía - es también posible detectar una evolución definitiva hacia alguna forma de igualdad. El proceso comenzó en los comienzos del Siglo XX. Estados Unidos fue lento en permitir que las mujeres entraran en el campo legal. En las 12 Escuelas de Leyes más prestigiosas apenas había 84 mujeres estudiantes en 1920. Las que se graduaron en esa década les fue virtualmente imposible encontrar trabajo como abogados. No fue sino hasta 1939, cuando hubo algún progreso notorio, pues las mismas 12 Escuelas de Leyes tenían 370 estudiantes femeninas. En ese mismo año, el 14.2% de los abogados en New York eran mujeres, el 10.7% en Washington y el 9.4% en Massachusetts. (55)

En el 2012, el 31.1% de todos los abogados (Juris Doctor-JD) eran mujeres. Un número ligeramente mayor de mujeres – el 45.4% - eran asociadas en Leyes en 2011. Este claro aumento en el número de mujeres que pudieron tener acceso a los estudios legales en los Estados Unidos, aunque impresionante, está aún lejos de representar paridad con los estudiantes y practicantes varones. Un estudio en 2011 reveló que hasta ese momento ningún Estado había logrado la igualdad de hombres y mujeres en las Cortes Federales o Estatales. Las mujeres ocupaban el 23% de las Cortes Federales y sólo el 27% de las Estatales. (56)

La raza es un factor aún discriminante en el campo de las Leyes. Las estadísticas son desalentadoras para las abogadas negras. Un estudio reciente mostró que sólo el 11.0% de los asociados legales eran mujeres de color negro. Solamente el 2.0% de los socios era mujeres de color. (57)

En Europa la situación no era mejor. Un sondeo del género de los socios del bufete de abogados del Magic Circle de Europa mostraba que, una de cada seis socios eran mujeres. Inglaterra empataba con los Países Bajos en tener la proporción más alta de socios de color. Francia los seguía con el 13%, Alemania con el 9.6%, y España tenía la proporción más baja el 6.3%. En otro sondeo se les preguntó a 320 abogadas, si percibían que su género era una barrera para lograr éxito en su carrera, el 62% de las abogadas que respondieron, afirmaron que percibían que su género, en efecto, era una barrera para lograr ese éxito. (58)

El número de mujeres pertenecientes al Consejo de Colegios de Abogados de Europa mostró un panorama más brillante, pues en el 2015 ostentaba tener el 51% de mujeres abogadas entre sus miembros. (59)

Estas cifras muestran un progreso, aunque lento, del número creciente de mujeres que se gradúan de abogadas y luego adquieren puestos de importancia en aquellas instituciones que eran fortalezas reservadas sólo para los hombres como las Asociaciones de Abogados. Los porcentajes representan el largo camino por recorrer antes que las mujeres adquieran igualdad con los hombres en esta área. Cuando el número llegue a los 50% en representación paritaria de hombres y mujeres, el mundo verá un cambio en la forma como la profesión legal se implementará.

Acceso de las mujeres a las posiciones de decisión política y civil

La política ha sido otra de las fortalezas donde el hombre ha ejercido poder y control y donde la desigualdad entre el hombre y la mujer ha sido rampante. Este espacio 'sagrado' de los hombres fue finalmente compartido con las mujeres de una forma muy parecida a las otras áreas, o sea a un ritmo desesperantemente lento. El cambio comenzó con la modificación de la estructura de gobierno de monarquías a democracias, la adquisición del Derecho al voto para las mujeres y la apertura de la educación para las mujeres y las niñas.

Tan pronto como las mujeres comenzaron a graduarse de la
secundaria, Institutos y Universidades, se dieron cuenta que tenían
un Derecho legítimo de participar en la vida política y civil del país,
y que ellas también tenían voz y opinión que las habilitaba para
estar presentes en la toma de decisiones de la nación. El proceso
de adquisición de este Derecho fue diverso en muchos países,
pero tuvo un patrón similar: primero, lograr el acceso a posiciones
más bajas dentro del gobierno y demostrar que tenían la capacidad
para manejar dichos niveles. Las Instituciones civiles y políticas
donde las mujeres tuvieron cabida inicial fueron las municipalidades
y las gobernaciones. Segundo, tuvieron que adquirir títulos en
áreas afines a la administración del gobierno, tales como abogacía,
política internacional, diplomacia, mediación de conflictos, economía
y sociología. Con estos títulos pudieron aspirar y conseguir puestos
más altos de responsabilidad política en las Cortes de Justicia, en los
Parlamentos, en los Ministerios, y en la dirección del país.

Hoy día, en muchos países, las mujeres participan en la vida pública
a los niveles más altos. La proporción de asientos en el Parlamento
ocupados por mujeres sigue aumentando. En Latinoamérica y el
Caribe, las mujeres controlan el 25% de los asientos del Parlamento.
Los avances más impresionantes se han hecho en el Medio Oriente
y en el Norte de África, donde la proporción de asientos ocupados
por mujeres se ha triplicado entre 1990 y el 2012. Ruanda continúa
a la cabeza en el mundo, puesto que, desde el 2008, el 56% de los
puestos en el Parlamento lo ocupan las mujeres.(60)

La posición más alta dentro de la jerarquía política elegida es la de
Presidente, Primer Ministro o Canciller. Las mujeres han entrado en
esta escala reservada para los hombres durante centurias, milenios,
demostrando que tienen la habilidad y el potencial para dirigir un país
como los hombres. Las siguientes 37 mujeres líderes sustentaron
tanto el puesto de ser la cabeza del gobierno o el director del Estado
desde el año 1980. (61)

Fecha inicio del puesto	Titulo del puesto	Nombre de la persona	Pais
Septiembre, 1979 al 29 Junio de 1980	Presidente interino	Lidia Gueiler Tejada	Bolivia
Agosto 1980 al 1996	Presidente	Vigdís Finnbogadóttir	Islandia
17 Septiembre 1997	Gobernador General	C. Pearlette Louisy	St. Lucia[3]
22 Noviembre. 2005	Canciller	Angela Merkel	Alemania
16 Enero 2006	Presidente	Ellen Johnson-Sirleaf	Liberia
10 Diciembre 2007	Presidente	Cristina Fernández de Kirchner	Argentina
6 Enero 2009	Primer Ministro	Sheikh Hasina Wajed	Bangladesh
12 Julio 2009	Presidente	Dalia Grybauskaite	Lituania
8 Mayo 2010	Presidente	Laura Chinchilla Miranda	Costa Rica
26 Mayo 2010	Primer Ministro	Kamla Persad-Bissessar	Trinidad-Tobago
10 Octubre 2010	Primer Ministro	Sarah Wescott-Williams	Saint Maarten
1 Enero 2011	Presidente	Dilma Rousseff	Brasil
7 Abril 2011	Presidente	Atifete Jahjaga	Kosovo
5 Agosto 2011	Primer Ministro	Yingluck Shinawatra	Thailand
3 Octubre 2011	Primer Ministro	Helle Thorning-Schmidt	Denmark
5 Enero 2012	Primer Ministro	Portia Simpson-Miller	Jamaica
7 Abril 2012	Presidente	Joyce Banda	Malawi
15 Octubre 2012	Presidente de la Comisión de la Unión Africana	Nkosazana Dlamini-Zuma	Sur Africa
25 Febrero 2013	Presidente	Park Geun-Hye	Sur Korea
13 Marzo 2013	Primer Ministro	Zeljka Cvijanovic	Republica Srpska
20 Marzo 2013	Primer Ministro	Alenka Bratusek	Slovenia
7 Mayo 2013	Gobernador-General	Cecile La Grenade	Grenada
10 Julio 2013	Primer Ministro	Tatyana Turanskaya	Transnistria
1 Octubre 2013	Capitan Regente	Anna Maria Muccioli	San Marino
Octubre 2013	Primer Ministro	Aleqa Hammond[4]	Greenland
20 Octubre 2013	Primer Ministro	Erna Solberg	Noruega

---

[4]   http://www.guide2womenleaders.com/Current-Women-Leaders.htm

[5]   Ella dejó la presidencia en diciembre 2013 a raíz de un escándalo financiero. Ver *http://www.bbc.com/news/world-EE.UU.rope-18249813*

21 Enero 2014	Jefe Interino del Estado	Catherine Samba-Panza	República Central Africana
22 Enero 2014	Ministra Presidente	Laimdota Straujuma	Latvia
11 Marzo 2014	Presidente Ejecutivo	Michelle Bachelet Jerla	Chile
4 Abril 2014	Presidente	Marie-Louise Coleiro Preca	Malta
8 Julio 2014	Gobernador General	Marguerite Pinding	Las Bahamas
22 Septiembre 2014	Primer Ministro	Ewa Kopacz	Polonia
1 Enero 2015	Presidente	Simonetta Sommaruga	Suiza
18 Febrero 2015	Presidente	Kolinda Grabar-Kitarovic	Croatia
21 Marzo 2015	Primer Ministro	Saara Kuugongelwa-Amadhila	Namibia
20 Mayo 2016	Presidente	Tsai **Ing-wen**	Taiwan

Entre los años 2007-13, treinta mujeres han sostenido el puesto de Ministro de Asuntos Exteriores o el puesto equivalente dentro de sus gobiernos. En el mismo período 26 mujeres han desempeñado el puesto de Ministras de la Defensa en 24 países. En el 2003, Finlandia tuvo un momento histórico en el cual los líderes máximos del país fueron mujeres que adicionalmente representaban partidos políticos diferentes: la Socialista demócrata Tarja Halonen fue Presidente de su partido, mientras que Ritta Uosukainen, miembro del partido 'La Coalición Nacional', llegó a ser el 'Speaker' del Parlamento. Después de las elecciones del mismo en el 2003, Anneli Jäätteenmäki, del Partido Central, fue elegida como la primera mujer Primer Ministro de Finlandia. (62)

Una vez más, estos datos muestran un panorama que era inconcebible en 1920. A pesar de los avances formidables que las mujeres han logrado, en el 2011 aún no había en todo el mundo un país donde las mujeres tuvieran el 50% de las posiciones directivas del gobierno. Esto pone en evidencia cuánto más hay que trabajar para que la igualdad sea universal.

El acceso de las mujeres a la estructura de poder de la Iglesia.

Como se mencionó en el Capítulo 2 las mujeres tenían prohibido participar en los cuerpos decisorios de las iglesias, así como se les impedía servir en cualquier función durante los servicios de adoración. La sacro santidad de la dirección religiosa era el dominio de los hombres, así como el último reducto que no estaba dispuesto a compartir con la mujer.

El proceso de la participación de las mujeres en la liturgia de la Iglesia, en la administración y en formar parte de las Instituciones que toman las decisiones en el ámbito religioso ha sido un proceso aún más lento que las victorias previas. La oposición masculina ha sido más férrea porque, desde el comienzo de la mayoría de las religiones, los hombres habían declarado que este rol era dominio exclusivo de ellos porque lo habían recibido de acuerdo a 'la voluntad divina'. Los hombres eran los sacerdotes, los rabinos, los obispos, los mayores, los mullahs, los pastores y los ministros. Las mujeres, según la interpretación hecha por los hombres dirigentes de las religiones en ese momento, no habían sido escogidas para este rol por los Profetas fundadores de las religiones, ni se les había dado acceso a estas posiciones durante la vida del Fundador de la religión. Sin embargo, no está demás repetirlo, los fundadores de las religiones no lo hicieron porque esos mismos hombres no estaban preparados social o espiritualmente para aceptar este cambio tan radical en la estructura de poder que tan férreamente detentaban. Su máxima defensa y justificación estaba en afirmar que ellos habían recibido tal interpretación de los fundadores de la religión, o por inspiración divina.

Los cambios en las actitudes, en la mentalidad y el punto de vista de la validez de la participación de las mujeres en las funciones de las Iglesias Cristianas en general se pueden resumir en cuatro grupos actuales: el Feminismo Cristiano, la Igualdad Cristiana, el Complementarismo, y el Patriarcado Bíblico. (63)

El Feminismo Cristiano

Este grupo adopta una posición feminista desde una perspectiva Cristiana. Representa los puntos de vista de la teología liberal dentro del Cristianismo, que desafía algunas de las interpretaciones bíblicas tradicionales con respecto a los roles de las mujeres. Los 'Feministas Cristianos' tienden a defender la posición del Derecho de la mujer de hacer una pro-elección en cuestión del aborto.

Otro grupo feminista, 'El Caucus Feminista Evangélico y Ecuménico', es una organización internacional feminista que defiende el uso 'de imágenes y lenguaje' para referirse a Dios que sea incluyente. Esto es más que cambiar palabras; es revisar las imágenes de Dios basadas en la experiencia de los pueblos oprimidos. En nuestro contexto, esto quiere decir explorar las abundantes posibilidades que prestan las imágenes femeninas, así como obtener de la liturgia y de la música escrita por y en respuesta a los pueblos del tercer mundo. Por la justicia y por una representación adecuada de Dios-que-se entrega, tales imágenes son esenciales.

La sola abundancia y diversidad de imágenes sobre Dios que se dan en la Biblia dan testimonio de lo inútil que es el reducirlo a una sola imagen para representarlo. Desafortunadamente, el Cristianismo ha hecho precisamente eso al proclamar que la experiencia masculina sea la norma de la fe, que el nombre de la divinidad sea masculino, y que haya enfatizado más un Dios Juez-castigador negado las tantas expresiones de Dios-que-se entrega y de Dios-que-se-da completamente en un amor incondicional. (64)

Los Igualitaristas

Estos defienden un fundamento racional bíblico para aceptar la igualdad de los hombres y las mujeres en relación a la vida comunitaria y familiar. Defienden un ministerio basado en las habilidades y destrezas de los individuos, antes que un ministerio de género. Esto incluye cristianos de todas las edades, grupos étnicos, y clases socioeconómicas. Los igualitaristas apoyan la ordenación de las mujeres así como el desempeñar roles iguales en el matrimonio, pero son más conservadores, teológica y moralmente, que los feministas cristianos. Los Igualitaristas Cristianos sostienen que la interpretación de la sumisión de la mujer en el matrimonio y las restricciones del rol que las mujeres pueden desempeñar en el ministerio son inconsistentes con la verdadera imagen bíblica sobre la igualdad de los géneros. Argumentan que el Nuevo Testamento contiene evidencia de mujeres apóstoles, profetas, maestras, decanas y administradoras. Afirman que, desde el principio, las mujeres judías tales como María Magdalena, Joana y Susana habían acompañado a Jesús durante su ministerio y lo habían apoyado con sus propios medios (Lc.8, 1-3). Los Igualitaristas enfatizan que Jesús habló directamente con mujeres tanto en público como en privado, lo que era inusitado en ese tiempo. (65)

Los Complementaristas

Este grupo cree que Dios hizo al hombre y la mujer iguales en su persona y valor pero diferentes en sus roles. Interpretan la Biblia enseñando que Dios creó a la mujer y al hombre para desempeñar diferentes roles en la iglesia y en la casa. Defienden la prioridad masculina y la sumisión femenina en la comunidad y en la familia. La manera de clarificar esta posición es afirmando que tal igualdad no es intercambiable. En otras palabras, el hombre y la mujer no se pueden sacar de sus roles sin una consecuencia, ni las diferencias entre los hombres y las mujeres son solamente de anatomía. Hay diferencias sicológicas, estructurales y fundamentales que se deben tener en cuenta. Dos maneras explicitas en las que se evidencian estas diferencias son que el hombre es llamado a desempeñar un liderazgo amoroso en el matrimonio, y que los puestos de Mayores/Obispos, o Pastores están reservados para ellos.

Patriarcado Bíblico

Este grupo afirma la igualdad del hombre y la mujer, pero va más allá de la expresión de los diferentes roles de género. Muchas de las diferencias entre los dos son de grado y énfasis. Mientras los Complementaristas mantienen la exclusividad del liderazgo masculino en la iglesia y en la casa, el Patriarcado Bíblico extiende esa exclusión a la esfera civil, de manera que las mujeres no deben ser líderes civiles y de hecho no deben tener carreras profesionales sino sólo las tareas del hogar.

Con estas posiciones tan divergentes, es evidente que la participación de las mujeres en la administración de las Iglesias está apenas en un estadio embrionario. Si no hay un acuerdo o una evolución en la historia de la creación como la presenta el Génesis, es muy difícil encontrar una solución adecuada a tan diversas posiciones. Sin embargo, aunque el panorama presente sugiere que aún queda un camino largo por recorrer en el proceso de igualdad en el acceso de las mujeres a los puestos directivos de las iglesias cristianas, algunos eventos que han ocurrido recientemente sugieren que esta igualdad está comenzando a tener una base sólida de progreso.

La Iglesia Anglicana- Episcopal

Un buen ejemplo de que esto está ocurriendo es el hecho de que, en algunas provincias de la Comunión Anglicana, como la Iglesia Episcopal en Estados Unidos (TEC), la Iglesia Anglicana en Aotearoa, Nueva Zelandia y Polinesia, en la Iglesia Anglicana de Canadá y en la Iglesia Anglicana de Australia algunas mujeres han sido ordenadas como diáconos, sacerdotes y obispos. Cabe anotar que estas mujeres representan un abanico étnico muy amplio, que incluye mujeres africanas, asiáticas y europeas.

La ordenación de mujeres como sacerdotes ha sido un tema controvertido en la Comunión Anglicana. Comenzó en 1944, cuando la primera mujer fue ordenada al sacerdocio, Florence Li Tim-Oi, como respuesta a la crisis de escasez de hombres dentro de los cristianos anglicanos creada por la invasión Japonesa. Después de la guerra, hubo una fuerte oposición de parte de los hombres. Para evitar controversia, ella renunció a su licencia, aunque no a su ordenación. Cuando en 1971 Jane Hwang and Joyce Bennett fueron ordenadas, Li Tim-Oi fue oficialmente reinstaurada como sacerdote anglicano. En 1974, en los Estado Unidos, 11 mujeres fueron ordenadas como sacerdotes en Filadelfia, Pennsylvania. Cuatro mujeres más fueron ordenadas en 1975 en Washington DC Todas estas ordenaciones fueron controversiales y sancionadas como "irregulares" porque habían sido realizadas sin la aprobación de la Convención General de la Iglesia Anglicana. Cuando la Convención se reunió en 1976, dichas ordenaciones fueron declaradas válidas. En 1975 el Sínodo General de la Iglesia Anglicana de Canadá (ACC) pasó una legislación en la que se habilitaba a las mujeres para que fueran ordenadas como sacerdotes. Las primeras seis mujeres sacerdotes fueron ordenadas en noviembre de 1976. Para el 2012, 28 de las 38 provincias de la Comunión Anglicana ordenó mujeres y 17 provincias revocaron todas las barreras que impedían a las mujeres ser obispos. En la Iglesia Episcopal de Estados Unidos, la Rev. Dr. Katherine Jefferts Schori, fue elegida como la primera mujer que presidiera la Convención General del 2006 y sostuviera el cargo de obispo primado de la Iglesia Episcopal. Para noviembre del 2009 la Iglesia Episcopal había consagrado 17 mujeres en los Estados Unidos. (66)

El 2 de abril del 2008 el Cuerpo Gobernante de la Iglesia de Gales consideró, pero no aprobó, un proyecto de ley que permitía ordenar a las mujeres como obispos. Aunque el proyecto de ley pasó por la Cámara de Laicos (52 a 19) y la Cámara de Obispos (unánimemente), sin embargo, el proyecto de Ley no fue aprobado porque faltaron tres votos para lograr el mínimo requerido de dos tercios en la Cámara de los Clérigos. El 12 de Septiembre de 2013, el Cuerpo Gobernante pasó una ley permitiendo ordenar mujeres como obispos, aunque no hubo ninguna mujer ordenada durante el año siguiente. (67)

En Inglaterra, un proceso similar ocurrió durante el Sínodo General de la Iglesia de Inglaterra sostenido el 20 de noviembre de 2013. En esta reunión, el Sínodo aprobó varias medidas permitiendo que las mujeres fuesen ordenadas como obispos. Dichas medidas fueron elaboradas sobre las guías propuestas por el Sínodo en el mes de julio. El debate que se originó permitió que el Sínodo aprobara los cinco principios guías, previamente aprobados por la Cámara de Obispos. (68)

La Iglesia de Irlanda aprobó la ordenación de mujeres como sacerdotes y obispos en 1990 y ordenó como sacerdotes a sus primeras cinco mujeres en ese año. En el 2013 la Iglesia de Irlanda consagró el primer Obispo femenino. (69)

La Iglesia Episcopal de Cuba, la única Iglesia fuera de Provincia, ordenó como sacerdotes a sus dos primeras mujeres en 1986 y a su primera mujer Obispo en el 2007. Una segunda mujer fue ordenada como Obispo en febrero de 2010. (70)

La Iglesia Unida Metodista: La ordenación de mujeres dentro de la Iglesia Unida Metodista ocurrió desde su creación en 1968, lo que es poco usual, pero se debió al alto respeto que John Wesley, el fundador del movimiento Metodista, tenía por la mujer y su capacidad. Él fue el primero en permitir que una mujer predicara en 1761. Algunos otros grupos más tarde se incorporaron a la Iglesia Unida Metodista y comenzaron a ordenar mujeres hacia finales del Siglo XIX, aunque el grupo Metodista más grande no le otorgó a la mujer Derechos Clericales sino hasta 1956. En 1980, la primera mujer, la Rev. Marjorie Mathews, fue elegida y consagrada como Obispo de la Iglesia Unida Metodista. En 1984 la primera mujer afro-americana fue elegida como Obispo. En el 2005, Rosemarie Wenner fue la primera mujer consagrada como Obispo, fuera de los Estados Unidos, por la Conferencia Central Alemana.

Más de 12.000 mujeres han servido como clérigas de la Iglesia Unida Metodista a todos los niveles, desde obispos hasta pastores locales. Desde el 2006, 16 mujeres han sido elegidas como obispos. Para resolver la falta de mujeres de color en posiciones de maestras en los Seminarios de la Iglesia Metodista Unida, su Junta Educativa creó un programa de becas que ha dado oportunidad a más de 40 participantes, mujeres negras, de las cuales más de 22 han recibido sus doctorados en Teología. (71)

Otras denominaciones cristianas

Otras denominaciones cristianas han abierto sus puertas a las mujeres para que se desempeñen como autoridades de las iglesias.

Una pequeña muestra de estas denominaciones mostrará cuánto está progresando el movimiento de igualdad dentro de las Iglesias: (72)

1871: Celia Burleigh se convirtió en la primera mujer ministro Unitarista.

1911: Ann Allebach fue la primera mujer Menonita ordenada. Esto ocurrió en la Primera Iglesia Menonita de Filadelfia.

1914: la Asamblea de Dios ordenó a sus primeros clérigos mujeres.

1970: La Iglesia Luterana de América (ILA) ordenó a Elizabeth Platz. La ILA comenzó a ordenar mujeres en ese año. Esta fue la predecesora de la denominación 'La Iglesia Luterana Evangélica de América'.

1974: Sandy Eisenberg Sasso se convirtió en la primera mujer rabí ordenada dentro del Movimiento Reconstruccionista Judío.

1976: La Rev. Pamela McGee fue la primera mujer ordenada en el ministerio Luterano de Canadá.

1984: La Iglesia Reorganizada de Jesucristo de los Últimos Días autorizó la ordenación de las mujeres. Esta es la segunda denominación Mormona más grande. Se llama ahora la Comunidad de Cristo.

1998: Algunas congregaciones judías ortodoxas comenzaron a emplear a 'pasantes congregacionales' femeninas. Aunque estas 'pasantes' no dirigen los servicios devocionales, sí llevan a cabo algunas de las tareas antes reservadas a los Rabinos tales como predicar, enseñar y consultar en asuntos legales.

2000: La Iglesia de Pakistán ordenó sus primeros diáconos femeninos. Es una Iglesia Unida que data de los años 1970 cuando se unieron Anglicanos, Metodistas. Presbiterianos y Luteranos.

2007: La Iglesia Mundial de Dios, una denominación con más de 860 congregaciones en el mundo decidió permitir a las mujeres que sirvieran como pastores y ancianos. Esta decisión fue hecha después de muchos años de estudio y consultas.

Sin embargo, muchos grupos de fe conservadores todavía rehúsan considerar la posibilidad de ordenar a las mujeres, independientemente de sus talentos, capacidad y habilidad. Muchos conservadores enseñan que la mujer tiene roles específicos y restringidos, tanto en la familia como en las organizaciones religiosas, donde las posiciones de autoridad y poder son reservadas para los hombres. La lista incluye a la Iglesia Católica, todas las Iglesias Ortodoxas, una minoría de las provincias dentro de la Comunión Anglicana, muchos fundamentalistas y otras denominaciones evangélicas.

Posición de otras religiones

En el Islam

En sus inicios, los eruditos religiosos femeninos eran relativamente corrientes. Mohammad Akram Nadwi, un erudito Sunni había compilado la biografía de 8.000 juristas y orientalistas femeninos. Ignaz Goldziher había estimado que el 15% de los eruditos medievales sobre los 'hadiths' eran mujeres. Después del Siglo XVI, sin embargo, los doctos femeninos fueron disminuyendo a tal punto que no ha habido una jurista mujer de envergadura en más de 200 años. El Derecho de las mujeres de llegar a ser Imams (el líder religioso que dirige el servicio en la Mezquita) se discute ampliamente por muchos doctores del Islam. Ninguna mujer ha ejercido ese puesto hasta el día de hoy. (73)

En el Budismo

El budismo no tiene sacerdotes en la forma que el cristianismo los tiene. Tienen monjes que viven en monasterios (separados del pueblo) cuya misión principal en la vida es mantener las enseñanzas de Buda, en su forma más pura, de manera que se puedan enseñar a la gente común. Los monasterios son dirigidos por monjes masculinos. Las pocas monjas que entran en estos monasterios todavía no han sido invitadas a ser directoras de los mismos.

En la Fe Baha'i

Uno de los principios esenciales de la Fe Bahá'í es la igualdad del hombre y la mujer y la ausencia de clero. Esta creencia está incrustada en la misma estructura de su organización. La Fe tiene dos Instituciones administrativas, una que se da al nivel comunitario y es conocida como la Asamblea Espiritual Local (AEL); mientras la otra se da al nivel nacional y es conocida como la Asamblea Espiritual Nacional (AEN). Ambas Instituciones están a cargo del avance de los asuntos de las Fe. Las AEL están concentradas en el desarrollo de las comunidades locales donde viven sus miembros, mientras que la AEN se concentra en administrar los asuntos de la Fe a nivel nacional. Los nueve miembros de cada Institución son elegidos por voto secreto para el cual no hay ni nominación, ni discursos, ni promesas electorales, ni plataforma de elección. Cada miembro es seleccionado por los demás miembros de la comunidad local o por los delegados a la Convención Nacional, quienes llevan a cabo dicha elección en un ambiente espiritual donde la oración, no los discursos electorales, es la que guía para la elección de los miembros de la AEN. Los criterios de elección son espirituales, y toman en cuenta las cualidades expresadas en las guías de dicha elección. Aquellos que han de ser elegidos deben **"tener cualidades de lealtad incuestionable, devoción sin egoísmos, una mente bien preparada, habilidad reconocida y experiencia madura".** (74)

Estos criterios pueden ser visibles tanto en hombres como en mujeres independientemente de sus antecedentes, nivel educativo, grupo étnico, o estatus económico. Las mujeres no tienen impedimento para ser elegidas por el sólo hecho de ser mujeres. En las comunidades Bahá'í en el mundo entero, la representación de mujeres ha alcanzado paridad con la de los hombres y en algunos lugares los ha excedido. Las mujeres por lo tanto están en igualdad de condiciones que los hombres para llegar a ser miembros de estas dos instituciones. Este proceso, en comparación con las prohibiciones y obstáculos impuestos a la mujer por el clero y los directores de las iglesias e instituciones religiosas, es extraordinario, y visto en el contexto histórico analizado, es un proceso revolucionario.

Este fue el caso de la hija de Baha'u'lláh, Bahiyyih Khánum (1846-1932). Cuando las mujeres en el Medio Oriente eran virtualmente invisibles en esa época como tantos años anteriores, estaban privadas de educación y sin ningún estatus en sus comunidades, Bahiyyih Khánum participó activamente en los primeros años turbulentos de la Fe Bahá'í contribuyendo al desarrollo de su estructura administrativa y a su florecimiento como una comunidad mundial. Al morir, el fundador de la Fe Bahai, Baha'u'lláh, designó en un Testamento a su hijo, 'Abdu'l-Bahá, como su sucesor. Este a su vez, dejó, en otro Testamento de su puño y letra, a su nieto Shoghi Effendi como su sucesor y el Guardián de la Fe.

Después de la muerte de 'Abdu'l-Bahá, por muchas razones, pasaron varios meses antes de que Shoghi Effendi fuera ratificado como tal y tomara posesión de su puesto como director de la Fe. Durante su ausencia, Bahiyyih Khánum sostuvo la dirección de la Fe con una silenciosa pero extraordinaria eficacia manteniendo la unidad de todos aquellos que dudaban de la nominación de Shoghi Effendi como el Guardián de la Fe. Este hecho reluce como caso único en la historia de las religiones en la que una mujer haya desempeñado la dirección temporal de una organización religiosa recién iniciada cuando esta dirección había sido llevada a cabo por hombres durante miles de años.

Empoderar a las mujeres – La conciencia colectiva de las mujeres en acción

Si hay una característica que se destaca en el proceso de las mujeres hacia la adquisición de los mismos derechos que los hombres han gozado unilateralmente por tanto miles de años (aun cuando dichos derechos son herencia de nacimiento para los dos géneros) es la conciencia creciente de miles y miles de mujeres en todo el mundo, que se han dado cuenta que ellas constituyen la mitad de la humanidad y que tienen igualdad de los derechos que tienen los hombres. Las mujeres se han despertado colectivamente a la realización de que su sumisión, silencio y distanciamiento de la construcción de la historia y de la evolución de la especie humana ha sido por imposición de los hombres, y no por incapacidad de ellas. Los hombres han dirigido la creación de los mitos, las tradiciones culturales, sociales, económicas y políticas que han sostenido su percepción y autovalidación de ser ellos quienes deben estar a cargo de dicha evolución. El rol auto-asignado por el hombre es el de haberse otorgado arbitrariamente la autoridad para decirle a las mujeres que los hombres son la voz, los directores, los capitanes, los dirigentes de la vida de la comunidad, de la región, del país y del mundo siendo ellos los responsables de la evolución humana. En este contexto, las mujeres no pueden tener voto, ni voz, ni opinión, ni rol, ni acción, ni participación en dicho progreso. Ella es simplemente la observadora, la seguidora, la que obedece, la mayoría silenciosa.

El despertar a esta nueva realidad ha sido el producto de muchos cambios claves históricos que hemos presentado. Una variable adicional, que debe mencionarse, es la aparición, a nivel mundial, de una red de organizaciones, instituciones y eventos internacionales que han empoderado a las mujeres colectivamente para reclamar su derecho de estar presente en la implementación de la historia, al lado de los hombres, porque ellas tienen una contribución poderosa para aportar. Este es el caso de las varias Conferencias Internacionales - Viena, 1993; Cairo 1994, Copenhague 1994; Beijing 1995, y Beijing y New York 2005 – que pusieron de relieve las inaceptables formas de discriminación y atrocidades cometidas contra las mujeres, aún prevalentes en el mundo.

El progreso hacia la igualdad de las mujeres con los hombres a nivel internacional requiere apoyo institucional para sostener el proceso de empoderamiento. El apoyo ha provenido de cientos de Organizaciones Comunitarias, de Organizaciones No-gubernamentales (ONGs) dedicadas a dicho empoderamiento, de coaliciones nacionales de mujeres que apoyan los cambios de políticas que favorecen a mujeres marginadas, de organizaciones internacionales de mujeres, que han logrado colocar los derechos de las mujeres en la agenda internacional.

Todas estas organizaciones han desafiado, sistemáticamente, las tradiciones culturales irracionales que han subyugado a las mujeres. A su vez, han elaborado nuevas agendas políticas para proteger y favorecer a las mujeres que están en difíciles condiciones sociales y económicas creando oportunidades para las niñas y mujeres de manera que puedan progresar en su educación, abriendo mercados para aquellas que tienen pequeñas negocios, y proveyendo plataformas políticas que las apoyan. Estas oportunidades permiten a las mujeres expresar sus puntos de vista sobre múltiples problemas que afectan sus vidas directamente, tales como el acceso a un servicio de salud reproductiva de calidad.

Las organizaciones internacionales han tomado el liderazgo de empoderamiento de las mujeres en el mundo. Hacer un inventario de dichas organizaciones no es el propósito de este capítulo, sino más bien ofrecer al lector la percepción de las muchas organizaciones que al momento están creando un futuro más promisorio para las mujeres. En una lista de organizaciones, Wikipedia - la enciclopedia gratis del Internet - presenta 35 organizaciones internacionales que proveen a las mujeres varios tipos de apoyo y empoderamiento, ofrecen cursos para aumentar la confianza personal, proveen guía y uso de recursos económicos, presentan cómo manejar el conflicto, y además proveen oportunidades educativas. Esta lista incluye a 10 países con el nombre y una descripción breve de 131 Organizaciones de mujeres que tienen metas similares. Ellos están construyendo las bases para una igualdad de género que puede ser real a nivel mundial. Con ese marco de referencia, elegimos algunas de estas Organizaciones para obtener una idea de qué están logrando para hacer realidad la igualdad del hombre y la mujer.

The Young Female Entrepreneurs: esta es una página en el internet, diseñada para ayudar a las mujeres entre los 20 - 30 años de edad, a comenzar su pequeña empresa. La página web sirve como un centro interactivo que conecta a las empresarias jóvenes con expertos de amplia experiencia quienes las ayudan a iniciar y mantener una pequeña empresa.

School Girls Unite: esta ONG sin ánimo de lucro está dedicada a expandir la libertad de las niñas a través de la educación y el liderazgo. Fue iniciada por un grupo de niñas de 12 años y mujeres africanas que estaban discutiendo la discriminación experimentada por las niñas en los países en vías de desarrollo. Utilizando la educación como el medio para avanzar y promover a las mujeres, *School Girls Unite* tiene filiales en los Estados Unidos y en África. En Mali seleccionan a niñas que son después enviadas a escuelas en los Estados Unidos para adelantar su educación y desarrollar su liderazgo.

Ladies Learning Code (LLC): esta organización nació en Toronto, a raíz de un mensaje enviado por Tweet, en el que se afirmaba la necesidad de que las mujeres fueran más capaces de manejar códigos de computadora. La organización les enseña a niñas de 9-13 años técnicas para principiantes en las áreas sociales y técnicas. LLC también las capacita con un programa con el que aprenden las bases para la programación en computadora - JavaScript, HTML, y Photoshop – en un ambiente propicio para el aprendizaje.

Women for Women International: esta es una organización sin ánimo de lucro que trabaja con las mujeres que han experimentado la guerra, los conflictos civiles y sociales ofreciéndoles las herramientas y recursos para convertirse en personas financieramente independientes. Fue fundada en 1993 y ha ayudado a más de 351.000 mujeres a través de ayuda directa, educación sobre sus Derechos, capacitación para el desempeño laboral y el inicio de pequeñas empresas. La entidad ofrece un programa de un año en el que se capacita a las mujeres que viven en situación de conflicto, en el manejo de pequeñas empresas, y en cómo mejorar el desempeño en el trabajo. Hasta el 2016 estaba presente en Afganistán, Bosnia, Herzegovina, la República Democrática del Congo, Iraq, Kosovo,

Nigeria, Ruanda, y el Sur del Sudán. Esta composición muestra una vez más la integración étnico-cultural y de color de piel de las mujeres que se está dando en muchas partes del mundo.

Every Mother Counts: este es un grupo que nació de una campaña para reducir la mortalidad materna. Fue organizado por Christy Turlington motivada por el hecho de que cientos de miles de mujeres mueren cada año por complicaciones en el embarazo y en el parto. Complicaciones que pueden ser prevenibles hasta en un 90%. La Organización busca mejorar el bienestar de las mujeres y las niñas a nivel mundial educando y apoyando la reducción de la mortalidad materna. La Organización colecta celulares viejos, pero servibles, que son donados al personal de salud de las áreas rurales, lo que les permite tener una mejor comunicación con los servicios.

El Día Internacional de la Mujer: esta celebración fue originada el 8 de marzo de 1908, pero establecida a nivel internacional en marzo 19,1911, como un reconocimiento anual a la importancia de la mujer en la sociedad, celebrando los triunfos económicos, políticos y sociales de la mujeres del pasado, del presente y del futuro. (76)

También hay Organizaciones Religiosas que se dedican a una labor similar. Algunos ejemplos diversos serán suficientes para dar una foto instantánea que muestra cómo estas organizaciones religiosas están contribuyendo a que las mujeres logren disfrutar la igualdad en el ejercicio de los derechos humanos que tienen los hombres.

En África se dan varios grupos religiosos, tales como *Young Women's Christian Association (YWCA), la Federation of Muslim Women's Association (FOMWON), y la Muslim Sisters' Organization* de Nigeria que trabajan con las mujeres para empoderarlas a que se comprendan mejor, definan sus roles como mujeres, y cómo pueden usar su posición para influenciar en la toma de decisiones, especialmente dentro de su familia. (77) Estas organizaciones compuestas por mujeres negras del continente muestran cómo la integración étnica la está llevando a cabo las mismas mujeres.

Girls Inc: es una Organización con base religiosa de Nueva York cuyas metas son ofrecer cursos para el desarrollo de liderazgo y programas de empoderamiento para abordar las necesidades y preocupaciones de las adolescentes. Se basan en investigación que muestra que ofreciendo a las niñas una educación preuniversitaria, planificación de la carrera que desean seguir, a la par con programas de educación financiera, educación sexual, y otros programas pertinentes; éstos ayudan a que las niñas puedan percibirse capaces y seguras de sí mismas para tomar decisiones dentro de su contexto de vida. Para lograr esta meta, la Organización ha diseñado sus programas para cubrir las áreas de desarrollo de las adolescentes. La organización extiende sus programas a los padres de las adolescentes, la mayoría madres solteras que soportan cargas enormes: económicas, sicológicas y sufren por falta de oportunidades. La Organización afirma que tiene una tasa de éxito muy alta con adolescentes, que encuentran dentro de sí mismas, la fuerza para superar los condicionamientos en que viven. (78)

The Women's Empowerment Initiative: es una Organización bajo los auspicios de la Iglesia Presbiteriana de Filadelfia, Estados Unidos. Los servicios que la Iniciativa ofrece son otorgados a todas las mujeres, independientemente del grupo étnico, nivel económico, educativo, o de afiliación religiosa. La Iniciativa es un medio para empoderar a las mujeres en circunstancias de desventaja para que puedan superar los obstáculos que enfrentan a diario y para darse cuenta que tienen fuerzas dormidas, dadas por Dios, que necesitan ser despertadas. Una característica especial de la Iniciativa es la capacidad que tiene para obtener fondos. Uno de sus diseños centrales es que se dé esta capacidad de autosostenimiento. (79)

The Sudanese Council of Churches (SCC): en esta Organización Sudanesa todas las iglesias cristianas más conocidas están representadas (los Protestantes, los Católicos, los Ortodoxos, y los Coptos). La organización está dedicada a estar presente en actividades para la paz a la vez que mantiene un Centro para coordinar las actividades de las mujeres. Algunas iglesias son más prominentes que otras, especialmente los Protestantes y los Católicos a la que la mayoría de las mujeres pertenecen. La persona coordinadora del Centro de mujeres también fue la coordinadora de la red de paz basada en el norte del Sudán y en Khartoum. Esta red se ha convertido en la voz de las mujeres cristianas negras del país. (80)

El Parlamento de las Religiones del Mundo que se reunió en Chicago en Diciembre 1999 y el World's Faith Development Dialogue (WFDD) propusieron dos documentos de vanguardia "*A Call to our Guiding Institutions*" y "*WFDD's Poverty and Development: An Interfaith Perspective*", que se han convertido en hitos de las Organizaciones Religiosas por tomar la iniciativa de colaborar con el avance hacia la igualdad de la mujer. Ambos documentos enfatizan en la necesidad de la igualdad de las mujeres y la implementación a fondo de los 'Derechos universales'. Los documentos destacan la importancia de reconocer la tolerancia frente a la diversidad, la necesidad de promover un desarrollo sostenible y la identificación de la justicia como prerrequisito de la paz. Tomados en su conjunto, estos preceptos constituyen una nueva ética colectiva, propuesta por las religiones participantes en ambas reuniones. Este es un avance histórico si recordamos que los líderes religiosos a lo largo de la historia frecuentemente han sacado interpretaciones opuestas de sus escrituras, especialmente con referencia al estatus de la mujer. (81)

The Baha'i International Community (BIC): es una Organización internacional sin ánimo de lucro con afiliados en 180 países. Fue iniciada con la conferencia que inició las Naciones Unidas y con su predecesor, la Liga de las Naciones. Su base fundamental es que la igualdad del hombre y la mujer es uno de los prerrequisitos esenciales para la paz. Busca expandir y profundizar en los discursos y en el proceso de las Naciones Unidas en las áreas de desarrollo, Derechos humanos y la igualdad del hombre y la mujer ofreciendo las reflexiones y los enfoques que afirman la importancia de la coherencia entre los aspectos materiales y espirituales de la vida humana. Como Organización consultiva colabora con el Consejo Social y Económico de las Naciones Unidas, con UNICEF, con otras Agencias especializadas de las Naciones Unidas, con los Estados miembros así como con Organizaciones intergubernamentales y no-gubernamentales involucradas en la superación de las condiciones de desigualdad a las que están sujetas las mujeres. BIC tiene oficinas en New York, Geneva, y Bruselas con representación en las Naciones Unidas y en la Unión Europea.

Durante 60 años el BIC ha trabajado incansablemente en la promoción de la igualdad de género, a través de su participación y de las contribuciones a las 'Sesiones de la Comisión sobre el Estatus de la Mujer', a través del fortalecimiento de los mecanismos de género de las Naciones Unidas y apoyando e implementando los programas de sus afiliados. El BIC ha jugado un papel protagónico en hacer audibles las voces de las mujeres del mundo dando su punto de vista en la problemática de las mujeres. El BIC ha estado involucrado en cada una de las Conferencias sobre la Mujer y los Niñez organizadas por las Naciones Unidas y dirigió el Comité de las ONGs durante la 4ª Conferencia Mundial de la Mujer en Beijing. BIC estuvo presente, con una delegación de siete miembros en la Reunión 57 de la Comisión sobre el Status de la Mujer cuyo tema fue la eliminación y prevención de toda forma de violencia contra la mujer. (82)

United Nations Population Fund (UNFPA) Entre las organizaciones internacionales a favor del empoderamiento de las mujeres, UNFPA claramente tiene una cobertura internacional. Entre todas las áreas en que se encuentran involucrados, estas merecen ser mencionadas:

- Salud Reproductiva: las mujeres, tanto por razones fisiológicas como por razones sociales, son más susceptibles de tener problemas de salud reproductiva que los hombres. Estos incluyen morbimortalidad materna – que representa el grueso de dichos problemas -- pero que pueden ser prevenibles. La falla en proveer información, y en servicios para proteger a las mujeres en su salud reproductiva, constituye una discriminación basada en el género y a una violación de los Derechos de la mujer para acceder a servicios de salud de calidad.
- Protección de los recursos naturales: las mujeres en países en desarrollo, están normalmente encargadas de obtener el agua, la comida y el combustible, a la vez que son responsables de la salud de la familia. Por lo tanto, ellas tienden a poner en práctica inmediatamente cualquier cosa que aprenden sobre nutrición y preservación del medio ambiente y los recursos naturales.
- Empoderamiento económico: más mujeres que hombres viven en la pobreza. Las disparidades económicas persisten, en parte, porque mucho del trabajo que las mujeres hacen al interior del hogar no es remunerado; además de que tienen

que enfrentarse a la discriminación económica cuando trabajan fuera del hogar.

- Empoderamiento educativo: Alrededor de dos tercios de los adultos analfabetas en el mundo son mujeres. Niveles altos de educación de las mujeres están fuertemente asociados con baja mortalidad infantil y menor tasa de embarazos, lo mismo que con niveles más altos de educación y oportunidad para sus hijos.
- Empoderamiento político: Las Instituciones legales y sociales todavía no garantizan a las mujeres igualdad en derechos básicos y legales, acceso al control de tierra y de otros recursos, en empleo y salarios, y en participación social y política. Leyes contra la violencia doméstica con frecuencia no se aplican para defender a la mujer.
- Empoderamiento a lo largo del ciclo de vida: La salud reproductiva es una preocupación de toda la vida, tanto para las mujeres como los hombres, desde la infancia hasta la tercera edad. UNFPA apoya la programación que está diseñada para ayudar a las mujeres a enfrentar los desafíos que la vida les presenta continuamente. (83)

En aproximadamente la mitad de los países en los que UNFPA tiene programas ha ofrecido a las mujeres oportunidades económicas. El Fondo ha apoyado iniciativas de empoderamiento económico e iniciativas de microcrédito en Bangladesh, Chad, Kenya, Moroco, Palestina, y Tajikistan. UNFPA está involucrada con el problema de la feminización de la pobreza, integrando la problemática de género en las macro-políticas económicas y en las estrategias para reducir la pobreza.

En el Chad, un programa novedoso integra el microcrédito con la educación reproductiva, mientras las jóvenes reciben apoyo que las puede ayudar a conseguir independencia económica. También aprenden a protegerse para evitar contraer el VIH y otros problemas reproductivos.

En Bangladesh, UNFPA tiene un proyecto en micro-crédito que provee educación en adquisición de destrezas y otorga pequeños préstamos para iniciar modestos negocios, a la vez que apoya servicios de salud reproductiva y planificación familiar.

En Vietnam. UNFPA, con socios, apoyan los esfuerzos nacionales que vinculan empoderamiento económico con administración del medio ambiente y servicios de salud reproductiva. Entre los participantes se encuentran 500 Grupos de Ahorro para las mujeres ubicados en nueve Provincias con una membrecía de más de 12.000 mujeres. (84)

Cabe también mencionar que la Agencia Internacional para el Desarrollo (AID) ha auspiciado durante varias décadas a organizaciones norteamericanas dedicadas a la promoción y empoderamiento de las mujeres en múltiples países pobres de la tierra en muchas áreas tales como salud reproductiva, pequeña industria, mejores prácticas en la crianza de niños, adopción de tecnologías sencillas para el mejoramiento de la salud familiar, organización comunitaria. Entre las más conocidas y destacadas se deben mencionar a Family Health International (FHI), John Snow Inc (JSI), Futures Group, Management Sciences for Health (MSH), University Research Co. (URC), Path (Program for Appropriate Technology in Health), John Hopkins University, PSI y muchas otras que calladamente han contribuido eficazmente a la promoción de la igualdad de la mujer y el hombre.

Resumiendo

Los eventos históricos y el progreso evolutivo llevado a cabo por la humanidad ciertamente ha introducido una nueva era para las mujeres. Se está dando progreso aunque se perciba aún insignificante, incompleto, e incapaz de cambiar actitudes centenarias y normas culturales milenarias.

Es normal. Nosotros los humanos solamente logramos ver este tipo de cambios en una o dos generaciones. Las terceras y cuartas generaciones son quienes disfrutarán de los cambios profundos que han ocurrido, aunque no los hayan vivido personalmente. Un buen ejemplo es el Derecho de la mujer al voto. Fue primeramente aprobado en Nueva Zelandia en 1893, más de cien años atrás, antes de que la mayoría de nosotros hubiera nacido.

Por más de seis mil años de opresión virtual, los hombres habían considerado literalmente que las mujeres eran su propiedad a quienes se les podían ordenar que desempeñaran el rol asignado por el gobernante, por los hombres en el poder, por sus esposos o por cualquier varón de la familia. Las mujeres están comenzando a demostrar su poder potencial. Esto ha requerido enormes esfuerzos, llevados a cabo por mujeres con mucho coraje, que han podido desafiar la superestructura y han podido traer a la mesa de la razón, argumentos de peso de por qué ellas tienen derechos iguales a los de los hombres, basadas en que, por haber nacido como humanas, su esencia es la misma que la de los hombres, y por ende su acceso a los mismos Derechos.

Los hombres han sido despertados bruscamente a la realidad de que las mujeres son seres humanos iguales en esencia a los hombres desde el momento de su creación, con un potencial innato igual al de los hombres. Esta consciencia ha reducido la posición tradicional de poder absoluto del hombre a una de diálogo horizontal, negociación, y consulta. Estas cualidades habían sido consideradas como debilidades, típicas de las mujeres, y no como cualidades que deben ser asimiladas por los hombres.

Los Derechos Civiles de las mujeres fueron adquiridos especialmente durante el Siglo XX. Estos fueron: el Derecho al voto, al divorcio, a tener propiedad y a controlar sus ingresos; acceso a la educación y a la fuerza de trabajo reservada para los hombres; acceso a puestos de decisión política y civil, así como a la entrada en la estructura de gobierno de las Religiones. Estos Derechos son la mejor prueba de que una nueva era ha llegado y de que no hay cómo echarla para atrás. Las mujeres han saboreado estos Derechos de nacimiento y no van a volver a su estado de servidumbre total. Ellas han despertado a estas verdades y no ven ninguna razón por la cual deban abdicar a ellas o deban enseñarles a sus hijas a renunciar a ellas. El momento de hacer este cambio radical ha llegado. Nosotros, los hombres, debemos ser conscientes de ello, reconocerlo, y convertirnos en participantes del proceso, apoyando el cambio y convirtiéndonos en copartícipes del gran triunfo del espíritu humano, en los artífices de una mejor civilización.

Capítulo 4

Referencias

1) Encyclopædia Britannica "French Revolution.". *Encyclopaedia Britannica Ultimate Reference Suite*. Chicago: Encyclopædia Britannica, 2010.

2) Google. Separation of Church and State. Separation of church and state - *Wikipedia, the free encyclopedia* en.wikipedia.org/wiki/Separation_of_church_and_state

3) Google. Esclavos minas plata Atica. Laurión - Wikipedia, la enciclopedia libre es.wikipedia.org/wiki/Laurión

4) E. Ciccotti, *El Ocaso de la Esclavitud en el Mundo Antiguo*, Imprenta Henry y Cia., Barcelona, 1907, pg.158

5) Google. Esclavos Ática. Historia de la esclavitud (página 2) - Monografias.comwww.monografias.com › Historia Historia de la esclavitud, Benedicto Cuervo Álvarez

6) Google. *Catholic Church and slavery - Wikipedia, the free ...* en.wikipedia.org/wiki/Catholic_Church_and_slavery

7) Todas la fechas de la abolicion de la esclavitud obtenidas de: Google. Abolition of slavery. *Abolition of slavery timeline - Wikipedia, the free encyclopedia* en.wikipedia.org/wiki/Abolition_of_slavery_timeline

8) Google. Estadísticas violencia familiar. Estadísticas mundiales sobreviolencia de género www.wim-network.org/2011/.../estadisticasmundiales-sobre-violenci...

9) Google. Declaration of Independence. Library of Congress

10) Google. How did African-Americans win the right to vote?

11) Google. Human rights declaration. *Universal* Declaration *of* Human Rights - *Wikipedia, the free* ...en.wikipedia.org/wiki/Universal_Declaration_of_Human_Rights

12) Google. women's rights in the Universal Declaration of Human Rights *The* human rights *of* women: *a reference guide to official United* ... www1.umn.edu/humanrts/instree/women/engl-wmn.html

13) Google. Women right to vote. Women's *suffrage - Wikipedia, the free encyclopedia* en.wikipedia.org/wiki/Women's_suffrage

14) Google. Women suffrage in the US. Women's suffrage in the United States - *Wikipedia, the free* ... en.wikipedia.org/wiki/Women's_suffrage_in_the_United_States

15) Google. Women right to vote time table. Timeline of women's suffrage worldwide - Wikipedia, the free ...en.wikipedia.org/wiki/Timeline_of_women's_suffrage_worldwide

16) Google. Women's History, The Long Road to Suffrage, An article by Jone JohnsonLewis, in Women's Suffrage-overview *http://womenshistory.about.com/od/suffrage/*

17) Google. Divorce in Buddhism. *Marriage and* Divorce in Buddhism *All too often the uninformed hold* ...www.walkden.uk.com/index.php/download_file/view/510/211/ſ

18) Google. Women's right to divorce in Buddhism.*The Position of* Women *in* Buddhism - *BuddhaNet www.buddhanet.net/pdf_file/women-buddhism6. pd*, pg 15.

19) Google. Worldwide history of divorce History of Divorce *Around the* World - *Rulon T. Burton & Associates www.rulontburton.com/divorce/history-of-divorce-around-the-world*

20) Google. History of divorce. *A* history of divorce - *British Women's Emancipation since the* ...www.historyofwomen.org/divorce.htmlſ

21) Google. History of divorce. *http://www.dailymail.co.uk/femail/article-508936/The-wife-changed-history--asking-divorce.html#ixzz2pl4BsnAB*

22) Google. History of divorce. *A brief* history of divorce | *Cambridge Family Law Practice*www.cflp.co.uk/a-brief-history-of-divorce

23) Google. History of divorce in America. Divorce *in Colonial* America | *Law Blogs - Law Office of Tom James* tomjameslaw.com/blog/divorce-in-colonial-america/

24) Google. History of divorce in America. History of Divorce *in* America - *Suite101*https://suite101.com/a/history-of-divorce-in-america-a346721

25) Google. Divorce time line in U.S. Divorce *in the* United States - *Wikipedia, the free encyclopedia* en.wikipedia.org/wiki/Divorce_in_the_United_States

26) Google Divorce in Hinduism. Hindu *Marriage Act - Wikipedia, the free encyclopedia*en.wikipedia.org/wiki/Hindu_Marriage_Act

27) Timeline found in Google. History of divorce in the United States. History of Divorce - *Molly* molly.kalafut.org/marriage/divorce.html

28) Google, history of women inheritance rights. *Timeline of women's rights (other than voting) - Wikipedia, the free* ...en.wikipedia.org/wiki/Timeline_of_women's_rights

29) Google. Women's access to education.*Female* education - *Wikipedia, the free encyclopedia* en.wikipedia.org/wiki/Female_education

30) Nadiya Omar. Female Illiteracy., A Global Crisis Impacting the Participation of Girls and Women. Intern 2010 – 2011 International Association of Schools of Social Work. United Nations, pg. 1

31) Idem, pg 2

32) Google. UN Girls education. United Nations Girls' Education Initiative - About Us - About Us *www.ungei.org/whatisungei/*

33) Google. *United Nations Girls' Education Initiative - Bangladesh - 600,000 Bangladesh children guaranteed a decent education http://www.ungei. org/infobycountry/bangladesh_2221.htm*

34) Idem

35) Idem, pg. 3

36) Google. Girls literacy increase 2000-2013. *FAPED meeting - Unesco* www.unesco.org/new/fileadmin/.../pdf/SPECIALSESSIONFAPED.pdfſ

37) Google. Girls' literacy increase 2000-2013.*world development indicators 2013.pdf* - *World dataBank* databank.worldbank.org/data/download/WDI-2013-ebook.pd

38) Google. Literacy rates of girls in the world. INTERNATIONAL LITERACY DATA - *Institut de statistique de l'Unesco* www.uis.unesco.org › *Home* › *Literacy*

39) Google. Women's access to education.*Female education - Wikipedia, the free encyclopedia* en.wikipedia.org/wiki/Female_education

40) Google. Women's access to higher educationWomen's access to higher education*: An overview (1860-1948 ...*herstoria.com/?p=535*

41) Goggle. Women's access to higher education in usa The United States Country Report: *Trends in* Higher Education *from ...*www.citizing.org/.../highered/Trends%20in%20HE%20from%20Mass%.

42) Google.Google. Statistics women in factories*Globalization and* women *in China - Wikipedia, the free encyclopedia* en.wikipedia.org/wiki/Globalization_and_women_in_China

43) Google. Women's access to higher education in usa.Women *in* higher education - *Institut de statistique de l'Unesco* www.uis.unesco.org › *Home* › *Education*

44) Idem

45) Idem

46) Google. Girls access to education in the world. *United Nations* Girls' Education *Initiative - About Us - About Us www.ungei.org/whatisungei*

47) Google. Women's access to higher education in usa.Women *in* higher education - *Institut de statistique de l'Unesco*

48) Google. Statistics women in factories. Women & *WWII* | *Camp Hale* | *MSU Denver* https://www.msudenver.edu/camphale/thewomensarmycorps/womenwwii/*

49) Statistics women in factories. Women *at Work: BLS Spotlight on* Statistics - *Bureau of Labor* Statistics *www.bls.gov/spotlight/2011/women/pdf/women_bls_spotlight.pdf*, pg.10

50) Google.Google. Statistics women in factories. *Globalization and* women *in China - Wikipedia, the free encyclopedia* en.wikipedia.org/wiki/Globalization_and_women_in_China

51) Idem

52) Idem - Globalization pg. 4

53) Google, Statistics women doctors.Women *in Medicine: Are We "There" Yet? - Medscape www.medscape.com/viewarticle/732197*

54) Google. Female doctors in EE.UU.rope. *Quick Take:* Women *in Medicine - Knowledge Center* | *Catalyst.org* www.catalyst.org/knowledge/women-medicine*

55) Google. Statistics women lawyers. Women *in the Legal Profession from the 1920s to the 1970s: What ...* scholarship.law.cornell.edu/cgi/viewcontent.cgi?article=1011...facpub

56) Google. Statistics women lawyers. Women *in Law - Knowledge Center* | *Catalyst.org www.catalyst.org/knowledge/women-law-us*
57) Idem
58) Google. Female lawyers in EE.UU.rope. *UK boasts highest proportion of* female *partners in* EE.UU.rope ... *www.laurencesimons.com/uk-boasts-highest-proportion-of-fem* le-partn.
59) Idem
60) Google. Female lawyers in EE.UU.rope. *Number of* lawyers in EE.UU. ropean *countries - 2006 - CCBE www.ccbe.EE.UU./fileadmin/user.../ table_number_lawyers1_1179905628.pd*
61) Google. Women in political posts. Women *in government - Wikipedia, the free encyclopedia* en.wikipedia.org/wiki/Women_in_governmen
62) Idem
63) Google. History of women's participation in religious affairs. Role *of* women *in religion - Wikipedia, the free encyclopedia* en.wikipedia.org/ wiki/Role_of_women_in_religion
64) *http://www.religion-online.org/showarticle.asp?title=1035*
65) Google. Women In Ancient Christianity | From Jesus To Christ – www. pbs.org/wgbh/pages/frontline/shows/religion/first/women.html
66) Google. women's ordination in the church of England. Ordination *of* women *in the Anglican Communion - Wikipedia, the* ... men.wikipedia. org/.../Ordination_of_women_in_the_Anglican_Communi.
67) Idem
68) Idem
69) Idem
70) Idem
71) Google. Ordination in the United Methodist Church. Ordination *of* women *in the* United Methodist Church - *Wikipedia, the* ... en.wikipedia.org/.../ Ordination_of_women_in_the_United_Methodist_C.
72) Google. Women ordination in the Presbyterian Church.
73) Google. Women participating in Islam's governing structure. Women *in* Islam - *Wikipedia, the free encyclopedia*en.wikipedia.org/wiki/ Women_in_Islam
74) Shoghi Effendi, *Directives from the Guardian*, No.63)
75) Google. Organizations empowering women. *5* Organizations *that* Empower Women - *Goodnet* www.goodnet.org/articles/930
76) Google. Women's international day. International Women's Day - *Wikipedia, the free encyclopedia* en.wikipedia.org/wiki/ International_Women's_Day
77) Google. Religious organizations empowering women, pg 5. Women NGO's and Women Empowerment in - African Journals ... *www.ajol.info/ index.php/afrrev/article/download/60268/48512* - Women NGO's and Women Empowerment in Nigeria, pg. 275

78) Google. Religious organizations empowering women, pg 5 Empowering *Young* Women *Through Faith Based Programs* ... www. americanprogress.org › *Issues* › *Religion and Values*

79) Google. Faith based organizations empowering women. *Mission -* Women's Empowerment *Initiative* www.weiphila.org/mission.html

80) Google. Faith based organizations empowering women. Dr. Balghis Badri, Sudanese Women Empowerment for Peace and Development Network (SWEPD) and Faith-Based Organizations in Sudan, 2005.

81) Google. Google. The Parliament of the World's Religions (PWR) One Country, October-December 1999, Volume 11, Issue 3, pg. 2

82) Google. Baha'i Faith.com. Baha'i International Community

83) Google. Organizations empowering women. Empowering Women: *Promoting Gender Equality: UNFPA* www.unfpa.org/gender/ empowerment.htm

84) Idem

CAPÍTULO 5

El Futuro Brillante de las Mujeres

El rol de las mujeres en el desarrollo de una nueva sociedad

Los capítulos anteriores demuestran que las mujeres están jugando hoy por hoy un rol extraordinario en la construcción de una nueva sociedad en comparación al rol que vivieron antes de conseguir los Derechos humanos básicos. Por esta razón podemos pronosticar que ellas contribuirán a la creación de una nueva sociedad que será todavía más luminosa de la que estamos siendo testigos. Esta nueva sociedad emergerá porque las mujeres le aportarán a la evolución de la humanidad un potencial que está apenas en los primeros estadios de desarrollo. Lo que vendrá nos asombrará a todos.

Impulsando la agenda de la educación de las niñas

No hay duda del rol crucial que una mujer juega en la crianza de un bebé. Desde el momento de su nacimiento hasta que pueda llegar a ser suficientemente independiente para expresar hambre, para comer sólo, para usar el inodoro, para vestirse, para comprender lo que le puede hacer daño, un infante depende absolutamente de su madre para sobrevivir. Toda mujer que lleva a cabo este rol con tal intensidad, se convierte en la primera educadora del infante. Sobre sus rodillas, el niño escucha los conceptos del bien y del mal, del amor y el odio, del sacrificio y el respeto, de la ternura y el afecto, del resentimiento y el perdón, de la belleza y la fealdad, la definición de lo que es ser hombre o mujer. Toda madre es la educadora primordial de cada nueva generación de niños.

Por lo tanto, ella juega un rol único y delicado en lo que el niño o la niña recibe como las primeras nociones de los principios que eventualmente serán su guía en la vida. Una mujer educada aprende los estadios psicológicos claves del desarrollo del infante, cuál es su mejor nutrición, cómo puede estimular su mente para su óptimo desarrollo, cómo puede evitar experiencias traumáticas que puedan moldear negativamente la personalidad de su pequeño, cómo puede cambiar las interpretaciones erróneas del pasado de los roles que los hombres y las mujeres deben desempeñar en la sociedad. Si la mujer no puede acceder a esta clase de educación, entonces será muy poco probable que la próxima generación de niños y niñas que ella tenga el privilegio y la responsabilidad de criar, pueda desarrollarse con una nueva óptica de cómo deban ser las relaciones igualitarias entre las mujeres y los hombres.

Es sorprendente que esta perspectiva sea la enseñanza de una religión. Sin embargo, la Fe Bahá'í tiene esta perspectiva. El autor de los siguientes pensamientos, fue 'Abdu'l-Bahá, el hijo de Bahá'u'lláh, el fundador de la Fe Bahá'í. En su libro La Promulgación de la Paz Universal, él expresó el rol que juega la madre en la educación de sus hijos:

> "... la mujer es la educadora del niño desde su infancia. Si ella es imperfecta y tiene faltas, el niño necesariamente será deficiente; por consiguiente, la imperfección de la mujer implica una condición de imperfección en toda la humanidad puesto que es la madre quien educa, nutre y guía el crecimiento del hijo". (1)

Para lograr madres más preparadas, un cambio dramático debe ocurrir en los niveles básicos de la sociedad. La educación no puede ser el privilegio de unos pocos que pueden pagar por ella. La educación debe estar disponible para todos de tal forma que haya un acceso paritario a una educación de calidad. Por lo tanto, los principios de la Fe Bahá'í en relación con la educación son radicales.

Postulan que la educación no sólo debe ser universal, sino que debe ser accesible a cualquiera en el mundo, tanto para las niñas como para los niños, independientemente de su condición socioeconómica: **"En esta perspectiva, la educación básica debe ser universal y obligatoria; niños y niñas deben seguir el mismo currículo". (2)**

El Fondo Poblacional de las Naciones Unidas (UNFPA) ratificó esta posición de la Fe, muchos años después, cuando presentó su metas en el Reporte del Estado de la Población Mundial, 2005. Dicho Reporte afirmaba que, si se alcanzara la educación primaria universal, esto tendría los siguientes resultados:

- Cuando las madres están educadas y las familias no tengan muchos niños, se aumenta la posibilidad de que todos los niños vayan a la escuela.
- Prejuicios de género impiden que muchas niñas asistan a la escuela, cuando se las obliga a cuidar a sus hermanitos y a ayudar en las tareas del hogar en vez de recibir una educación. Para muchas familias, la prioridad es educar a los niños, no necesariamente a las niñas. Eliminando o reduciendo significativamente las tarifas de los colegios y apoyando a las familias menos favorecidas se podría asegurar que todos los niños completen su educación.

Insuficientes recursos económicos no debe ser la razón para impedir que los niños reciban una educación. Esta debe ser gratis y estar disponible para todos, en todas partes del mundo. Las enseñanzas baha'i sobre la educación son aún más radicales. No solamente la educación debe ser gratis, sino que debe ser 'obligatoria'. Recibir o no una educación básica no es privilegio de una decisión de un jovencito o jovencita que están demasiado jóvenes para hacer una juicio maduro. No están listos para entender que en el proceso de aprendizaje sistemático es como los humanos abren el reservorio de su potencial. Sin educación, el hombre se comporta como una bestia guiada por sus pasiones, antes que por su racionalidad y su alma. El alma y su habilidad para pensar requieren de la educación para desarrollar plenamente su potencial.

Las enseñanzas Bahá'í llevan esta noción un paso más allá. La educación no sólo debe estar disponible para todas las niñas, sino que ellas deben tener el Derecho a la misma antes que los niños:

> "... **si las circunstancias hacen imposible que una familia eduque a un niño y una niña; la educación de la niña tiene precedencia**". (3)

Esto quiere decir que, si el presupuesto familiar no alcanza para enviar al niño y la niña a la escuela, los padres deberían enviar primero a la niña. Esta afirmación tan radical es una aplicación lógica de que las mujeres son las educadoras primordiales de la próxima generación. Si las mujeres no están bien preparadas, si no están educadas como deberían estarlo, la próxima generación de sus hijos no podrá avanzar al próximo nivel de desarrollo. La calidad del desarrollo y el avance de los niños dependen en gran medida del nivel educativo de su madre.

Con esta nueva perspectiva de la educación de las niñas, los bahá'ís inspiran, en muchas partes del mundo, acciones increíbles que ofrecen a la niñas esta oportunidad educativa. Hay muchos ejemplos concretos que muestra cómo este principio Bahá'í se lleva a cabo en condiciones extremas y contra todos los pronósticos. Desde junio 2008 en Dasdoi, Uttar Pradesh, India, en condiciones casi imposibles ocho baha'is comenzaron escuelas en las que las niñas son favorecidas. Basha'i, un técnico en televisión, comparte una propiedad con su hermano, y en la mitad de la misma montaron una escuela. Lo que es común a todos los bahá'ís es su pasión por la transformación social, la igualdad en la educación de los niños y de las niñas, y su convicción de que esto ha de ocurrir en el colegio. Lo están haciendo sin grandes inversiones, atrayendo a jóvenes del campo que están sin empleo, pero que tienen una educación básica, para que sirvan de maestros. Estos proveen a los niños con una educación de calidad a un precio muy bajo. En el 2010, la tarifa que cada familia debía pagar por un hijo o hija estudiante de secundaria era de 50 rupias, o unos US$1.25 por mes. (4)

Hay ocho de estas escuelas comunitarias ubicadas en las aldeas de Kakori, Banthra, y de Kharagpur, en el estado norteño de

Uttar Pradesh, no muy lejos de Lucknow, la capital estatal. Estas escuelas estuvieron ayudadas por una agencia no gubernamental, la Fundación para el Avance de la Ciencia (FAS) que descubrió que, la sostenibilidad de las escuelas comunitarias era posible, si encontraban jóvenes bahá'is educados, pero sin trabajo, que vivían cerca de Lucknow. FAS asiste a las escuelas capacitando a los maestros, guiándolos a través de los momentos difíciles, y proveyendo salarios para uno o dos maestros cuando las finanzas son escasas. Todas las escuelas utilizan un currículo desarrollado por la Comunidad Internacional Baha'i para la educación moral y mental de los niños y los adolescentes. Mientras los dueños de las escuelas lidian con los desafíos constantes, FAS confía que las escuelas tienen el potencial para convertirse en instituciones educativas exitosas que pueden llevar a cabo cambios palpables a nivel cultural y social de las aldeas, con el sólo hecho de hacer posible que las niñas tengan acceso igualitario a la educación.

Es claro que, educar a las niñas es esencial para la creación de una nueva generación de personas capaces de pensamiento crítico, que modifiquen las viejas tradiciones sobre cuál es el rol de las mujeres en la sociedad, en la economía, en la política, en el compromiso social. Esto se volverá una realidad si las madres reciben una educación integral siendo niñas. Esto ocurrirá cuando el sistema educativo de todos los países estimule a las niñas a ir a las escuelas primarias, y les ofrezca los medios para conseguirlo, como por ejemplo ofreciendo tarifas nominales que las familias puedan pagar. Educación paritaria incluye un tratamiento no discriminatorio de las niñas dentro de las escuelas, de manera que los niños no sean favorecidos y las niñas no sean marginadas de las actividades que promueven su crecimiento intelectual y sicológico.

Un excelente ejemplo de cuán importante es que las niñas tengan acceso a la educación fue dado por Malala Yousafzai, una joven pakistaní de 15 años que fue herida de bala por un talibán el 9 de octubre del 2012 por estar atendiendo clases en su pueblo de Mingora en el noroeste de Pakistán en el Distrito de Swat. Mal herida, la llevaron en avión a Inglaterra donde recibió atención médica especializada y logró salvarse y recuperarse aunque quedó con una pequeña dificultad para hablar con fluidez. Esto no le impidió a Malala que, al cumplir los 16 años, se presentase en las Naciones Unidas el 12 de julio de 2013, ante cientos de estudiantes de más de 80 países presentes en la Asamblea General. Delante de los diplomáticos asistentes hizo un llamado ferviente para que se les diera acceso a la educación a todas las niñas del mundo como un paso necesario para conseguir la igualdad de los hombres y las mujeres. Se le otorgó, por primera vez en Pakistán, el premio Nobel Juvenil de la Paz. (5)

El futuro brillante para las niñas pide que los hombres y mujeres adultas, tanto del nivel comunitario como nacional, se mantengan constantemente alertas y supervisen la situación escolar. Los adultos deben de hacer los reclamos legítimos a las autoridades de manera que estas ideas transformadoras puedan alimentar el proceso de acceso de las niñas a la educación. Es un compromiso de largo plazo que requiere una vigilancia constante del sistema educativo, de manera que se mantengan las victorias obtenidas hasta que se conviertan en una forma habitual de educación de las niñas.

Acceso igualitario de las mujeres a las instituciones que toman las decisiones que afectan al mundo

Uno de los medios prácticos que permitirá que las niñas tengan igual acceso a la educación como lo tienen los hombres, ocurrirá cuando las mujeres adultas sean miembros de los Organismos que toman las decisiones que afectan a la mayoría. Estas Organizaciones son las que definen las políticas que eventualmente se convierten en leyes o mandatos que todos deben seguir. Las mujeres, siendo conscientes, se convierten en los catalizadores que llevan adelante el cambio en las políticas o en los niveles donde se toman las decisiones que definen los roles culturales de las mujeres.

En el caso de la educación, la principal Institución donde este tipo de mujeres conscientes deben estar presentes, es el Ministerio de Educación del país. Pero igualmente deben estar presentes en aquellas instituciones que lidian con los problemas de las mujeres, como son las Divisiones de Desarrollo Humano, los Comités de Promoción de Género, los Grupos feministas de los Derechos de la mujer. Otras entidades similares son las

Organizaciones No-gubernamentales, las Fundaciones nacionales, y las Organizaciones internacionales. Las mujeres deben buscar, estratégicamente, estar presentes en estas Organizaciones que definen las políticas y la legislación que afectan a la mujer. Sólo así se podrá reducir la brecha educativa que actualmente se da entre los hombres y las mujeres.

Hay señales de que esto ya está ocurriendo. Las estadísticas de EE.UU. del 2011 muestran, cómo, al nivel de educación formal, las mujeres están presentes, y se están convirtiendo en las madres del futuro que puedan criar una generación de niñas y varones mejor educados.

- Las mujeres han ingresado en mayor número que los hombres tanto en Instituciones de secundaria, como en la Universidad; En 2008 el promedio de ingreso de las mujeres fue más alto que el de los hombres, 72% vs 66% respectivamente.
- Para el 2019, la proyección es que las mujeres representarán el 60% de los matriculados en el pregrado.
- Entre 1997 y 2007, el número de mujeres ingresadas como estudiantes de posgrado se calculaba que fue el doble que el de los hombres.
- De 1986 a 2006, el porcentaje de mujeres Presidentes de Universidades se elevó del 10% al 23%. A pesar de este aumento, solamente el 13.5% estaba a la cabeza de los colegios de medicina en el 2006, y había menos mujeres en el nivel dirigente de las Universidades dedicadas a la investigación. (6)

Mujeres que llegan a ser Ministras de Educación es algo que está ocurriendo con más frecuencia. Citaremos sólo cuatro países, muy distantes entre sí, que muestran cómo esta evolución es una realidad. Tailandia fue el país que se convirtió en el abanderado cuando en 1988 eligieron una mujer, Supatra Masdit, como Ministra de Educación. (7) En Israel, dos mujeres han ostentado esta posición en tiempos recientes: Limor Livnat en 2001 y Yulli Tamir en 2006. (8) en forma similar, Japón también tuvo una Mujer como Ministra de Educación, Ryoko Aakamatsu, en 1993, (9) En el otro lado del mundo, en Argentina, Susana Decibe, fue la Ministra de Educación y Cultura en 1996-99 y después Graciela Giannettasio en 2002-03. (10) En Colombia, Gina Parody, era la Ministra de Educación en el 2016.

Sin embargo, llegar a ser Ministras de Educación no es suficiente. El número de mujeres en estos puestos debe llegar a ser una masa crítica en las Instituciones que toman las decisiones por la mayoría de manera que la raza humana logre la igualdad, prosperidad y la eliminación de la brecha de género.

Las mujeres acceden a las instituciones que toman las decisiones

En una lista muy completa encontrada en el internet, 283 países, territorios, islas, y protectorados mostraban haber tenido una mujer en una o varias de las Instituciones claves del gobierno encargadas de la toma de decisiones en referencia a la discriminación de género con las mujeres. Abajo, se encuentra una pequeña muestra de 20 de los 280 países mencionados, donde las mujeres han detentado estas posiciones claves. La muestra no presenta todas las posiciones claves porque sería una lista demasiado larga para este propósito. Es el caso, por ejemplo de Sudán, un país de bajos ingresos, sin embargo, la lista muestra 41 posiciones gubernamentales que fueron regentadas por mujeres en el período entre 1971 y 2013. Los 20 países escogidos muestran las siguientes posiciones ocupadas por mujeres: (11)

- Japón: tres Ministras de Estado para Asuntos Sociales e Igualdad de Género.
- Afganistán: la Consejera para el Ministro de Planificación, el Ministro del Estado para Asuntos de las Mujeres, y la Ministra de Salud en 2012.
- Azerbaijan: la Vice-Presidente, la Ministra de Asuntos Sociales, la Directora del Departamento de Agricultura, y la Ministra de Servicios al Consumidor.
- Bangladesh: la Ministra de Información, Energía y Recursos.
- Bhutan: la Representante del Rey en el Ministerio de Desarrollo.

- Bostwana: la Ministra de los Asuntos Presidenciales y la Administración Pública, y la Ministra de Comercio e Industria.
- Burkina Fasso: la Ministra de Justicia.
- Chad: la Ministra y Secretaria General del Gobierno, la Secretaria de Finanzas del Estado.
- Cuba: la Ministra de la Academia de Ciencias, las Miembros del Politburó.
- Djibouti: la Ministra de la Promoción de las Mujeres.
- Ecuador: la Presidenta de la Junta Monetaria Nacional y miembro del Gabinete.
- Ethiopia: la Ministra de Trabajo y de Asuntos Sociales.
- Martinique: la Vice-Presidenta del Consejo del Gobierno.
- Guam: la Teniente Gobernador; la Tesorera de la Nación.
- Guatemala: la Ministra de los Asuntos Especiales.
- Haiti: la Ministra de Asuntos Exteriores.
- Iraq: la Ministra de las Municipalidades, la Ministra de Desplazados y de Emigración.
- Jordania: la Ministra de la Educación Superior y de Investigación.
- Islas Maldiva: la Ministra de la Juventud y los Deportes.
- Qatar: la Ministra of Comunicación, Información y Tecnología.
- Somalia: la Ministra de Genero y de Asuntos familiares.
- Sudán: la Ministra del Seguro Social.

Paralelamente a esta impresionante representación de mujeres en posiciones claves dentro de Instituciones que toman decisiones que afectan a muchos se encuentra la evidencia histórica de mujeres que han llegado a ser Presidentes, Primeros Ministros, y que han actuando como cabeza de Estado. La siguiente lista hace evidente esta imparable realidad: (12)

Dinamarca: 1972 - Reina Margrethe II de Dinamarca

St. Lucia: 1997 - Gobernador General - Hon. Dra. Dame C. Pearlette Louisy

Alemania: 2005 - Canciller - Angela Merkel

Liberia: 2006 - Presidente Ejecutivo - Ellen Johnson-Sirleaf

Argentina: 2007- Presidente Ejecutivo - Cristina Fernández de Kirchner

Bangladesh: 2009- Primer Ministro - Sheikh Hasina Wajed

Trinidad y Tobago: 2010 - Primer Ministro - Kamla Persad-Bissessar

Brasil: 2011- Presidente - Dilma Vana Linhares Rousseff

Kosovo: 2011- Presidente Atifete Jahjag,

Las Islas Åland: 2011 - Premier Camilla Gunell

Jamaica: 2012 - Primer Ministro - Portia Simpson-Miller

Korea del Sur: 2013 - Presidente Park Geun-hye

Republica Srpska (Entidad autónoma dentro de Bosnia-Herzegovina): 2013 - Primer Ministro Željka Cvijanović

Granada: 2013 - Gobernador-General - Dame Cécile La Grenade

Transnistria (Moldova): 2013 - Primer Ministro - Tatyana Turanskaya

Noruega: 2013 - Primer Ministro - Erna Solberg

Republica Central Africana: 2014 – Director Interino del Estado Catherine Samba-Panza

Latvia: 2014 - Ministro Presidente - Laimdota Straujuma

Chile: 2014 - Presidente Ejecutivo - Michelle Bachelet Jeria

Malta: 2014 - Presidente Marie - Louise Coleiro Preca

Las Bahamas: 2014- Gobernador General - Dame Marguerite Pindling

Polonia: 2014 - Primer Ministro - Ewa Kopacz

Croatia: 2015 - Presidente - Kolinda Grabar-Kitarović

Namibia: 2015 - Primer Ministro - Saara Kuugongelwa-Amadhila

Mauritania: 2015 - Presidente - Ameenah Gurib-Faki

Taiwán: 2016 - Presidente - Tsai Ing-wen

Estos ejemplos claramente muestran que las mujeres finalmente, en muchos países, han entrado en las Instituciones que toman las decisiones a nivel regional y nacional. Muestra que las mujeres, cuando están educadas, pueden compartir las posiciones reservadas antes sólo para los hombres. Esta tendencia probablemente continuará en el futuro hasta que se dé una representatividad igualitaria de mujeres en dichas Instituciones. Para ese entonces, la voz de las mujeres tendrá suficiente peso para dirigir políticas y decisiones legislativas que eleven la paridad con los hombres en todos los aspectos de la vida civil.

Las mujeres acceden a las organizaciones de educación no formal

Se puede observar en las organizaciones de educación no formal una tendencia similar de mujeres participando en posiciones claves a favor de la igualdad de las mujeres. El siguiente ejemplo, de muchos que se pueden citar, muestra el vigor del proceso:

Fondo Global para las Mujeres (Global Fund for Women)

Este Fondo es una Organización que proporciona acceso financiero a las mujeres que desean aprovechar oportunidades educativas. Tres mujeres fundaron la Organización en 1986 en Palo Alto, California, convencidas de que no se puede hacer avanzar la Agenda social global si no se toman en cuenta los Derechos Humanos y la dignidad de las personas. Frustradas por la falta de interés de las entidades filantrópicas para financiar los grupos de mujeres y sus Derechos, ellas fundaron una Organización que da apoyo económico a las organizaciones dirigidas por mujeres.

Las primeras donaciones dadas en 1988 sumaron US$30,000; para el año 1996, el valor total de las donaciones habían alcanzado la suma de US$1.2 millones. Entre 1996 y 2010, bajo la dirección de Kavita Ramda's, el Fondo Global experimentó un crecimiento sin precedentes. El valor total de las donaciones superaron los US$8 millones. Kavita dirigió la campaña, *"Invierta en las Mujeres"* que recolectó US$10 millones para iniciar el Fondo Global. La Organización ha expandido su trabajo al Sub-Sahara Africano y se ha establecido en el Medio Oriente y en el Norte del África.

El personal de la Organización está compuesto por 51 miembros (en el momento en que fue consultada la Organización en el Internet), de los cuales 48 mujeres estaban a cargo de las áreas principales de la Organización incluyendo la Presidencia, Vicepresidencia y las directoras de los diferentes Departamentos. La Organización apoya la prestación de servicios, la abogacía, y la educación para influir actitudes e impulsar cambios de políticas que aseguren el acceso de las mujeres y niñas a los servicios de salud reproductiva. También trabajan en el desarrollo de habilidades y de aumento de la autoestima utilizando varias modalidades educativas. Esto incluye abogacía para el cambio a través de la elevación de la consciencia pública en apoyo a los Derechos de las mujeres y de las niñas. Aunque el Fondo Global ha cambiado con el tiempo, la filosofía de los miembros fundadores ha permanecido: esto es, que las mujeres son los mejores agentes de cambio en sus comunidades y que, dándoles los recursos para hacer su trabajo, pueden cambiar el mundo. (13)

Las mujeres que entran en las organizaciones que toman las decisiones del Estado y en las organizaciones femeninas que agilizan la discusión de la agenda pública, que deciden las políticas que afectan el bienestar de las mujeres y las protegen de la violación de sus Derechos, es un paso evolutivo de envergadura. Apenas estamos comenzando a ver el impacto potencial que tendrá en el estatus de las mujeres en los próximos años. La nueva era de las mujeres que marquen diferencia en la sociedad, ya tiene una base sólida.

Se percibe cómo, la presencia de las mujeres en estas organizaciones, está dando la pauta, los parámetros y líneas de acción para el inicio de una nueva fase: la de eliminar las estructuras sociales opresivas que han esclavizado a las mujeres y las han encadenado a condiciones injustas de vida.

Eliminación de estructuras opresivas que esclavizan a las mujeres a vivir en condiciones injustas

Hemos analizado muchas de las estructuras sociales que todavía existen y fuerzan a las mujeres a vivir en condiciones injustas. Algunas de ellas son el producto de la globalización que representa nuevos desafíos, pues ha generado una red mundial de tráfico de mujeres y niñas, ha cambiado la forma de llevar a cabo los conflictos armados, ha aumentado la separación entre las naciones y los géneros, y ha desmembrado las políticas macroeconómicas de las necesidades sociales, dando como resultado aumento de la pobreza sobre todo en las mujeres.

La lucha por eliminar las estructuras sociales que causan esta situación no se puede llevar a cabo sólo por las mujeres. Deben tener el apoyo y la ayuda de hombres conscientes y de las organizaciones que trabajan en pro de la igualdad de la mujer aumentando su poder para denunciar las estructuras injustas, implementando acciones de abogacía para neutralizar o cerrar dichas estructuras, ofreciendo asistencia a las mujeres para que puedan participar en la elaboración de legislación pertinente, y en contribuir a que se ponga en práctica.

Un ejemplo reciente puede mostrar en qué consiste esta colaboración y lo que se puede lograr. CNN-TV comenzó el Proyecto de Libertad con la meta de elevar el nivel de consciencia del público y de llevar a cabo un debate sobre el tráfico deshumanizante de niñas. El proyecto persuadió a la actriz Mira Sorvino, activista en Derechos humanos, para que los ayudara a sacar a luz el comercio sexual de niñas que ocurre en Cambodia, que era en ese momento uno de los epicentros de esta actividad en el mundo. Con un equipo de filmación, Mira visitó el parque Svay, el centro de tráfico de niñas en Cambodia. El esfuerzo produjo un documental, *"Todos los días en Cambodia"*, que presenta la situación de esclavitud de niñas, vista a través de los ojos de algunas de ellas. El equipo tuvo el privilegio de la protección de Mr. Brewster, anteriormente un pastor, que se trasladó de California a Cambodia, con su esposa Briget, en el 2009 y montó un refugio para estas niñas abusadas

Poco después de su llegada Mr. Brewster hizo una visita exploratoria a un vecindario donde Kieu, una de las muchachas rescatadas, había crecido. Su historia es conmovedora porque fue vendida por su madre a unos traficantes que vendían niñas a un mercado de hombres que buscan vírgenes porque creen que tener sexo con una virgen rejuvenece su sexualidad y los protege de las infecciones de transmisión sexual. La razón alegada por la madre para justificar semejante acción fue porque tenían una deuda con un prestamista que les exigía el pago. Como no tenían fondos, por eso vendieron a la hija. El documental hizo tal nivel de consciencia en la opinión pública, que pudieron rescatar a muchas niñas de las garras de esa explotación.

CNN invirtió dos años acompañando al activista filipino Cecile Flores-Oebanda, al campeón de boxeo Manny Pacquiao, y a un equipo de la policía antitráfico de personas en dicho país. Después de dos años de filmación – acompañando a la policía a hacer redadas en Manila, a realizar labores de agente secreto para buscar actividades de tráfico de personas en provincias remotas del país – el *Proyecto Libertad de CNN* produjo un documental, *"Los Peleadores"*, que expuso a la opinión internacional el caso de abuso sexual de menores llevado a cabo para alimentar la modalidad nueva de sexo cibernético. Esta dura realidad permanecía oculta a la opinión pública internacional hasta que el documental la expuso. Uno de los originadores del sexo cibernético vivía en Estados Unidos; fue aprehendido, condenado y puesto en la cárcel.

Otro documental premiado de CNN, *Esclavitud en Mauritania*, mostró la penosa jornada que una mujer vivió mientras luchaba por conseguir su libertad. El primer paso fue el caer en cuenta que estaba esclavizada. El documental muestra poderosamente hasta dónde la consciencia de la joven estaba adormecida de que vivía en condiciones de esclavitud. Esto era posible porque los responsables mantenían a las muchachas en tal grado constante de miedo que les paralizaba la capacidad de darse cuenta del contexto más amplio: que estaban forzadas a vivir como esclavas. (14)

La pobreza extrema es una de las estructuras sociales más frecuentes para obligar a las mujeres a vivir en condiciones injustas. Ellas y sus hijos son los más afectados por el precio tan alto que tienen que pagar para sobrevivir. Sin educación, viviendo en la miseria, en barrios derrumbados, en franjas de miseria alrededor de las metrópolis tales como Rio de Janeiro, Cape Town, Bangladesh, New Delhi, y Bombay, o en áreas económicamente deprimidas del mundo, estas mujeres caen presa fácil para los depredadores urbanos, que se aprovechan de la necesidad de sobrevivencia en que viven.

Las mujeres pobres no tienen casi ningún control sobre la macroeconomía de un país. Ellas son las que más necesitan de apoyo institucional para poder salir del círculo vicioso de pobreza, que atrae más pobreza y más opresión. Las mujeres que han accedido al puesto de Ministras de la Economía, del Desarrollo, de la Seguridad Social y de la Igualdad de Género, de hecho, han logrado estimular el cambio en las políticas, en las inversiones del gobierno para aliviar de alguna manera la pobreza de estas mujeres. Cierto progreso merece mencionarse, aunque los esfuerzos distan mucho de haber disminuido significativamente la pobreza de millones de mujeres que hoy día, viven en demasiados países.

La Primera Conferencia Mundial de Mujeres organizada por las Naciones Unidas en la ciudad de México en 1975 marcó el inicio para que las Organizaciones de las Naciones Unidas, los gobiernos y la sociedad civil se comprometieran trabajar a favor de las mujeres. Esta labor, liderada por las Naciones Unidas, continuó a través de La Década de la Mujeres, 1976 -1985. La Asamblea General de las Naciones Unidas adoptó, en 1979, la Convención para la Eliminación de todas las Formas de Discriminación contra la Mujer (CEDAW).

Este Organismo estableció una agenda de acción a nivel nacional en los países participantes para terminar la discriminación y promover la igualdad entre los hombres y las mujeres. Además, definió la discriminación como:

> "cualquier distinción, exclusión o restricción hecha con base en el género que tenga como impacto o como meta el obstaculizar o negar el reconocimiento y el ejercicio de su condición de mujer. Este se respeta con base en la igualdad entre los hombres y las mujeres, con base en los Derechos Humanos y en la libertad fundamental en las áreas de la política, la económica, la social, cultural, civil o de cualquier otra área".

La igualdad entre los hombres y las mujeres fue uno de los temas de las subsiguientes Conferencias sobre la Mujer. En la Declaración y Plataforma de Acción de Beijing (1995) se hizo explícito el vínculo que existe entre la igualdad de las mujeres y su empoderamiento. En sus palabras:

> "El empoderamiento de las mujeres y su participación plena, con base en la igualdad en todas las esferas de la sociedad, incluyendo la participación en la toma de decisiones y el acceso al poder, son fundamentales para lograr la igualdad, el desarrollo y la paz". (15)

La Entidad de las Naciones Unidas para la Igualdad de Género y el Empoderamiento de las Mujeres (UNWomen) es un buen ejemplo del tipo de esfuerzo que se necesita, porque es un esfuerzo internacional, y porque busca lidiar con el problema en sus raíces sociales. Reconoce que, donde hay discriminación de género, por lo general se encuentran mujeres que viven en la inseguridad, con trabajos mal pagados; que la discriminación impide el acceso a ayudas sociales y económicas como adquisición de tierras, préstamos; y que limita la participación de las mujeres en la definición de las políticas económicas y sociales. Por lo tanto, invertir en el empoderamiento económico de las mujeres abre el paso hacia la igualdad de género, a la erradicación de la pobreza y al crecimiento económico. Esto fue propuesto por las Metas de Desarrollo del Milenio (MDG) 2000, que reconoce que:

> "**la promoción de la igualdad de género y el empoderamiento de las mujeres son críticos para la erradicación de la pobreza, el hambre y la enfermedad, y el logro de un desarrollo que sea verdaderamente sostenible**". (16)

El apoyo que UNWomen ofrece está diseñado bajo los delineamientos de la Plataforma de Acción de Beijing (1955) y la Convención para la Eliminación de Todas las Formas de Discriminación contra las Mujeres cuyos compromisos internacionales son apoyar el empoderamiento económico de las mujeres. Estas organizaciones brindan este apoyo porque la evidencia sigue creciendo y muestra que, la igualdad de género contribuye significativamente al avance de las economías y al desarrollo sostenible. Los datos son tan evidentes que la premisa no debe ser puesta en cuestionamiento por más tiempo.

Trabajando con variedad de socios, los programas de UNWomen promueven la capacitación de las mujeres para obtener puestos de trabajo bien pagados, acumular bienes, e influir las instituciones públicas y sus políticas que determinan el crecimiento y el desarrollo. Un área crítica de desarrollo involucra la investigación para averiguar cuáles de los trabajos de cuidado de las personas, que llevan a cabo las mujeres, no son pagados, de manera que se puedan implementar acciones para combinar ese trabajo con un salario. UNWomen cubre a las mujeres que tienen mayor necesidad, involucrándose con frecuencia con las organizaciones de base que ofrecen sus servicios a mujeres del campo, a trabajadoras domésticas, a inmigrantes, y mujeres con poca preparación para el desempeño de labores especificas. La Organización busca obtener para ellas mejores ingresos, mayor acceso y control de recursos, y mayor seguridad, incluyendo la protección contra la violencia doméstica, o de otra índole. (17)

La importancia de esta Organización de la NU radica en la visión clara de los beneficios que el empoderamiento de las mujeres aporta a la disminución de la brecha de género, y estimula el crecimiento económico de un país. Su claridad nace de estas consideraciones: (18)

- Cuando más mujeres trabajan y devengan sueldo la economía crece. Si el nivel de remuneración fuese elevado al mismo nivel que el de los hombres, el Ingreso Bruto de los EE.UU. podría crecer en un 9%, el de la Zona EE.UU.ro podría ascender un 13% y el Ingreso Bruto de Japón podían acrecentarse por un 16%. En 15 países con economías fuertes, el ingreso *per capita* subiría en un 14% para el año 2020, y en un 20% para el año 2030.
- La productividad promedio por trabajador aumentaría un 40%, si se eliminaran todas las formas de discriminación contra las mujeres trabajadoras y administradoras.
- Europa puede esperar un decrecimiento de 24 millones de trabajadores si la tasa de participación en la fuerza laboral de las mujeres permanece en los actuales niveles. Si por el contario, la tasa de participación laboral se elevara al mismo nivel del de los hombres, la caída seria de sólo 3 millones.

Presentar otro esfuerzo internacional será suficiente para mostrar cómo esta tendencia de apoyar la igualdad de la mujer está creando el espacio para que las mujeres encuentren el camino para salir de su dependencia del pasado y continuar su desarrollo hasta alcanzar la deseada igualdad con los hombres, en las áreas donde más se experimenta su impacto: al nivel del hogar donde se da la estabilidad económica de la familia.

Este esfuerzo lo lleva adelante el Centro Internacional para la Investigaciones sobre las Mujeres (ICRW), fundado en 1976, como respuesta a las preguntas si las intervenciones internacionales en desarrollo estaban ayudando a las mujeres de igual manera que a los hombres, y si no era así, si estaban contribuyendo al detrimento de la sociedad. En ese momento los roles de las mujeres y sus responsabilidades, sus necesidades y sus contribuciones eran invisibles para aquellos que determinan cómo los países han de gastar sus fondos para combatir la pobreza, el analfabetismo y la mala salud. ICRW fue creada para hacer visible esa realidad oculta.

En sus primeros años, ICRW cuantificó cuánto aportaban las mujeres a la economía a través de las múltiples ocupaciones llevadas a cabo por ellas, y demostró que muchos hogares pobres dependían enteramente del ingreso producido por el trabajo de la mujer, la mayoría de las veces madre soltera. Sus hallazgos determinaron que, los programas de ayuda para aliviar la pobreza, eran deficientes porque estaban basados sobre la premisa de que los hombres eran los proveedores que mantenían a la familia. Al no reconocer a las mujeres como la cabeza del hogar, y al no entregarles los fondos, los programas fracasaban pues la ayuda no llegaba a los más vulnerables entre los pobres, las mujeres y los niños, porque en demasiados casos el hombre malgastaba lo que recibía. Dichos programas tampoco capitalizaban en otro dato conocido: cuando las mujeres controlan los recursos económicos, sus hijos (incluyendo a las niñas) tienen mayor oportunidad de entrar a la escuela y de obtener una educación que beneficiará a toda la familia.

El trabajo que ha realizado ICRW ha ayudado a cambiar la vida de muchas mujeres en varios países. Por ejemplo, en la década de los 80, la investigación de ICRW hecha en Latino América demostró que los programas diseñados para resolver necesidades económicas de las mujeres, como por ejemplo la falta de crédito, permitió montar un programa que concedía préstamos pequeños pidiendo respaldos colaterales no tradicionales. El programa demostró que las mujeres pagaban sus préstamos mejor que los hombres. Hoy, millones de mujeres pobres en el mundo, se benefician de programas de micro financiación que fueron diseñados con base en estos hallazgos ofrecidos por ese tipo de investigación. (19)

Ayudar a las mujeres a salir de la pobreza es, definitivamente, una de las áreas claves en donde el esfuerzo internacional debe aplicarse si deseamos que las mujeres puedan vivir en términos iguales que los hombres. Aun así, todavía hay otra área donde la igualdad es crucial; ésta es la de los salarios en el trabajo, de manera que estos sean iguales a los que reciben los hombres por el mismo tipo de trabajo, con la misma preparación o experiencia.

Iguales oportunidades de acceso a la fuerza de trabajo con iguales salarios

El pago igual para las mujeres que hacen el mismo trabajo que los hombres es un paso necesario para lograr que la igualdad entre los hombres y mujeres sea una realidad. La actividad pagada, es tan importante en el desarrollo de las mujeres, como lo es el acceso de ellas a la educación. Las mujeres que hacen los mismos trabajos que los hombres han demostrado un sin número de veces que tienen la capacidad para desempeñarlos. Esto reafirma que no hay diferencias innatas que las haga menos capaces para llevar a cabo dichos trabajos.

Hemos analizado cuánto han progresado las mujeres para alcanzar la educación superior como un paso esencial para lograr puestos mejor pagados. Unos datos adicionales ampliaran la perspectiva. El Centro Nacional para las Estadísticas Educativas de EE.UU. presentó los siguientes logros de las mujeres en el 2011:

- De 1980 a 2008, 552 millones de mujeres ingresaron en la fuerza laboral. Cuatro de cada 10 trabajadores eran mujeres.
- Las mujeres que se gradúan de la Universidad estaban administrando más de 10 millones de negocios con ventas combinadas de $1.1 trillones de dólares y eran responsables del 80% de las decisiones de compra en el 2009.
- A partir del 2011, el 50.5% de las mujeres trabajadoras del mundo estaban en empleos vulnerables, sin protección legal laboral, en comparación con el 48.2% de los hombres. Las mujeres estaban con mayores probabilidades que los hombres de encontrarse en un trabajo en donde las condiciones las hacía más vulnerables. Esto era manifiesto en el Norte del África (55 % de las mujeres versus 32 % de los hombres); en el Medio Oriente (42% versus 27 %) y en el Sub-Sahara Africano (casi el 85% de las mujeres versus el 70% de los hombres).
- En la mayoría de los países asiáticos y latinoamericanos, los salarios de las mujeres estaban, entre el 70 al 90% en promedio, cifra que los colocaba más bajo que en otros países,

- El salario promedio para un miembro de una facultad de la Universidad era de US$87.206 en comparación con US$70.600 que ganaba una colega del mismo rango. (20)
- Los datos salariales se vuelven más agudos cuando se introduce el factor de género y de raza, especialmente para las mujeres que pertenecen a grupos minoritarios. En los EE.UU., durante el primer trimestre de 2012, las hispanas ganaban, en promedio, el 90% del nivel salarial de los hombres hispanos, pero apenas el 60% del nivel salarial de un hombre blanco.
- Algo similar pasa cuando se examina los niveles superiores de la Gerencia de Empresas. Un sondeo global encontró que solamente el 18.3% tenía una mujer en ese nivel. Las mujeres que trabajaban a tiempo completo representaban el 31%, pero en las empresas manufactureras, la cifra se desplomaba a un 9.9%. (21)

En términos relativos las mujeres que han triunfado – por lo menos en los países más avanzados como EE.UU., Canadá, la mayoría de Europa y Australia, en muchas ciudades de México, Costa Rica, Panamá, Brasil, Colombia, Perú, Argentina, Uruguay y Chile - habían logrado acceder a la educación superior. Esto les ha permitido después entrar en la fuerza laboral en número y en posiciones consideradas inconcebibles que una mujer accediera hace unos 50 años. A esta tendencia positiva le hace falta aún un elemento importante y es, que la mujer no sea discriminada en base a su etnicidad y otros impedimentos tradicionales.

El rol de la mujer en hacer realidad el advenimiento de la Paz Mundial

Desde la perspectiva Bahá'í, la igualdad entre el hombre y la mujer, es una de las propuestas más visionarias que su Fundador dejó a la humanidad de lo que sería el sublime rol que las mujeres han de desplegar en el futuro cercano. Se trata del rol que Bahá'u'lláh le asigna a la mujer para lograr la Paz Mundial.

La eliminación del proceso de la Guerra

Mucho se ha escrito, proclamado y expuesto sobre el deseo de obtener una Paz Mundial, como una posibilidad real, como una esperanza, como una realidad intensamente necesitada por la humanidad. Somos testigos de demasiadas situaciones de peligro que fácilmente pudieran convertirse en una devastación mundial, si la necedad del hombre por dominar a todos los que considera como el 'enemigo', lo indujera a demostrarlo utilizando un arma atómica, nuclear o química.

Las religiones tradicionales no han presentado la eliminación de la Guerra y la adquisición de la Paz Mundial como un principio explícito de su Revelación. En el momento de su aparición, el mundo no estaba listo para este tipo de pensamiento, ni tampoco estaban dadas las condiciones de las relaciones entre las naciones que lo permitieran. El mundo todavía estaba en la fase de gobiernos patriarcales y monárquicos; no existía la delimitación geográfica de las naciones como la tenemos hoy día. La forma 'natural' de solucionar las situaciones de conflicto era por la vía de quien tuviera el mayor poder bélico para imponerse al otro según el estilo de los Imperios.

En una perspectiva nueva y novedosa, la Revelación de Bahá'u'lláh ofrece el establecimiento de la paz mundial para la humanidad como voluntad Divina. Esta Revelación no es solamente singular, sino espiritualmente revolucionaria. Bahá'u'lláh promete que "La Más Grande Paz" será una realidad para la humanidad si ciertos requisitos se cumplen. Uno de ellos es que se dé la igualdad de la mujer con el hombre en todas las condiciones y áreas de la vida. Esto incluye la participación completa e integral de ellas en la toma de las decisiones que afectan al mundo. Para que esto ocurra, los hombres deben permitir, estimular y apoyar a las mujeres para que formen parte de los foros y organizaciones mundiales donde se toman las decisiones que afectan al planeta. Para que las mujeres estén preparadas para participar deben tener acceso a la educación, como se explicó antes, porque con esa preparación, las mujeres pueden contribuir efectivamente en los procesos de la toma de decisiones.

Participando en estos foros y expresando su punto de vista, las mujeres pueden entonces representar a la mitad de la humanidad que ha estado silenciosa por tantos miles de años. Esto es esencial para que las decisiones globales sean completas. Las mujeres no pueden expresar sus puntos de vista en las decisiones mundiales que nos afectan a todos, si están excluídas del proceso de la toma de dichas decisiones. El mundo, en su totalidad, no puede avanzar, no puede progresar, a menos que las dos mitades de la humanidad tengan la oportunidad de expresar sus opiniones y puedan votar, a favor o en contra, de las decisiones finales que directamente afecten el bienestar de ellas y de sus hijos.

Cuando esto ocurra como la forma normal de procedimiento, podemos esperar que el avance de la civilización se dé. 'Abdu'l-Bahá, el hijo de Bahá'u'lláh, resumió esta participación vital en una de sus muchas alusiones a la igualdad entre la mujer y el hombre:

> **"Cuando las mujeres participen en forma plena y en pie de igualdad en los asuntos del mundo, y entren con confianza y capacidad en los grandes campos de las leyes y la política, las guerras cesarán, porque la mujer será su obstáculo e impedimento. Esto es cierto e indudable".** (22)

Hay también una razón profunda para que las mujeres estén presentes en el proceso de la toma de decisiones que afectan a millones de personas, especialmente cuando se trata de tomar una decisión de ir o no a la Guerra. Las mujeres, los Altares de la Vida, experimentan en sí mismas el milagro renovado de la Vida que se re-crea cada vez que dan a luz un bebé. Si hay alguna cualidad que puede hacer a los humanos semejantes a Dios, es su habilidad para reproducir, como especie, otro ser racional, pensante y espiritual. La participación en el acto de la creación es el privilegio de toda mujer que queda embarazada y da a luz. En la intimidad de los dolores de parto, ella se conecta con la fuente primordial de la Vida, en una forma que ningún hombre puede. Esta es, por excelencia, su experiencia de lo divino.

Darse cuenta que la matriz de la mujer es el templo de la Vida es una experiencia que ningún hombre puede jamás llegar a duplicar. Por esta misma razón, ningún hombre podrá reverenciar la vida como lo puede hacer la mujer. Ellas están sintonizadas con la Vida como las cuerdas de un violín están afinadas para que el toque del maestro las haga vibrar con las notas sublimes de una sinfonía inspiradora capaz de mover los sentimientos y las emociones hasta el borde de lágrimas y aplausos entusiastas.

Las mujeres sienten la Vida, las mujeres entregan Vida renovada, las mujeres transforman un óvulo fertilizado en un bebé completo, capaz de mostrar la presencia de Dios en la inocencia de sus ojos que se abren al milagro de la Existencia. Las mujeres que sostienen un recién nacido, que lo amamanta hasta que se convierte en un enérgico explorador de su mundo circundante, y que finalmente lo ve crecer y convertirse en un joven vibrante, es una mujer que ha invertido en su hijo/hija una porción de sí misma. Ella le ha dado a ese niño la vida, pero adicionalmente le ha puesto en su alma el sello de su maternidad. Un hijo, una hija, es para una madre un pedazo de su corazón que se ha hecho visible y presente en un ser independiente, que puede llegar a ser un espejo de la presencia de Dios en la Tierra a través del desarrollo de los Atributos que lo asemejan cada vez más a su Creador. Este es el triunfo de una mujer, el 'por qué' ella aprecia la Vida presente en su hijo o hija como ningún hombre puede llegar a experimentarlo.

Esta es la razón por la cual las mujeres, si se les da la oportunidad para votar por la Paz o la Guerra, ellas probablemente votarán por la Paz. Ninguna mujer quiere enviar a su "ser de Vida" a que sea acribillado por balas, bombas o misiles. Ella ha invertido demasiado en el crecimiento de ese retoño para enviarlo a su muerte porque ha votado a favor de la guerra. 'Abdu'l-Bahá usó el mismo concepto para expresar las razones por las cuales las mujeres deben estar en los Foros donde se toman este tipo de decisiones. Así fue como lo expresó:

"La mujer cría al niño y educa al joven hasta la madurez. Ella rehusará ofrecer sus hijos en sacrificio sobre el campo de batalla. Ciertamente, ella será el factor más

importante en el establecimiento de la paz universal y el arbitraje internacional. Es seguro que la mujer abolirá las guerras entre los seres humanos". (23)

Las palabras de 'Abdu'l-Bahá no deben tomarse a la ligera. Cuando él afirma **"Ciertamente, la mujer abolirá la guerra en la humanidad"** está haciendo una afirmación profunda. Este es un enorme papel que las mujeres han de llevar a cabo en la historia de la humanidad. Este es un rol que debe tomarse seriamente y no se debe desestimar a la ligera. Los hombres, en los pasados 6.000 años de historia registrada, ciertamente que no han podido "abolir la guerra en la humanidad". Por el contrario, los hombres incesantemente han recurrido a la guerra como la 'forma normal' de resolver el conflicto o peor para dominar al que se ha decretado que es el 'enemigo'. Ellos han repetidamente utilizado la guerra para resolver las diferencias más serias. La guerra se ha convertido en el vergonzoso método para conquistar a otro país, para incautar su tierra y sus recursos naturales y económicos; pero peor, para someter al vencido a alguna forma de servidumbre, siendo las mujeres y los niños los más vulnerables. Si la paz mundial ha de llegar algún día, debe tener la presencia de las mujeres en los Foros o Instituciones que deciden ir a la guerra o no. Las mujeres contribuirán a impedir la masacre de otros seres humanos, independientemente de las justificaciones que se presenten, porque las mujeres entienden y aprecian la sacralidad de la Vida, y están dispuestas a preservarla, negociarla, defenderla y apreciarla en niveles de intensidad que los hombres han demostrado que no están dispuestos a hacerlo.

Impresiona constatar cuán enfáticamente la Fe Bahá'í reconoce y defiende este papel de la mujer en el futuro próximo. 'Abdu'l-Bahá afirma que la igualdad de la mujer y el hombre es un prerrequisito para la paz. Sin este acontecimiento, la tan deseada paz y prosperidad a las que la humanidad ha aspirado durante miles de años, no se hará realidad. Este deseo ha sido expresado en incontables discursos, en inspiradas canciones, en escritos espirituales profundos, en profecías, en el alma colectiva de la humanidad. Hemos vivido el peso que la guerra inflige en sus víctimas. La guerra jamás ha dado la victoria a ningún bando, porque ha destruido el más preciado de todos los tesoros: la vida humana.

Las Naciones Unidas han entendido y asimilado este principio como se puede testimoniar en la siguiente declaración:

> **"El empoderamiento de las mujeres y su completa participación son las bases de la igualdad en todas las esferas de la sociedad, incluyendo la participación en los procesos de toma de decisiones y el acceso al poder son fundamentales para lograr la equidad, el desarrollo y la paz"** (24). (subrayado del autor)

La igualdad entre los hombres y las mujeres no ocurrirá con la sola proclamación de los Derechos Humanos. Para que sea aceptado por toda la humanidad, el decreto debe tener la aprobación divina. La única forma como los humanos puedan tener seguridad que esta es la Voluntad de Dios es oír la declaración de boca de su Escogido, su Portavoz. Este el rol de la Manifestación: hacer evidente para los humanos a quienes se dirige cuál es la voluntad de Dios para ese momento. La Fe Bahá'í afirma que esto es lo que Bahá'u'lláh ha hecho explícito, cuando afirma que esta meta se alcanzará cuando se implemente la igualdad de género a nivel local y planetario. Esta es la manera como 'Abdu'l-Bahá, su hijo a quien hizo único intérprete de su Revelación, se expresó al respecto:

> **"Luchad para que el ideal de la paz internacional se pueda realizar a través de los esfuerzos de las mujeres, porque el hombre es más inclinado a la guerra que la mujer, y una evidencia de la superioridad de la mujer será su servicio y eficacia en el establecimiento de la paz universal".** (25) **(traducción no oficial)**

Esta afirmación se vuelve profética cuando somos testigos de cómo las mujeres están, lenta pero seguramente, tomando su puesto en el proceso de búsqueda de la paz. En 71 años (de 1906 a 1976) sólo tres mujeres habían ganado el Premio Nobel de la Paz. Este número ha crecido exponencialmente en los 38 años siguientes con 14 mujeres más recibiendo este honroso premio. La ganadora de dicho premio en el 2014 fue May–Britt Moser y Malala Yousafzai (conjuntamente con Kailash Satyarthi). (26)

Rigoberta Manchú, nacida en Guatemala y crecida en el período violento y represivo de la Junta Militar de los 1970, se destacó por su lucha en favor de los Derechos de los pueblos autóctonos del Hemisferio Occidental. Por esta ardua consagración a dicha causa ha sido la primera mujer indígena que en 1992 se le haya otorgado el Premio Nobel de la Paz. Su esfuerzo mostró cómo una mujer, en contra de inmensos obstáculos, puede levantarse en contra de la guerra, animar esfuerzos por la paz, y obtener reconocimiento internacional por su labor. Menchú ha permanecido como defensora de los pueblos autóctonos, y en junio de 1996, fue otorgada, por el Director General, el título de Embajadora de Buena Voluntad de la UNESCO. En ese mismo año fue a Noruega para estar presente en la firma del cese de fuego entre el gobierno de Guatemala y los rebeldes, terminando así un conflicto de 42 años. Esta fue la guerra civil más larga de Centro América, por la que, ella y su familia, tanto lucharon para que se terminara. (27) Las críticas a las imprecisiones de su auto-biografía no le restan al mérito de su acción en pro de los derechos de los grupos autóctonos de Guatemala.

La Institución Bahá'í International Community, ha representado a la Fe Bahá'í en la Naciones Unidas desde 1947, y ha jugado un rol significativo al exponer los principios Bahá'í ante esa augusta entidad. Las Naciones Unidas están tratando de dirigir a la humanidad a alguna forma de gobierno internacional, por medio de la cual las naciones puedan encontrar una vía alternativa para resolver el conflicto, diferente a la guerra. En *La Promesa de la Paz Mundial*, un magnifico documento publicado en 1985 por la Casa Universal de Justicia, el cuerpo gobernante de la Fe Bahá'í, claramente expone cómo las mujeres son necesarias para el avance de este proceso de paz. En las palabras del documento:

> **"La emancipación de las mujeres, el logro de la igualdad total entre ambos sexos, es uno de los más importantes requisitos previos para la paz, aunque sea uno de los menos reconocidos. La negación de dicha igualdad perpetra una injusticia contra la mitad de la población del mundo, y provoca en los hombres actitudes y costumbres nocivas, que se llevan de la familia al trabajo, a la vida política y, por último, a las relaciones internacionales.**

No existen bases morales, prácticas ni biológicas para justificar tal negación. Sólo en la medida en que las mujeres sean aceptadas, con plena igualdad, en todos los campos del quehacer humano, se creará el clima moral y psicológico del que puede surgir la paz internacional". (28)

Este rol de las mujeres fue expuesto, una vez más, en el documento producido por el Bahá'í International Community titulado '*El Rol de las Religiones en Promover un entendimiento hacia la Paz Sostenible*'. Un miembro de la Organización, la Sra. Bani Dugal, presentó este documento durante la conferencia sobre Cooperación Interreligiosa para la Paz el 22 de junio de 2005. En tal ocasión, ella leyó el siguiente párrafo, que reiteraba claramente la presencia de las mujeres en el proceso de paz:

"Finalmente... demasiado frecuentemente, los esfuerzos realizados para el entendimiento intercultural han fracasado en darle igual importancia a las contribuciones y roles de las mujeres. Su participación total, en todos los esfuerzos de entendimiento intercultural y la construcción de la paz, debe ser buscada, no sólo a nivel pragmático sino como la expresión del principio espiritual y moral de que los hombres y las mujeres son iguales delante de Dios. 'La ambiciosa tarea que tenemos por delante – la de colocar las bases y los fundamentos de comprensión interreligiosa y de la paz sostenible – va a requerir la sabiduría colectiva, la intuición, y la capacidad de todos los representantes de la religión – hombres, mujeres, niñas y niños. Porque, mientras a las mujeres se les impida lograr su más alto potencial, tanto más será el hombre incapaz de activar la grandeza que ellas pueden adquirir". (29) (Traducción del autor)

Los Bahá'ís en el mundo entero están comprometidos y trabajando por el avance de la civilización, compartiendo la visión de Bahá'u'lláh sobre el advenimiento de la paz mundial en sus labores cotidianas. Uno de las formas claves de producir la paz es criando los niños con el convencimiento de que la igualdad de las mujeres y los hombres es un Derecho Humano. Los Bahá'í enseñan por doquier, que esta igualdad es un principio dado por Dios, de donde adquiere su universalidad para ser aplicado a todos los hombres y mujeres del planeta. Este es el poder transformante de una verdadera Revelación, el potencial que tiene para mover los corazones para que se unan a la Causa que expresa la Voluntad de Dios para el momento presente.

Mujeres combatientes – ¿Una meta deseable?

En el contexto expuesto, las siguientes preguntas tienen una relevancia interesante; ¿Debe permitírsele a las mujeres que se conviertan en soldados combatientes? ¿Deben ellas aspirar a ser soldados como los hombres en la forma en que estos han sido tradicionalmente combatientes?

Estas son preguntas interesantes y válidas. Analicémoslas. La primera se refiere a un permiso: ¿Debe la sociedad prohibirle a la mujer que participe como soldado combatiente así como el hombre tiene el Derecho de hacerlo? Por lo expuesto la respuesta es casi evidente. No. A una mujer no se le debe prohibir llevar a cabo su legítimo deseo de defender su país ofreciéndose como soldado combatiente. Claro está, ella tendría que aprobar el entrenamiento al que todo soldado debe someterse, antes de ser enviado al combate.

La segunda pregunta es sobre si una mujer debe aspirar a convertirse en un soldado combatiente, para demostrar que ella puede llegar a serlo como lo puede ser un hombre. Esta sería una motivación completamente diferente para escoger una ocupación tan 'machista'. La igualdad del hombre y la mujer no es sobre el hecho de que ella puede comportarse como un varón hasta superarlo en aquella área férreamente reservada para el hombre. Se trata de tener igual acceso que los hombres para poder desarrollar su potencial en una forma creativa, como la de convertirse en doctora, arquitecta, ingeniera, artista, maestra, investigadora, operadora calificada, trabajadora competente en una fábrica, en un piloto de avión, o en una atleta olímpica.

Llegar a ser un soldado combatiente es lograr una posición en la que los hombres se han destacado a través de los milenios con una meta obsesiva: subyugar al 'enemigo', tomar prisioneros, aniquilar al oponente, matar al desafiante. La destrucción de otro ser humano es el resultado de esta dedicación. Los hombres se han destacado en este rol, porque tenían que hacerlo en los albores de la historia humana. Un hombre tenía que defender a su familia, a la tribu de los extranjeros, de los enemigos cuyo propósito para asaltar la aldea era adquirir el botín de guerra, incluyendo las mujeres y niños como esclavos potenciales. Ser un combatiente en la guerra no es para cimentar relaciones diplomáticas, ni para organizar encuentros de resolución de conflicto, ni para fortalecer los lazos interculturales con el fin de obtener un bien común; no es para compartir la riqueza o el conocimiento, no es para construir un mundo en donde todos puedan vivir en paz. El combatiente está ahí para destruir, erradicar, imponer, demandar obediencia y sumisión de parte del vencido.

Porque ésta ha sido la esencia del soldado combatiente, los varones que han hecho la historia y han erigido los imperios como el Imperio Egipcio con sus faraones (2,200 - 525 aC.), el Imperio Babilónico (1375 - 1000 aC.), el Imperio Asirio (1050 - 960 aC.), el Imperio Griego (800 - 429 aC.), el Imperio Romano (509 aC.- 476 dC), el Imperio Persa (559 - 468 dC.), y el Imperio Chino (221 BC –1912 dC). Los hombres no han parado de crear la historia a través de esta destructora actividad. La historia moderna ha sido testigo de la misma dinámica varonil cuando se construyó el Imperio Español (1500 -1814 dC.), se impuso el Imperio Ingles (174 - 1945 dC.), se estableció el reinado del Imperio Otomano (1560 -1918), y del Imperio Austro-Húngaro (1867-1918). (30)

Los Imperios no se forjaron por acuerdos pacíficos; primero se pelearon y se ganaron por quien tenía el ejército más poderoso. Los hombres fueron los perpetradores cuando eran los agresores, o los defensores cuando eran atacados. Independientemente de la posición, ellos fueron los principales actores de estos monumentales eventos históricos. El precio que se pagó para llegar a ser protagonistas fue extremadamente alto: miles de miles de hombres apilados como víctimas de la guerra, como soldados caídos, como civiles desaparecidos, o como combatientes masacrados. Estos imperios se erigieron sobre los cuerpos muertos de los soldados y de los civiles sacrificados hasta que se ganaron las batallas.

¿Cuántos hombres fueron sacrificados para lograr llenar esta obsesión del hombre de crear imperios para someter a otros? Números exactos de las víctimas son muy difíciles de obtener basados en las estadísticas de guerra, pues nadie realmente cuenta el número de soldados caídos. Se hacen estimativos basados en el tamaño de los ejércitos que pelean y en los soldados que sobreviven. El daño colateral de los civiles sacrificados en la furia de estas batallas es aún más difícil de cuantificar. Aun así, algunas aproximaciones se pueden hacer. Si tomamos las principales batallas, desde el imperio Persa hasta el término de las dos Guerras Mundiales, se puede estimar que más de 235.266.255 personas (la mayoría hombres) murieron en esas batallas. (31) Este es un número inaceptable de vidas humanas sacrificadas, no importa qué variable se use para su medición. Este número de muertes causadas por las guerras es simplemente una cicatriz hundida en el alma de la humanidad, que debería rechazarla, pues no es una meta deseable de su evolución.

Las guerras han producido alabanzas, poemas, canciones, pinturas, estatuas, novelas, y películas de increíble refinamiento artístico, cuyo fin ha sido para exaltar el heroísmo de los hombres que han participado en las guerras. Estas demostraciones de la creatividad del espíritu humano en ningún momento borran la desnuda realidad de la guerra. Las guerras han dejado familias destrozadas, juventud mutilada, casas convertidas en cenizas humeantes, viudas llorando en la noche, niños sin padres, y odio esculpido en los corazones y en las mentes de los derrotados que juran vengarse. Las guerras han incinerado los cultivos y saqueado los museos; han destruido las fábricas, los puertos y medios de transporte, las bodegas, las escuelas y universidades, las galerías de arte, las bibliotecas del conocimiento y los servicios básicos. Las guerras han dejado ciudades cicatrizadas, campos explotados, e infraestructuras demolidas. Las guerras no sacan al hombre de su miseria, sino que la agudiza. Las guerras no han hecho a los combatientes capaces de amar aquellos que los han señalado como 'el enemigo'. Las Guerras no son el campo donde se enseña a amar al otro. Ejemplo patente en pleno Siglo XXI son las imágenes que la TV nos ha brindado de cómo han quedado las ciudades demolidas, arrasadas, irreconocibles en Siria como resultado de las armas de alta destrucción que todos los bandos han usado bajo los múltiples justificativos ideológicos, políticos y económicos que hay detrás de la decisión de 'acabar con el enemigo', sea este el gobierno de turno o los que se han levantado para derribarlo.

Dado este contexto de la guerra, que las mujeres aspiren a ser soldados combatientes es básicamente querer emular al hombre en su comportamiento destructivo, es querer igualarse en lo peor de la inclinación varonil a la agresión como medio de solución de todo conflicto. Esto es equivalente a que las mujeres quieran convertirse en máquinas de destrucción, antes que en seres humanos llenos de compasión. Ellas han demostrado que en esta área es donde están por encima del hombre. En este sentido, los hombres deben tratar de imitar a las mujeres, no al contrario. Nosotros, los hombres, estamos listos para responder con violencia con la más mínima provocación, sea a nivel individual, comunitario o nacional. Nuestro orgullo, nuestro mal entendido deseo de controlar a los demás, sea en su riqueza o en sus personas, para satisfacer nuestros deseos y caprichos, ha sido más constante que el deseo de dialogar, de encontrar soluciones al conflicto a través de las negociaciones pacíficas, especialmente con aquellos que han sido designados como 'el enemigo'.

Si hay algún área en donde los hombres tendrían que imitar las cualidades de la mujer es precisamente en el área de la compasión, del diálogo, y en la búsqueda de soluciones a través de la consulta. Los hombres deberíamos aprender estas destrezas antes que buscar las soluciones por la fuerza, considerada equivocadamente como la forma 'natural' de solucionar el conflicto. Las mujeres no tienen por qué hacer la elección de convertirse en soldados combatientes para mostrar que pueden llegar a ser tan agresivas, violentas y destructivas como los hombres. Una excelente representación de cómo se da esta evolución la protagonizó la actriz, Demi Moore, en la película 'GI Jane' (1997), en la que ella se convierte en un soldado de las fuerzas especiales y no es aceptada por sus compañeros varones sino hasta el momento que puede desplegar el mismo comportamiento violento que su superior estaba usando con ella.

La frase de triunfo resume perfectamente lo expuesto cuando ella, ensangrentada por la pelea con él, le reviró diciéndole, "Ahora soy uno de los muchachos".

Otro ejemplo más reciente que apareció en el 2014 es la película *300: El nacimiento de un Imperio*, que se hizo al estilo de su predecesora, *Los 300*. En el *Nacimiento de un Imperio*, aparece una mujer, Artemisia (protagonizada por Eva Green), dirigiendo la batalla naval de Sakamis en nombre de Xerxes, el rey-dios Persa. Ella, adiestrada desde muy joven en las lides de combate con la espada, se tiene que enfrentar al final con Themistocles, el general griego que la confronta en dicha batalla naval. Los dos tienen una pelea a muerte en la cual ella da la impresión al inicio del enfrentamiento que es capaz de derrotar a Themistocles. Este sin embargo, logra darle una estocada mortal con su espada. Ella, antes de caer moribunda, termina empujándose contra la espada del general hasta que esta aparece por su espalda, desafiándolo así en el último momento de su derrota. Esta película es una excelente representación de cómo una mujer se tiene que convertir en un 'hombre guerrero' para ser aceptada en el rango de general, porque había demostrado que era capaz de derrotar, en pelea con la espada, a los hombres que la habían enfrentado.

Un patrón similar se observa cada vez más frecuentemente con la aparición de películas de acción en las que las mujeres participan en el frente de guerra, desplegando igual o mayor ferocidad que la de los hombres. Ejemplos recientes son las siguientes películas donde el personaje principal es una mujer con estas características: Charlize Theron en *Mad Max: Fury Road* demuestra una calma imposible mientras liquida guerreros frenéticos; Uma Thurman en *Kill Bill* deja un montículo de ninjas muertos en un rio de sangre, Summer Glau en la serie de TV, *Firefly*, se convierte en una furia imparable con los agresores; Rila Fukushima en *The Wolverine* acaba con los guerreros ninjas como si fueran muñecos inmóviles; Linda Hamilton como Sarah Connor, en la serie de *Terminator*, se iguala en lucha cuerpo a cuerpo con cualquier hombre así como la maquina que la quiere eliminar; en la película de *Lord of the Rings*, Eowyn, la supuesta obediente servidora va a la batalla, defiende a su rey, mata a un monstruo, y apúñala en el rostro a uno de los guerreros más poderoso de Sauron, el jefe del ejército enemigo.

Estos son muy buenos ejemplos culturales modernos de cómo la mujer se convierte en un guerrero como los hombres para demostrar que ellas son capaces no solo de comportarse tan agresivas y demoledoras como los hombres, sino que logran superarlos. Claras imágenes que proponen un modelo para que las mujeres de hoy día lo imiten aunque dicho modelo no es necesario para lograr una igualdad equilibrada.

Invitando a los hombres a que se integren a la nueva evolución espiritual

Ya sea como Jefe de Estado o Ministro de Gobierno, como líderes de Organizaciones religiosas, como jueces, generales de ejércitos, como gerentes de macro empresas, como alcaldes o como esposos y padres, los hombres han tenido enorme poder sobre múltiples aspectos de la vida de las mujeres.

El proceso de obtener la igualdad de las mujeres requiere que los hombres tomemos consciencia de lo que está ocurriendo. Los hombres debemos reconocer la herencia de poder que han recibido y el rol opresivo que esa herencia ha tenido sobre las mujeres. Si permanecen como espectadores pasivos, no tomarán el paso evolutivo de involucrarse en apoyar y ayudar a implementar la transformación necesaria: la aparición de la igualdad entre la mujer y el hombre como una meta deseada por la humanidad.

Esta transformación no puede ocurrir mientras los hombres controlemos la mayoría de las Organizaciones e Instituciones gubernamentales donde se toman las decisiones globales que impactan a las mujeres. Estas decisiones las afecta directamente impidiéndoles acceder a empleos mejor remunerados, obtener oportunidades financieras, entrar en las esferas de la educación superior, ser elegidas para posiciones directivas donde pueden ser responsables de crear políticas y leyes que favorezcan la participación de las mujeres en la administración y en la gerencia del mundo a la par que los hombres.

Por lo tanto, es necesario que las mujeres caigan en la cuenta de esta realidad y se dediquen, en la medida de sus habilidades, a involucrar a los hombres en el proceso de crear la igualdad deseada de los géneros como lo propone Bahá'u'lláh, como ha sido presentado por las Naciones Unidas, como ha sido respaldado por las ONGs que trabajan en el empoderamiento de las mujeres, y como lo expresan las mujeres que trabajan a nivel comunitario, cuando denuncian la opresión masculina. Sonia Osorio, Presidente del Capítulo de Nueva York para la Organización Nacional de las Mujeres, expresó muy bien la necesidad de involucrar a los hombres cuando afirmó: **"Al igual que en política, no se puede conseguir que se haga algo por las mujeres al menos que se trabaje por igual las diferentes posiciones que los hombres tienen de ellas"**.

Esta estrategia fue muy bien expresada en el juicio y la condena que le hicieron a dos adolescentes varones de la pequeña ciudad de Steubenville, Ohio, por violación de una estudiante a la que habían incapacitado dándole alcohol en la noche del 11 de agosto de 2012. Muchos hombres, tanto de reconocimiento social como sencillos ciudadanos, manifestaron su desacuerdo contra la discriminación de género, la misoginia, y contra lo que se ha llamado, la 'cultura de la violación'. El ganador de un premio Grammy, John Legend, proclamó en esa ocasión: **"Todos los hombres deberían ser feministas. Si los hombres se preocupasen de los Derechos de las mujeres, este mundo sería un mejor lugar"**. El velocista olímpico, Andrew Reyes, los senadores Demócratas de Virginia, Mark Warner y Tim Kaine, y el defensa de los Eagles de Philadelphia, Ronnie Cameron, proclamaron su alianza con dicho movimiento para acabar con la violación, el asalto sexual y el abuso doméstico. (32)

No se trata de una pelea entre las mujeres, que son conscientes de sus Derechos, y los hombres atrincherados en sus creencias tradicionales sobre las mujeres catalogándolas como seres inferiores que tienen que ser controladas por los hombres. Una pelea de esta índole dejará a las mujeres sangrando más que a los hombres, y probablemente con poca ganancia. Se trata, más bien, de una lucha de convencimiento, de razonamiento, de confrontar creencias tradicionales inaceptables dialogando sobre los beneficios que el empoderamiento brinda a las mujeres, analizando los datos que muestran, que las mujeres que obtienen sus Derechos de igualdad y los ponen en práctica, dan abundantes resultados que incluyen niños mejor alimentados, una economía familiar mejor administrada, una mejor salud para los niños, una entrada económica que rinde más. En vez de ser simple sujetos obedientes de las órdenes impartidas por los hombres, o por las Instituciones manejadas por los varones, la igualdad para las mujeres significa darles oportunidades para abrir pequeños negocios, estimular a que las niñas entren y se mantengan en las escuelas, que estén involucrarlas en las actividades comunitarias y en las decisiones que afectan a todos dándoles oportunidades a las mujeres para que sean protagonistas de su propio desarrollo.

Esta necesidad de incluir a los hombres en el proceso para conseguir la igualdad, en forma real, ha sido demostrada en muchos países a través de diversas experiencias. Revisemos algunos ejemplos que hablan por sí solos. Antes de presentarlos, conviene recordar que, hace menos de cien años, en el momento en que se le dio a la mujer el Derecho de votar en EE.UU. (1920), aproximadamente el 99% de los hombres estaba en contra del Movimiento del Sufragio de las Mujeres. En ese momento era inconcebible que los hombres estuviesen a favor de la igualdad de las mujeres y mucho menos que estuvieran activamente involucrados en una Organización que apoyara los Derechos de las mujeres.

A continuación algunos ejemplos de hombres prominentes y muy conocidos que se han convertido en campeones de los Derechos de la mujer.

El vicepresidente Biden de EE.UU: demostró su apoyo a las mujeres redactado el borrador del Acta contra la Violencia de las Mujeres en 1994 (VAWA) cuando era Senador durante la administración de Clinton. El Acta cubre las víctimas (mujeres y hombres) de la violencia doméstica, el asecho y asalto sexual, destinando US$1.6 millones para la investigación y enjuiciamiento de estos crímenes. En febrero del 2012 el Senado aprobó una extensión al Acta, expandiendo su cobertura a las parejas sexuales del mismo género y a los Nativos Americanos. Biden dio un discurso conmovedor explicando por qué la reactivación de VAWA era tan vital.

Matt Damon: aunque ha apoyado una gran cantidad de causas, incluyendo el alto al genocidio en Darfur, él también ha apoyado constantemente los Derechos de las mujeres. Narró un segmento de la serie de PBS, "*Mujer, Guerra y Paz*" en el que ofrece las razones por la cuales los hombres deben preocuparse por lo que experimentan las mujeres en las zonas de conflicto.

Nicolas Kristof: un columnista del New York Times, ha escrito con frecuencia llamando la atención a la difícil situación de las niñas en países pobres del tercer mundo, específicamente aquellas que son víctimas del tráfico de personas. Kristof fue también co-autor del libro, "*La mitad del cielo*", que explora la penosa situación de las niñas en países pobres e ilumina cómo el progreso económico puede ser una solución parcial para la liberación de las mujeres. El libro fue adaptado como documental por la cadena de TV, PBS. El libro ha servido como plataforma de acción para el cambio de la vida de las mujeres en estos países pobres. (33)

Daniel Craig: conocido por su rol de James Bond, mostró su apoyo a los Derechos de las mujeres y la igualdad de género el 11 de marzo de 2013 durante el Día Internacional de la Mujer, apareciendo en un pequeño film titulado, "*¿Somos Iguales?*" creado por 'Igualdad Ahora'. El gran 'amante de las mujeres' nos recuerda que los Derechos de las mujeres son aún violados en casi todos los países del mundo, y que estamos lejos de ser iguales.

Ian Somerhalder: conocido por sus papeles en la serie de televisión, '*Los Diarios de los Vampiros*', y en la serie '*Lost*', participó en la campaña "*El Verdadero Hombre*", organizada por 'Women's Aid UK 2011'. Comentó en esa ocasión, **"Quise estar presente en esta campaña porque es tan fácil olvidar a las miles de mujeres que viven sus vidas en miedo constante por la violencia doméstica. Los hombres tenemos el importante papel de enviar el mensaje de que los hombres de verdad no lastiman ni abusan de sus compañeras".**

Peter Gabriel: se hizo famoso por ser el vocalista en la Banda de los 80, 'Génesis'. Después de dejar el grupo se involucró a fondo en activismo social con Amnistía Internacional. En 1992 cofundó a 'WITNESS', una Organización sin ánimo de lucro que equipa, entrena y apoya a organizaciones locales en muchos países a usar el video y el internet para documentar los Derechos Humanos y hacer abogacía. Como parte de su compromiso con los Derechos humanos ha apoyado muchas organizaciones de mujeres y la campaña de 10 años de Amnistía, '*Alto a la Violencia contra las Mujeres*'. Esto incluyó el apoyo a una campaña global para resolver la desaparición y muerte de centenares de mujeres que perecieron en la frontera de México/EE.UU. En el 2009 se reunió con el presidente Felipe Calderón, con el fin de urgirle una investigación para averiguar la desaparición y/o muerte de estas mujeres.

Tim McGraw: no es sólo conocido como artista 'country', sino también como un hombre *con gran integridad y compromiso para acabar con la violencia contra las mujeres.* Trabajando con su esposa, Faith Hill, ha recolectado, en el Estado de Tennessee, miles de dólares para apoyar económicamente a refugios para mujeres golpeadas. En agosto del 2010 recibió el premio 'True Ally' durante la 'Ceremonia Anual de los Hombres en contra de la Violencia'.

Will Young: un ex-ídolo pop que se convirtió en estrella musical es un activista en pro de las víctimas de la violencia doméstica. Se convirtió en Embajador de Ayuda a las Mujeres en 2003, y desde entonces se ha dedicado a ayudarles a recaudar fondos. En abril del 2005 dio un discurso de tal impacto que logró recaudar los suficientes fondos para ayudar a miles de niños. Los contribuyentes lo hicieron a través de la página web donde aparece la descripción de la ayuda que brinda la organización. También fue protagonista en la 'Campaña Hombres Verdaderos', lanzada en 2013, por 'Ayuda a las Mujeres' con el fin de aumentar la consciencia de la existencia de violencia doméstica. (34) [Los cinco nombres anteriores fueron encontrados en la página web de la cita]

Mike Foley a.k.a, "Humanidad': es un luchador profesional en WWE Sports & Entertainment, cuyo apoyo a las mujeres ha servido para modificar la actuación machista tradicional que los hombres deportistas tienen frente a ellas, así como la actitud que la industria del entretenimiento ha tenido con ellas. Foley además ha sido voluntario en la Línea Caliente, RAINN (Violación, Abuso, Incesto) dedicada a darle voz a las víctimas de asalto sexual. (35)

Ryan Gosling (actor de Hollywood): las feministas no tienen mucho aprecio por las superestrellas o los superhéroes, pero Ryan es una excepción. No sólo es conocido por su excelente actuación, que lo ha nominado para el Oscar en varios films independientes, sino que se convirtió en héroe en las calles de Nueva York, cuando salvó a una mujer de ser arrollada por un taxi. Él ha colaborado como promotor de literatura feminista y ha tenido gran éxito en la serie de TV, "Feminist Flash Cards". (36)

El Dalai Lama: ha expresado bien su posición frente a la mujer cuando afirmó, **"Las mujeres de Occidente pueden venir al rescate del mundo. Algunas personas me pueden tildar de feminista… Pero necesitamos más esfuerzo para promover los valores humanos básicos, la compasión, el afecto humano. En este aspecto, las mujeres tienen más sensibilidad por el 'sufrimiento y el dolor de los que los padecen".**

El Arzobispo Desmond Tutu: hizo unos comentarios sobre el papel de las mujeres en el mundo, que desafía a la imagen que solemos tener de un Arzobispo, **"El mundo sería un lugar más pacífico si fuese gobernado por mujeres. Las mujeres por naturaleza están más inclinadas a la compasión, mientras que los hombres sienten que deben ser 'machos'. Ellas son básicamente seres que dan Vida, que afirman la Vida. Esto es lo que son cuando no se les impide serlo. Las mujeres pueden civilizar a la sociedad. De hecho es muy simple. Dejad que las mujeres tomen las riendas".**

Michael Winner: director de films, dijo en un artículo de periódico, **"Las mujeres son mejores personas. Más sabias (menos difíciles) y con un temperamento que puede manejar las complejidades de la vida y la agresividad de los hombres… Por lo tanto, pienso que es tiempo que las mujeres tomen el mando. Lo que ellas tienen que aguantar es más de lo que nos imaginamos. Hombres abusivos que tienen que hacerse sentir,**

en un vano intento de demostrar que son superiores, cuando en verdad, saben que no lo son". (37) – [los cuatro nombres anteriores se encontraron en esta página web]

Ahora hagamos un repaso a algunas Organizaciones en varios países, que se encuentran involucradas en el proceso de apoyar los Derechos de las mujeres y a obtener la igualdad con el hombre, de varias maneras: (38)

ACODIF –Acción Comunitaria para el Desarrollo Integral

Desde el 2005, ACODIF ha trabajado en el territorio de Fizi, en la República Democrática del Congo, con el fin de ayudar a las personas, empobrecidas por la década de guerra y conflicto, que están tratando de rehacer sus vidas. ACODIF capacita a sus miembros, la mayoría hombres y mujeres jóvenes, para ayudarlos a encontrar formas de romper con el ciclo de violencia del país. Ellos proveen asistencia para llevar a cabo resolución de conflictos, al mismo tiempo que ofrecen ayuda en Derechos Humanos y el desarrollo de servicios básicos.

La Fundación para el Desarrollo de las Mujeres, la Ley y el Campo (FORWARD)

Los objetivos de la Organización son:

- Involucrar a las personas en actividades que apoyan el estudio y la investigación sobre la problemática de la igualdad de género con respecto a la economía, la política, la cultural, las esferas legales, y el desarrollo sostenible del campo.
- Empoderar a las mujeres dándoles el conocimiento de las leyes que les ayudará a trabajar por conseguir un mundo más equitativo.
- Aplicar los conceptos básicos de Derechos Humanos, de acuerdo a la Convención para la Eliminación de todas las formas de Discriminación contra las Mujeres (CEDAW).

- Promover la fundación de organizaciones femeninas que puedan desarrollar las relaciones de género de acuerdo a la constitución Thai y a la Declaración de los Derechos Humanos.
- Promover la creación de una sociedad civil donde la presencia de la mujer se siente y su participación sea igualitaria, sustancial y constructiva.

La Fundación Insán (Pakistán)

Esta Organización protege, apoya y promueve la paz negociada, los valores democráticos, y los Derechos de los niños en desventaja, jóvenes, mujeres, refugiados y minorías étnicas y religiosas. Sus objetivos son:

- Demostrar la viabilidad social, económica, y política de la igualdad de género y el empoderamiento de las mujeres en sus relaciones con las comunidades y las Instituciones gubernamentales y Organizaciones No-gubernamentales.
- Movilizar, educar y capacitar a grupos de jóvenes, comunidades y Organizaciones No-gubernamentales para asegurar el desarrollo sano de jóvenes y niños desfavorecidos.
- Capacitar a los socios para proteger, apoyar y promover los valores democráticos, negociar la paz y el desarrollo sostenible.

La Fundación Taiwanesa de Mujeres Modernas

Esta Organización se concentra en abogacía, legislación y servicios directos para mujeres víctimas de asalto sexual, acoso sexual, y violencia doméstica. Ha invertido más de 20 años en hacer realidad la meta de la Organización: justicia de género. Programas recientes incluyen asistencia legal en las Cortes para las mujeres que han sufrido violencia doméstica. La Fundación ha desarrollado diversas actividades como la iniciativa llamada 'Servicios Sociales en la Corte para las Mujeres'.

Shahrzad News

Este servicio noticioso ofrece la perspectiva de género en problemas sensibles, que se viven en Irán, colocando las preocupaciones globales en un contexto local y viceversa. Shahrzad News también ofrece una plataforma para los periodistas independientes, particularmente a las mujeres que ejercen esa profesión, y quienes, a pesar de la censura oficial, están dispuestas a presentar historias sobre las mujeres que no han sido contadas. Shahrzad es otro nombre de Sheherazade, la narradora de 'Las 1001 noches". Como ella, Shahrzad News cree en el poder de las palabras.

The Shakti Interspiritual Centre

Esta es una propuesta para crear un Santuario Espiritual y un Centro Internacional para la investigación, la sanación, la expresión creativa, y el cambio social colocando los valores de la sabiduría femenina en la sociedad contemporánea. Estos valores han de servir como base para organizar un sitio de encuentro de maestras espirituales, que estén buscando la paz a través de un camino espiritual integral, sicológico, y de sanación global. Su visión es crear un paradigma inter-espiritual e integrador que abarque los valores de lo femenino, tan necesarios para dar balance a la consciencia colectiva de hoy, así como lo son necesarios para la construcción de la paz mundial.

Shevolution

La meta de este grupo es aumentar el número de mujeres presentes en los parlamentos y en todos los procesos constructores de la paz, incluyendo la Resolución 1325 del Consejo de Seguridad de las UN (UNSCR 1325). La Organización tiene 30 años de experiencia en capacitar a futuras mujeres políticas, y desde 1990 ponen en práctica la Resolución de las NU.

WNN - Women News Network

Utilizando el estándar más alto del periodismo, esta Organización está dedicada a proveer cobertura en profundidad sobre la problemática de la mujer que no aparece en las noticias de los medios populares. La directora, Lys Anzia, se dio cuenta de la necesidad de reportar los sufrimientos de las mujeres no cubiertos por las noticias, cuando fue asignada a cubrir noticias globales sobre las mujeres. Las noticias de WNN han aparecido en una agencia afiliada a las NU y a través de publicaciones hechas por 'Women's UN Report Network' (WUNRN), y por el Instituto de las NU para 'La Capacitación y el Avance de las Mujeres' (UN-INSTRAW).

National Organization for Women (1966)

En la conferencia de Washington el 29 de octubre de1966, se presentó la Misión de esta Organización y fue adoptada. Sus principios se expresaron en los siguientes términos que son tan explícitos en el apoyo que dan a los Derechos de las mujeres, que no requieren comentario.

> **"Nosotros, hombres y mujeres, que nos constituimos como La Organización Nacional para las Mujeres, creemos que el tiempo ha llegado para la aparición de un nuevo movimiento hacia la verdadera igualdad de todas las mujeres en América, y hacia una asociación igualitaria de los sexos como elemento integrante de la revolución mundial de los Derechos humanos que se está gestando en nuestras fronteras nacionales.**

> **"Creemos que el momento ha llegado para ir más adelante de los argumentos abstractos, las discusiones y los simposios sobre el estatus de las mujeres, que ha devastado a América en años recientes; el tiempo ha llegado para confrontar, con acciones concretas, las condiciones que previenen que las mujeres gocen de la igualdad**

**de oportunidades y de libertad, que es su Derecho
como Americanos, y como seres humanos.**

**"NOW está comprometida con el principio de
que las mujeres, en primer lugar, son seres
humanos, que, como todas las personas de
nuestra sociedad, deben tener la oportunidad
de desarrollar su potencial humano. Creemos
que las mujeres pueden alcanzar tal igualdad,
sólo si se aceptan en su totalidad los desafíos
y responsabilidades que ellas comparten con
todas las personas de nuestra sociedad, como
individuos integrantes de los que toman las
decisiones en la vida social, económica y política
de América. (39)**

Amnesty International

Este es un movimiento global de más de 3 millones de miembros y
activistas en más de 150 países y territorios que hacen campañas
para acabar con los abusos de los Derechos Humanos. La fuerza de
Amnistía Internacional se encuentra en estar unidos en la defensa
de los Derechos Humanos. Con un staff de más de 1.800 miembros
(hombres y mujeres), y más de 6.000 grupos de voluntarios en 70
países, son quienes mantienen la Organización marchando.

Las metas de la Organización son:

- defender la libertad de expresión
- proteger los Derechos de las mujeres
- acabar con la pena de muerte
- demandar justicia por los crímenes contra la humanidad
- demandar responsabilidad corporativa cuando las compañías
  abusan de los Derechos de las personas.

Como una Organización de abogacía, ha ayudado a cientos de
mujeres a obtener libertad de una prisión injusta, a ser eximidas
de castigos injustos, a impedir discriminación y abuso contra las

mujeres. Por ser una Organización Internacional, la membrecía ha podido hacer mucho para aliviar la opresión de cientos de mujeres como fue la liberación de Vera Chirwa, en 1993, después de haber estado en prisión durante más de 11 años por ser fiel a su consciencia. La habían condenado con base a cargos fabricados, y por ello había sido secuestrada de Zambia por agentes de Malawi en 1981.

En 1994, Amnistía Internacional lanzó una campaña global sobre los Derechos de las mujeres conocida como *'Los Derechos son Derechos de las Mujeres'*. En 2001, Irene Khan fue asignada como Secretaria General de la Organización. Bajo su dirección Amnistía revisó más de 47.000 casos, quedándoles 2.000 casos pendientes por revisar al final de ese año. En 2008, Amnistía organizó otra campaña global a favor de la educación de las niñas en el Día Internacional de la Mujer. Adicionalmente participó en el lanzamiento de otra campaña global, *'Alto a la Violencia contra las Mujeres'* que desplegó 16 días de activismo a lo largo del mundo. En 2009, como integrante de la campaña *'Demandar Dignidad'*, Amnistía Internacional organizó caravanas de artistas que cruzaron Sierra Leona en África. Estas caravanas estuvieron compuestas por músicos y grupos teatrales de comunidades de base, cuyo objetivo fue poner de relieve la alta mortalidad materna del país. La campaña tuvo tal impacto que estimuló al gobierno a aprobar políticas para ofrecer cuidados maternos gratuitos en el país. (40)

United Nations Population Fund (UNFPA)- Involucrando a Hombres y Niños

Las mujeres no pueden conseguir igualdad de género y salud reproductiva sin la cooperación y participación de los hombres, porque los líderes comunitarios, políticos y religiosos con frecuencia controlan el acceso de las mujeres a los servicios de salud reproductiva, a las fuentes de financiación, transporte y otros recursos. Adicionalmente, los hombres, con frecuencia, deciden el número de las relaciones sexuales, el momento de las mismas, el uso o no de contraceptivos y, no pocas veces lo hacen usando la violencia coercitiva. Los hombres tienen que estar involucrados si la igualdad de género se ha de alcanzar, y si los programas de salud reproductiva han de tener éxito. En búsqueda de este fin los programas de UNFPA buscan aumentar el sentido de pertenencia de las iniciativas que promueven la equidad de género, la igualdad y el empoderamiento de las mujeres. Dichos programas buscan aumentar la zona de confort de los hombres permitiéndoles percibirse como compañeros responsables, cariñosos y no-violentos.

En muchos países, UNFPA está involucrado con los jóvenes y adolescentes en temas de sexualidad, vida familiar, y en aprendizaje de habilidades y destrezas para la vida. Este tipo de educación cuestiona los estereotipos sobre la masculinidad, los comportamientos de riesgo de los hombres (especialmente el comportamiento sexual) y promueve el entendimiento y el apoyo de los Derechos de las mujeres y la igualdad de género. Algunas de sus intervenciones son:

- En la República Dominicana: los peluqueros/as fueron reclutados para distribuir información sobre la prevención del VIH/SIDA y de otras enfermedades de transmisión sexual. Ellos entregaron dicha información a más de medio millón de hombres.
- En un proyecto en las Filipinas se montó una campaña dirigida a los hombres sobre temas de salud reproductiva, puesto que ellos son con frecuencia quienes impiden a sus compañeras el acceso a los servicios de salud. Seminarios y talleres ofrecieron a estos hombres un sitio seguro donde podían discutir francamente estos temas.
- En Uganda, UNFPA se ha asociado exitosamente con líderes de opinión respetando la complejidad cultural incluyendo a los mayores, a los reyes locales, a los Obispos e imames islámicos para promover comportamientos sanos y acabar con las prácticas tradicionales nocivas que impactan negativamente a las mujeres y los niños.
- Trabajo con los Militares. Durante décadas, UNFPA ha trabajado con el sector militar para darles a los hombres información, educación y servicios sobre la vida familiar y su planificación. Esta experiencia se aplica ahora a temas más amplios de salud

sexual y reproductiva, que incluye salud materna y la reducción
de la violencia doméstica contra las mujeres. (41)

Meninist, Equality for all

Esta es una Organización global de hombres que creen y apoyan los
principios feministas de la igualdad política, social y económica de las
mujeres. Los siguientes puntos representan su plataforma de acción:

- Oposición a toda forma de comportamiento misógino.
- Creencia en la libertad reproductiva de la mujer para controlar
  su cuerpo.
- Oposición a toda forma de violencia contra la mujer
  incluyendo la violación, el acoso sexual y la violencia
  doméstica; así como la representación estereotipada
  de violencia contra la mujer en el cine, la televisión y la
  propaganda.
- Los hombres deben participar en los movimientos de
  las mujeres para ayudar a terminar con 2.000 años de
  patriarcado. Ellos prometen apoyar las mujeres en todas las
  formas posibles, incluyendo el asumir tareas domésticas y
  paternas.
- Las mujeres deben ser compensadas salarialmente en forma
  igualitaria que los hombres cuando hacen el mismo tipo de
  trabajo y se le deben dar los mismos tipos de oportunidades
  laborales. Se oponen al concepto silencioso de 'tope de
  vidrio' (la oposición al escalamiento de la mujer en el trabajo),
  así como a la 'Red de los Muchachos' que defienden sus
  posiciones aun en contra de las mujeres.

Estos principios esperan expresar que hay un movimiento de hombres
que reconocen y apoyan el movimiento de las mujeres, para el
beneficio de las mujeres, de los hombres y de toda la humanidad. (42)

Una Revolución Espiritual

Aparte de todos estos laudatorios esfuerzos por incorporar a los hombres en la lucha para alcanzar la igualdad de los géneros, hay un aspecto de este proceso que es en el fondo una revolución espiritual.

¿Por qué?

Porque la raíz de la validación de que las mujeres deben estar sujetas al hombre se da en la creencia que Dios creó a la mujer para estar sujeta al hombre. Esta poderosa creencia ha validado, en gran medida, la subordinación de las mujeres al hombre utilizando la historia de la creación como una justificación religiosa. Ésta, a su vez, se convirtió en uno de los mecanismos de validación que permitieron la institucionalización de tal subordinación en todos los niveles de la sociedad (de la familia a la vida civil), en los momentos culturales de la nación, en los momentos de adoración a sus dioses o a Dios, en los momentos sagrados de alabanza a Dios a través de su liturgia que estaba estrictamente controlada por los sacerdotes varones.

Por lo tanto, el cambio de las relaciones de los hombres con las mujeres se constituye esencialmente en una revolución espiritual porque la historia de la creación tiene que ser transformada en una en la que los hombres y las mujeres son creados iguales en su misma esencia de ser humanos. Una vez que los hombres y las mujeres acepten esta premisa espiritual, se podrá tener una revolución espiritual en la cual el hombre reconoce, acepta y hace válida esta cualidad divina de la mujer en la vida diaria, en la educación, en el empleo, en los eventos sociales, actividades y compromisos. Las mujeres podrán experimentar una transformación espiritual reconociendo su auto-estima, su valor inherente de madres, de compañeras, de esposas, de co-participes en la evolución de la humanidad. La igualdad otorgada por Dios infundirá el coraje para interactuar fácilmente con los hombres para que esta igualdad de género otorgada por el Creador sea reconocida, respetada y expresada como su Derecho de nacimiento.

Conclusión

La desigualdad de las mujeres frente a los hombres no ocurrió de la noche a la mañana, como lo hemos visto a lo largo de este recorrido histórico. Tampoco fue el producto de una sola causa, sino el resultado de muchas variables, que lentamente tejieron la telaraña que solidificó históricamente la virtual dependencia de las mujeres a la autoridad y control de los hombres. El comienzo de la definición del rol fue sustentado por la capacidad de las mujeres de llegar a ser madres, y por la división de trabajo para la sobrevivencia, en la que el hombre se encargaba de obtener el alimento de la familia, cazando o cultivando, mientras que las mujeres se encargaban del cuidado de los niños, de la hortaliza y del hogar. Este arreglo evolucionó hacia una organización social del patriarcado en el que los hombres tenían absoluto control de todos los aspectos de la vida social, incluyendo las normas culturales, las creencias religiosas, los rituales, la economía del hogar, y los comportamientos de los hombres, y en especial, el de las mujeres y los niños. En el proceso de construir una sociedad patriarcal, el mecanismo más utilizado por los hombres para validar su posición en el poder, fue el apoyarse en los mitos de la Creación existentes en los cuales las mujeres, desde su origen de nacimiento, fueron hechas subordinadas al hombre. Esta validación mítica, después reforzada por una validación religiosa, contribuyó significativamente a que los hombres, que detentaban el poder y control sobre las mujeres, mantuvieran el control de las mujeres hasta entrado el Siglo XX.

Una de las formas más flagrantes de control ejercida por los hombres sobre las mujeres durante los milenios previos fue el considerar y tratar a las mujeres como si fueran propiedad exclusiva de los hombres. Lo que estimuló esta respuesta fue la apropiación de los bienes del 'enemigo' cuando ganaban un encuentro violento. El premio del botín de guerra, que incluía a las mujeres y los niños, les permitía convertirlos en esclavos. Las mujeres esclavas, que no tenían derecho alguno, eran fácilmente convertidas en objetos que se podían violar, matar o convertir en sirvientas sexuales.

Un control más sutil sobre las mujeres se llevó a cabo cuando la cabeza del hogar, el hombre, negociaba a sus hijas en un arreglo matrimonial ventajoso. Las mujeres perdieron el control para elegir el hombre a quien querían desposar, puesto que sus padres decidían su futuro con base en las ventajas económicas, políticas o sociales que el matrimonio negociado traería a las familias involucradas, pero especialmente a la familia del joven.

No sorprende, pues, que las mujeres perdieran sus derechos civiles. Ellas no tenían voz en la elección de la clase dirigente, ni en los ayuntamientos; ellas no tenían derecho de escoger a su marido, mucho menos para obtener un divorcio; no tenían derecho de herencia, ni derecho para administrar su propiedad, como tampoco defenderse de la violencia doméstica perpetrada por algún varón de la familia. Bajo estas condiciones impuestas de silencio y la prohibición de reaccionar ante ellas, no es de extrañarse que apareciese una tradición tan detestable y violenta como la Mutilación Genital Femenina, impuesta por los hombres de la tribu con autoridad absoluta. No sorprende tampoco que a las mujeres se les impidiera entrar en la fuerza de trabajo, porque no solamente eran prisioneras virtuales del hogar, sino que eran consideradas incapaces de llevar a cabo 'el trabajo de hombres'. Lo que las hacia incapaces era la prohibición de acceder el tipo de educación que les hubiera enseñado cómo se llevan a cabo esas tareas.

La situación continuó evolucionando: hoy tenemos otra clase de opresión masculina sobre las mujeres. Una de ellas es la creación de instituciones/organizaciones que, en su mismo diseño, han mantenido a las mujeres en una subordinación completa. Es el caso de los sistemas de salud que favorecen a los hombres pero que no están hechos para atender las necesidades de salud de las mujeres porque sus regulaciones y prácticas impiden que las mujeres reciban la calidad de servicio de salud que ellas reclaman. Otra práctica abominable, que se ha convertido en negocio internacional, es la prostitución organizada en la cual las adolescentes son forzadas a una aberrante esclavitud sexual.

Es imperativo, por lo tanto, hacer una revisión profunda que lidie con todos los componentes claves que crean y mantienen esta desigualdad elaborando una narrativa nueva, que reconozca y proclame los Derechos de las mujeres.

Una historia nueva de la creación del hombre y la mujer

Para lograr esta meta es fundamental el producir y aceptar una nueva historia de la creación del hombre y la mujer que, sin ambigüedades afirme que, desde el mismo origen de su creación, la mujer recibió la existencia en términos de igualdad que el hombre; igualdad que nace de la misma esencia de ser mujer. Esto implica que, tanto la mujer como el hombre, hayan sido creados sin ninguna distinción entre la esencia del uno o del otro.

Sabemos por la historia que las narraciones de la creación, cuando son hechas por el portador de una nueva Revelación tienen un origen trascendente, con suficiente peso para modificar una historia previamente creída, y proclamar una nueva historia de la creación del hombre y de la mujer. Esto no puede ser hecho por cualquier persona. Si una nueva historia de la creación va a tener la universalidad y capacidad para cambiar creencias culturales ancestrales, mitos antiguos de la creación, y los corazones de los hombres, tal historia de la creación debe provenir de una Fuente Divina que sea capaz de alcanzar esta meta. Esto ha ocurrido cuando un Mensajero Divino proclama una nueva Revelación de Dios y respalda su afirmación con una vida impecable, con un comportamiento moral intachable, y con un conocimiento innato que fluye ininterrumpidamente. Estos Mensajeros Divinos dan un nuevo entendimiento del mundo espiritual, de la esencia de Dios, y del tipo de relación que las personas deben tener entre ellas y la relación que pueden tener con Dios, si siguen los principios de comportamiento revelados por la Manifestación.

Bahá'u'lláh, la más reciente Manifestación de Dios a los hombres, proporciona una explicación de por qué estas Manifestaciones de Dios pueden hacer cambios profundos en las vidas de las personas a las que se dirigen. Ellos son seres únicos, aparte de los demás, cuyo nivel de perfección, conocimiento, y proximidad con Dios los hace auténticos Voceros de Dios. La Manifestación habla en nombre de Dios, convirtiéndose en un maestro auténtico, imbuido con el conocimiento requerido para llevar la misión de revelar la Voluntad de Dios a quienes se dirige, llevándolos a un nuevo nivel de consciencia de la Verdad. La Manifestación vive en un doble nivel de existencia, uno acá en la Tierra, como un ser humano normal, y en el otro, su Espíritu está constantemente elevado en los cielos, con la capacidad para atravesar los reinos de lo visible e invisible en una comunión constante con Dios. Así lo expresa Bahá'u'lláh:

> **"Estos antiguos Seres, a pesar de haber nacido de la matriz de su madre, en realidad han descendido del cielo de la voluntad de Dios. A pesar de habitar en esta tierra, su verdadera morada son los retiros de gloria en los reinos de lo alto. Aunque caminan entre mortales, vuelan por el cielo de la presencia divina. Sin pies hoyan el sendero del espíritu y sin alas se elevan a las exaltadas alturas de la unidad divina. Con cada exhalación recorren la inmensidad del espacio, en cada momento atraviesan los reinos de lo visible e invisible".** (43)

La potencia de la Manifestación hace brotar su poder creativo, recibido del poder creativo de la Palabra de Dios que reside en Él. Bahá'u'lláh lo expresa en una sola frase cuando dice, "...**el poder de la Manifestación de Dios, Su fuerza espiritual creativa...**" (44) Esto es posible, porque la siempre presente Palabra de Dios, se hace manifiesta en el templo humano de estos elegidos, transformándolos en Voceros de Dios. Estas Manifestaciones Divinas presentan un nueva Revelación que es ofrecida al grupo humano al cual se dirige. Es claro por esta descripción que tal individuo, rico en cualidades divinas, está muy por encima de la posición que cualquier otro humano reclame para sí. Cuando se encuentra entre mortales, este Individuo manifiesta la presencia Divina, con una distinción clara y con un propósito.

Bahá'u'lláh describe explícitamente cuál es el propósito de Dios al enviar una nueva Manifestación. Lo hace con el propósito de liberar a la humanidad de las tinieblas de la ignorancia y para promover el próximo nivel de evolución de la misma, la adquisición de la paz universal:

"Dios, al enviar sus profetas a los hombres, tiene dos propósitos. El primero es liberar a los hijos de los hombres de la oscuridad de la ignorancia y guiarlos a la luz del verdadero entendimiento. El segundo es asegurar la paz y tranquilidad del género humano y proveer todos los medios por los cuales éstas pueden ser establecidas". (45)

Es este propósito, y la esencia exaltada de la Manifestación, es la que esclarece por qué la Manifestación se le aparece al hombre. Es para sacarlo de la ignorancia y llevarlo a los umbrales esplendorosos de su capacidad de desarrollo. Para lograr ésta casi imposible tarea, la Manifestación debe ser tan exaltado como lo afirma Bahá'u'lláh.

Hemos presentado la Revelación de Bahá'u'lláh y lo que tiene para ofrecer como historia nueva de la creación del hombre. Esta Revelación llena los requisitos necesarios para tener una nueva visión de la igualdad del hombre y la mujer desde los mismos orígenes de su creación. Aceptando esta nueva visión, se puede lograr el cambio de actitudes y creencias que impiden que se dé la igualdad entre los hombres y las mujeres. Ésta nueva visión tiene la suficiente autoridad para ser considerada, para ser aceptada, y puesta en práctica en la vida diaria, de manera que sea posible la creación de nuevas instituciones que cambien las políticas en defensa de las mujeres; que abran las puertas para que ellas puedan participar en la vida cívica y en las instituciones que toman las decisiones que afectan a todos.

El estatus de las mujeres hoy día

Los hombres hemos tenido que experimentar un rudo despertar para tomar consciencia de que las mujeres constituyen la mitad de la humanidad, que son seres humanos con una esencia igual a la de los hombres desde el momento de su creación; que tienen potencias innatas de igual calibre que las de los hombres. Esta consciencia ha reducido la posición tradicional de poder de los hombres a una de negociación, de consulta, de compartir y de compasión. Cualidades que no habían sido consideradas por los hombres como cualidades auténticas, deseables o imitables; por el contrario, se las veía y juzgaba como 'debilidades' típicas de la mujer.

Por lo tanto, es imperativo hacer revisiones profundas para atacar el problema en todos sus componentes, si una nueva narrativa se ha de construir que reconozca y proclame los Derechos que las mujeres tienen desde su nacimiento. Tales revisiones ofrecen el espacio dentro del cual estos Derechos se pueden ejercitar como una realidad cotidiana.

A medida que hemos revisado el estatus que la mujer tiene hoy en día, hemos visto un avance dramático hacia la liberación, y hacia la adquisición de un estatus igual que el hombre. Comparado con el que tenía antes de la aparición de Bahá'u'lláh, éste avance es sencillamente extraordinario. Hemos visto un progreso continuo en el cual las mujeres han obtenido Derechos Civiles básicos como los Derechos al voto, al divorcio, a la tenencia de propiedad, al acceso a la educación secundaria y universitaria, y al Derecho de entrar en la fuerza de trabajo dominada por los hombres para compartir empleos reservados exclusivamente a ellos tales como la investigación, la gerencia de empresas multinacionales, el manejo de pequeñas empresas, y aun participando en la estructura de la jerarquía religiosa y militar.

Hace noventa años este avance era simplemente inconcebible; hoy se está convirtiendo en la realidad para millones de mujeres en el mundo entero. Sin embargo, todavía hay millones más de mujeres marginadas de oportunidades educativas, oprimidas por violencia doméstica, forzadas en trabajo de esclavitud por traficantes de personas y por esclavistas sexuales, impedidas para ejercer su imaginación y sus poderes creativos, forzadas a quedar en los hogares sin mayor futuro que el de soportar esa 'prisión' no escogida. En demasiadas partes del mundo la opresión presente ejercida por hombres sobre las mujeres parece no haber cambiado para nada. Estas mujeres, hoy, como tantas otras mujeres del pasado, tienen que aguantar una desigualdad impuesta por los hombres a través de la fuerza bruta o por medio de las justificaciones teóricas, los mitos, dogmas y las estructuras sociales que han mantenido a las mujeres esclavizadas y sujetas a la autoridad de los hombres.

El posible y brillante futuro por venir

Los eventos históricos y los avances evolucionarios hechos por la humanidad, ciertamente, que han iniciado una nueva era para las mujeres. Está ocurriendo aun cuando tales eventos parezcan insignificantes, incompletos, e incapaces de cambiar actitudes centenarias y normas culturales milenarias.

La nueva era está por ser construida. Se convertirá en realidad cuando las personas en el mundo entero acepten el poder de la nueva historia de la creación del hombre y la mujer. Al aceptar sus premisas, los hombres son colocados en un espacio nuevo en su relación con las mujeres. Las mujeres no serán vistas ni percibidas como seres inferiores que necesitan ser dirigidas como niños incapaces de expresiones individuales y colectivas de auto-suficiencia y de juicios maduros. Si a las mujeres se les da la oportunidad de crecer y de expresarse, el potencial del mundo crece. Con esta nueva perspectiva, se puede percibir a las mujeres como iguales, como seres sin diferencia en lo que constituye la esencia de ser humanos: individuos conscientes de su potencial para llegar a ser gigantes espirituales, porque la esencia de quienes son es igual en el hombre como en la mujer.

Cualesquiera que puedan ser las diferencias morfológicas o psicológicas entre los hombres y las mujeres no son esenciales en lo que se refiere a su realidad intima de seres espirituales y conscientes. Esas diferencias son complementarias, no son la causa ni la razón para que los hombres subyuguemos a las mujeres. Esas diferencias con motivo de celebración. Las mujeres aportan al hombre lo que este parece carecer: ternura, compasión en grados heroicos, habilidad para resolver los conflictos a través del diálogo creativo, inmensa capacidad para perdonar, instintos maternales para una dedicación de tiempo completo al recién nacido, un pensamiento intuitivo y una percepción aguda para darse cuenta de las necesidades de los demás.

Estos rasgos son el Tesoro que la mayoría de las mujeres posee, independientemente de su estatus socioeconómico, de su falta de educación, de los traumas sufridos, las barreras impuestas para acceder a la fuerza de trabajo. Por lo general, las mujeres están más dispuestas a espontáneamente compartir estas cualidades, si se las trata como iguales. Las mujeres necesitan de un medio ambiente sin crítica, sin burla, sin desempoderamiento o invalidación. Las mujeres necesitan encontrar un medio ambiente que las nutra y en el que los hombres les ofrezcan apoyo para que puedan desplegar todas estas estupendas cualidades.

La más destacada diferencia del momento evolutivo en el que nos encontramos, comparándolo con el milenio anterior, es que ahora somos conscientes de dónde nació esta desigualdad y cómo se institucionalizó. Entendemos cómo la dinámica de interpretaciones culturales, sociales, económicas, políticas e interpretaciones erróneas religiosas creó tal situación de opresión que impidió a las mujeres expresar los mejor de sí mismas, individual y colectivamente. El próximo paso evolutivo se debe dar teniendo plena consciencia de hacia dónde debe dirigirse. La meta ha sido expuesta; el trabajo está en conseguirla.

Al comparar épocas anteriores con la presente, la diferencia mayor es que ahora somos conscientes de que el próximo paso evolutivo no deben darlo las mujeres solas. La próxima etapa requiere que los hombres y las mujeres acepten sus diferencias, hagan una causa común para la liberación de la mujer de las cadenas del pasado, facilitando el crecimiento de ellas al mismo nivel de desarrollo que los hombres se han dado a través de las edades. Este nivel debe ser tal, que se pueda fácilmente ver la igualdad entre los hombres y las mujeres, en todas las áreas de la vida política, cultural, civil, religiosa, y económica.

Una razón poderosa por la cual esto debe ocurrir fue expresada por 'Abdu'l-Bahá cuando comparó la igualdad de las mujeres y los hombres a un pájaro. En sus propias palabras:

> **"El mundo de la humanidad tiene dos alas: una es la mujer y la otra es el hombre. Hasta que ambas alas se desarrollen de igual forma el pájaro puede volar. Si alguna de las alas permanece débil, el vuelo es imposible. Hasta que el mundo de las mujeres no sea**

igual al mundo de los hombres en la adquisición de virtudes y perfecciones, no se podrá lograr el éxito y la prosperidad como deben ser". (46) (Traducción no oficial)

Este esfuerzo triunfará cuando los hombres participemos en dicha evolución como socios iguales. Las mujeres no pueden ni deben hacerlo por sí solas. Los hombres tenemos algo invaluable para aportar, y es el poder para cambiar las instituciones que hemos creado de manera que permitan que se dé el próximo paso de la evolución: ofrecerle a las mujeres instituciones que las acepten en igualdad de condiciones con los hombres. Cuando los hombres tomemos la iniciativa de hacer esos cambios, al nivel que tienen que hacerse – en las políticas, reglas, regulaciones y leyes – las mujeres no tendrán que invertir ingentes cantidades de energía para ser simplemente oídas. Cuando el acceso se les brinde, las mujeres podrán ofrecer su perspectiva, de manera que los cambios permitan crear una igualdad de género creando estructuras y oportunidades dentro de dichas organizaciones. Abdu'l-Bahá expresó esta idea en forma sucinta cuando dijo:

"Cuando los hombres reconozcan la igualdad de las mujeres no será necesario que ellas luchen por sus Derechos. Uno de los principios de Bahá'u'lláh es, por tanto, la igualdad de sexos". (47)

Las palabras claves de esta afirmación son: "**Cuando los hombres reconozcan…**". Los hombres tenemos que aceptar el nuevo rol que Bahá'u'lláh nos ha asignado. Es a través de una aceptación libre que el proceso triunfará. Los hombres no podemos vernos obligados a hacerlo. Tenemos que responder a la profunda convicción de que éste es el próximo paso de evolución espiritual que la humanidad necesita, y que para lograrlo debemos tomar un rol activo en el proceso e invitar a otros hombres a que se enorgullezcan de los logros de sus compañeras. Adicionalmente debemos dialogar con nuestros pares sobre este papel asignado a los hombres; debemos vigorosamente defender los Derechos de las mujeres, proteger sus intereses, y promover el desarrollo de sus capacidades. El resultado neto de esta asociación voluntaria será el avance y el progreso de toda la raza humana. Fue ya predicho por 'Abdu'l-Bahá cuando reflexionó así: "… **y hasta cuando esta igualdad este establecida, el verdadero progreso y el logro de la raza humana no será facilitado.**" (48)

Como fue expuesto en este capítulo, la meta de esta evolución tiene un resultado práctico, el advenimiento de la paz universal. Pero para alcanzarla, la igualdad entre las mujeres y los hombres debe ser real, debe ser visible, y se debe vivir todos los días. Sólo cuando las mujeres entren en completa igualdad en todos los campos del quehacer humano, el clima sicológico y moral será creado para que pueda emerger la paz mundial. La razón última por la cual esto es posible es, porque si a las mujeres se les permite el acceso, en igual número que a los hombres, en las Instituciones y Organismos Internacionales donde se toman las decisiones de los países, ellas probablemente votarán por la paz. La razón es simple, como lo resumió 'Abdu'l-Bahá:

> "**La igualdad entre el hombre y la mujer conduce a la abolición de la guerra debido a que la mujer jamás estará dispuesta a aprobarla. Las madres no entregarán a sus hijos como sacrifico en los campos de batalla después de veinte años de ansiedad y amorosa devoción para criarlos desde la infancia, no importa qué causa estén llamados a defender. No cabe duda de que cuando la mujer obtenga la igualdad de Derechos, la guerra en la humanidad cesará por completo**". (49)

Con tan noble objetivo, con la seguridad de que se nos ha dado como alcanzable, sería una tontería si los hombres no aceptáramos la invitación a convertirnos en compañeros de las mujeres, en iguales condiciones, para crear un nuevo mundo, para lograr el deseo milenario de tener una paz mundial tangible, real, ahora. Posibilidad que es real porque está avalada por Dios. ¿Por qué dudaríamos los hombres en apoyar tan grandiosa propuesta? No tenemos nada que perder; todo para ganar, pero especialmente tenemos la posibilidad auténtica de crear el nuevo mundo que queremos para nuestros hijos. El mundo tiene que deshacerse de las guerras milenarias, que ha destruido tanto a la humanidad y que sólo ha dejado ruinas, odio de generaciones, prejuicios destructivos, y un vacío tan grande donde el amor no tiene oportunidad, al menos que creamos un medio ambiente de conciliación en el cual la paz pueda florecer.

La Humanidad está madura para este próximo paso evolutivo. Sabemos cuáles son los ingredientes necesarios para que ocurra, tenemos los principios que alimentaran el proceso y tenemos una Revelación para respaldarlo. Tenemos además las pruebas de que, en los sitios donde las mujeres son apoyadas y se les brinda las oportunidades para su crecimiento personal y colectivo, las comunidades adquieren sentido de unidad y se involucran en actividades que aumentan las posibilidades de desarrollo, modifican las instituciones encargadas de la toma de decisiones y fortifican la micro y macroeconomía del país.

Las mujeres, en breve, no son los rivales del hombre; son 'co-creadoras' del mundo en que vivimos. Pero para ejercer ese Derecho tienen que ser aceptadas como co-creadoras y participantes en la evolución de la humanidad. Esto implica que los hombres tienen que hacer un esfuerzo consciente para identificar las estructuras opresivas que han mantenido a las mujeres marginadas, de manera que ellas puedan florecer como los gigantes del espíritu que fueron creadas. Esto exige la aceptación de los hombres de la igualdad de las mujeres en todos los aspectos de la vida, y en crear las condiciones que le permitan a las mujeres poder expresar su potencial como madres, como co-participantes en el gobierno, en la educación, en los empleos profesionales y en las instituciones encargadas de las decisiones que afectan a la mayoría. Entonces las mujeres crecerán en su potencial y el mundo de los hombres será bendecido con un nuevo orden mundial en el cual las mujeres tendrán el puesto que les corresponde, y brillarán gloriosamente en la verdadera esencia de quienes son: la manifestación del Espíritu en el templo de la mujer.

El progreso de la humanidad y evolución dependen del establecimiento de la igualdad de la mujer y del hombre. 'Abdu'l-Bahá explicó esta enseñanza de Bahá'u'lláh con una metáfora poética en una reunión de la Liga para la Libertad de las Mujeres en Londres en enero de 1913, cuando se expresó así:

> "La humanidad es como un pájaro con dos alas: una masculina, la otra femenina. A no ser que ambas alas sean robustas y estén impelidas por una fuerza común, el pájaro no podrá volar hacia el cielo. De acuerdo con el espíritu de esta época, las mujeres deben avanzar y llenar su misión en todas las ramas de la vida, convirtiéndose en iguales del hombre". (50)

En otra presentación que hizo durante su viaje a los EE.UU. y Canadá, 'Abdu'l-Bahá amplió esta afirmación con estas palabras proféticas, que resumen admirablemente todo lo que hemos expuesto a lo largo de este libro:

> "El mundo de la humanidad tiene dos alas: el macho y la hembra. Mientras estas dos alas no sean equivalentes en fuerza, el ave no volará. Hasta que las mujeres no alcancen el mismo grado que el hombre, hasta que no disfruten del mismo campo de actividad, no se realizará un logro extraordinario para la humanidad; la humanidad no podrá volar hasta las alturas de sus reales logros. Cuando las dos alas o partes se vuelvan equivalentes en fuerza, disfrutando de las mismas prerrogativas, el vuelo del hombre será elevado y extraordinario. Por lo tanto, la mujer debe recibir la misma educación que el hombre y toda desigualdad debe ser corregida. De este modo, imbuida con las mismas virtudes que el hombre, elevándose a través de todos los grados de consumación humana, las mujeres llegarán a ser los pares del hombre, y hasta que esta igualdad no sea establecida, no se facilitaran el logro y el progreso verdaderos para la raza humana". (51)

Aceptemos estas palabras como la invitación de Dios para crear un nuevo mundo en el cual las mujeres y los hombres compartimos la responsabilidad de dirigir la evolución espiritual de la humanidad. Abracémoslas para que podamos crear la igualdad de las mujeres y los hombres que transformará la próxima fase de nuestra evolución colectiva.

Capítulo 5

Referencias

1) Google. La Promulgación de la Paz Universal. 'Abdu'l-Bahá, *www. marsoft.cl/librosbahais/pdf/***Promulgacion_Paz_Universal**.*pdf*, pg. 145
2) Baha'i International Community, 1990, March 06, Meeting Basic Learning Needs, Baha'i Experience
3) Idem
4) *http://news.bahai.org/story/639*
5) Google. Malala Yousafzai. *Malala Yousafzai - Wikipedia, the free encyclopedia* en.wikipedia.org/wiki/Malala_Yousafzai
6) Google. Women directors of educational institutions. *Facts | Women Moving Millions* www.womenmovingmillions.org/how-we-do-it/facts/ *National Center for Education Statistics 2011*
7) Google. Women ministers of education. List of *female* cabinet *ministers* of Israel - wikipedia.org/wiki/List_of_female_cabinet_ministers_of_Israel
8) Google. Women ministers of education. *List of female cabinet ministers of Japan - Wikipedia, the free* ...en.wikipedia.org/wiki/ List_of_female_cabinet_ministers_of_Japan
9) Google. Women ministers of education.*List of female cabinet ministers of Thailand - Wikipedia, the free* ... en.wikipedia.org/wiki/ List_of_female_cabinet_ministers_of_Thailand
10) Google. Google. Women ministers of education. Woman Ministers and Woman Heads of Government. *www.guide2womenleaders.com/women_ heads_of_governments*. htm
11) Idem
12) Google. Women as heads of state 2005-15 *Current Female Leaders* www.guide2womenleaders.com/Current-Women-Leaders.htm
13) Google. Women directors of educational institutions *Staff - Global Fund for Women* www.globalfundforwomen.org/who-we-are/staff
14) Google.CNN.com. Freedom Project.
15) Google. Empowering women. *Promoting Gender Equality and Empowering Women - UNFPA* www.unfpa.org/swp/2008/en/03_ promoting_gender_equality.html
16) Idem
17) Google. UN economic support of women. *Economic Empowerment | UN Women - Headquarters* www.unwomen.org/en/what-we-do/ economic-empowerment
18) Idem
19) Google. Organizations supporting women's economic empowerment. *Women's Economic Empowerment - ICRW* www.icrw.org › *What We Do*

20) Google. Women directors of educational institutions. *Facts | Women Moving Millions* www.womenmovingmillions.org/how-we-do-it/facts/ *National Center for Education Statistics 2011*

21) *http://www.unwomen.org/en/what-we-do/economic-empowerment/ facts-and-figures#sthash.tS2ucz3D.dpuf*

22) Google 'Abdu'l-Bahá, LA PROMULGACIÓN DE LA PAZ UNIVERSAL - *www.marsoft.cl/librosbahais/pdf/***Promulgacion_Paz_Universal**.*pdf*, pg 146

23) Idem pg. 121

24) Google. Religious organizations empowering women. *Promoting Gender Equality and Empowering Women - UNFPA* www.unfpa.org/swp/2008/ en/03_promoting_gender_equality.html

25) Abdu'l-Bahá, *La Promulgación de la Paz Universal* pg. 284

26) Google. Female nobel peace prize winners*Nobel Prize Awarded Women* www.nobelprize.org/nobel_prizes/lists/women.htm

27) Google. Rigoberta Menchu. Rigoberta Menchu: Biography from Answers. com

28) Google. *La Promesa de la Paz Mundial | los Baha'is de Colorado www. colorado***bahai**s.org/es/...**bahai/**la-**paz-mundial**, Casa Universal de Justicia, pg. 8

29) Baha'i International Community. The role of religions in promoting intercultural understanding towards sustainable peace, paper presented by a member of the organization, Bani Dugal, during the Conference on Interfaith Cooperation for Peace in 22 June 2005.

30) Dates of empires found in the Ecyclopedia Britanica

31) Pareja. A Divine Invitation to Create a New World, pg. 241

32) Google. Men's involvement in women's rights. *Men Step Up to Support Women's Rights and Fight Violence ... Stars ... www.alternet.org/.../ men-step-support-womens-rights-and-fight*

33) Google. Men supporting women's rights. *5 Old White Men Who Are Champions For Women's Rights - PolicyMic www.policymic. com/.../5-old-white-men-who-are-champions-for-wome.*

34) [Previous five names found on cited website] Google. Prominent men supporting women's rights. *16 Celebrities Who Support The Cause to End Violence Against ...* 16days.thepixelproject. net/16-celebrities-supporting-and-fighting-for-the

35) Google. Prominent men supporting women's rights.*7 Famous Men Who Support Women's Rights - voices - Halabol.* voices.halabol. com/2012/04/.../7-famous-men-who-support-womens-rig

36) Idem

37) – [Previous four men found in the cited website] Google. Prominent men supporting women's rights *Famous Men Who Want Women To Rule Our World - wabond* wabond.hubpages.com › *Politics and Social Issues* pg.2

38) These organizations were found in: Google. Men's organization supporting women's rights. *Supporting Organizations - 5WWC*www.5wwc.org/organizations/†

39) Google.Men's organization supporting women's rights. *National Organization for Women* history.hanover.edu/courses/excerpts/111now.htm

40) Google. Amnesty International. *Amnesty International | Working to Protect Human Rights* https://www.amnesty.org/†

41) Google. Men's involvement in women's rights. *Involving Men in Promoting Gender Equality and Women's … - UNFPA www.unfpa.org/gender/men.htm*

42) Google. Men's organization supporting women's rights. *MENINIST: MEN SUPPORTING THE WOMEN'S MOVEMENT www.feminist.com/resources/links/men.htm*

43) Baha'u'lláh, *The Kitáb-i-Íqán*, pg. 66

44) Baha'u'lláh, *The Kitáb-i-Aqdas*, No. 188

45) Baha'u'lláh, *Pasajes de los Escritos de Bahá'u'lláh*, XXXIV

46) 'Abdu'l-Bahá, Baha'i World Faith – 'Abdu'l-Bahá Section, p. 288

47) 'Abdu'l-Bahá, *La Sabiduria de Abdu'l-Baha*, No. 51

48) Google. Abdu'l-Bahá, La Promulgación de la Paz Universal.' *www.marsoft.cl/librosbahais/pdf/***Promulgacion_Paz_Universal**.*pdf*, pg. 180

49) Idem p. 181

50) Google. Esslemont. *Libros Baha'is: Baha'u'llah y la Nueva Era …* bahairesearch.com/…/Baha'u'llah_y_la_Nueva_Era_JE. p. 143

51) Google. Promulgación de la Paz. *Abdu'l-Bahá - La Promulgación de la Paz Universal www.bibliotecabahai.com/…/3364-abdul-baha-la-pro.* Pg. 370

BIBLIOGRAFIA

'Abdu'l-Bahá, Baha'i World Faith – 'Abdu'l-Bahá Section only

Bahá'í Publishing Trust, Wilmette, Illinois 60091, by the National Spiritual Assembly of the Bahá'ís of the United States, 1976

'Abdu'l-Bahá, *Paris Talks*, Addresses Given by 'Abdu'l-Bahá in 1911. Bahai Publishing Trust, Nine Pines Publishing, Canada. Reprinted in 1999, Nepean, ON, Canada K2E7T7

'Abdu'l-Bahá, *The Promulgation of Universal Peace*, Talks Delivered by 'Abdu'l-Baha during His Visit to the United States and Canada in 1912. Bahai Publishing Trust. Wilmette, Illinois,

Abdu'l-Bahá, *Selections from the Writings of 'Abdu' l-Bahá* Bahá'í World Centre, Haifa. Printed in Great Britain at The Camelot Press Limited, Southampton1982

Baha'u'llah, *The Arabic Hidden Words*. Bahai Publishing Trust. Wilmette, Illinois,1994

Baha'u'lláh, *The Kitáb-i-Aqdas*, *The Most Holy Book*. Printed in US, Edwards Brothers, Ann Arbor, Michigan, 1992

Baha'u'lláh, *The Kitáb-i-Íqán*, *The Book of Certitude*. Bahai Publishing Trust. Wilmette, Illinois, 1983

Baha'u'lláh, *Gleanings from the Writings of Bahá'u' lláh*. Bahai Publishing Trust. Wilmette, Illinois, 1983.

271

Baha'i International Community. *Religion and Development at the Crossroads: Convergence or Divergence?* A statement to the World Summit on Sustainable Development by the Baha'i International Community, 26 August 2002

Baha'i International Community. *NGOs and Literacy* (Meeting Basic Learning Needs: The Experience of Baha'i Communities). Statement presented to a roundtable discussion at the United Nations World Conference on Education for All by the Year 2000. Found in internet Baha'i International Community, Statements.

Bhan G, Bhandari N, Taneja S, Mazumder S, Bahl R, and other members of the Zinc Study Group. *The effect of maternal education on gender bias in care-seeking for common childhood illnesses.* Social Science and Medicine, 2005

Campbell, Joseph. *Primitive Mythology, the Masks of God.* Penguin Books, New York,1976

Ciccotti, E. *El Ocaso de la Esclavitud en el Mundo Antiguo*, Imprenta Henry y Cia., Barcelona, 1907

Claeson M, Bos ER, Mawji T, Pathmanathan I. *Reducing child mortality in India in the new millennium.* Bulletin of the World Health Organization, 2000,

Compilations. From a Tablet- translated from the Persian and Arabic., The Compilation of Compilations Vol. II

Effendi, Shoghi. *Directives from the Guardian.* Can be found in Internet in the program OCEAN at: bahai-education.org

Encyclopedia Britannica, Encyclopedia Britannica, 2010, Chicago

Esslemont J.E. Baha'u'lláh and the New Era (Ocean- Internet Program of Bahai Books- can be found in: bahi-education.org and in bahai.org - Publications)

Friedman, Richard Elliot. *Who wrote the Bible?.* Harper. San Francisco, 1987

Michener, James A. *The Source*. Fawcet Crest, New York, 1965

Mohammed's *Hadiths Narrated by Abu Huraira*: Volume 4, Book 55,

Nadiya, Omar. *Female Illiteracy., A Global Crisis Impacting the Participation of Girls and Women*. Intern 2010 – 2011 International Association of Schools of Social Work. United Nations,

Pakatchi, Ahmad. *"Iran Entry"* The Great Islamic Encyclopedia. Ed. Kazem Musavi Bojnourdi.Tehran: The Center of Great Islamic Encyclopedia

Pareja, Reynaldo. *A Divine Invitation to Create a New World*, XLibris Corporation (Xlibris.com), 2012

Pareja, Reynaldo and Rosario, Santo. Sexo, *Trabajo y Sociedad*. Imprenta La Union, Santo Domingo, 1992

Philip, Neil. *The Illustrated Book of Myths*. Tales & Legends of the World. DK Publishing Inc. New York, 1995

The Universal House of Justice. *The Promise of World Peace*, Oct, 1985. Posted in Internet – bahai.org – Bahai Reference Library. Use search engine by title.

Wilber, Ken. *Sex, Ecology and Spirituality*. Shambhala, Boston and London,

Printed in the United States
By Bookmasters